首都文化研究丛书　　　　　　　　　　沈湘平　杨志　主编

先 锋 引 领 的
红 色 文 化

裴　植　程美东　著

中国社会科学出版社

图书在版编目(CIP)数据

先锋引领的红色文化 / 裴植，程美东著 . —北京：中国社会
科学出版社，2019.3

ISBN 978-7-5203-4230-8

Ⅰ.①先… Ⅱ.①裴…②程… Ⅲ.①地方文化—研究—北京
Ⅳ.①G127.1

中国版本图书馆 CIP 数据核字 (2019) 第 057635 号

出 版 人	赵剑英
责任编辑	冯春凤
责任校对	张爱华
责任印制	张雪娇

出　　版	中国社会科学出版社
社　　址	北京鼓楼西大街甲 158 号
邮　　编	100720
网　　址	http：// www.csspw.cn
发 行 部	010 - 84083685
门 市 部	010 - 84029450
经　　销	新华书店及其他书店

印刷装订	北京君升印刷有限公司
版　　次	2019 年 3 月第 1 版
印　　次	2019 年 3 月第 1 次印刷

开　　本	880 × 1230　1/32
印　　张	10.5
插　　页	2
字　　数	202 千字
定　　价	68.00 元

凡购买中国社会科学出版社图书，如有质量问题请与本社营销中心联系调换
电话：010 - 84083683

丛书编委会

顾　问　　许嘉璐　　龙新民　　阎崇年　　崔新建
　　　　　张　淼　　陈　丽　　李建平

主　编　　沈湘平　　杨　志

编　委　　常书红　　程美东　　裴　植　　王　旭
　　　　　戴俊骋　　程光泉　　石　峰　　赵亚楠
　　　　　唐　萌

总 序 一

崔新建

北京师范大学北京文化发展研究院执行院长沈湘平教授主编出版四卷本《首都文化研究丛书》，嘱我写几句话，以为序。写序乃画龙点睛之笔，至少是锦上添花之事，通常是大家名宿所为。我深知，自己既无锦上添花的本领，更没有画龙点睛的手笔，不具备作序的资格。机缘巧合，我同北京文化发展研究院、沈湘平教授、这套丛书的由来都有点关系，就借机把我所了解的情况作个交代，且算作补白，以答偿沈主编的谬托。

2002年，北京师范大学迎来百年校庆。建立北京文化发展研究院，是校庆期间确定的教育部与北京市共建北京师范大学的一个重点项目。2003年，北京师范大学北京文化发展研究院正式成立。当时还在北师大哲学系工作的我，荣幸地获聘兼任该院的北京文化发展战略研究所所长，成为研究院的首批兼职研究人员。2004年，研究院被北京市哲学社会科学规划办公室、北京市教委批准为首批北京市哲学社会科学重点研究基地。期间，我总有机会参加研究院举办的各种学术研究和交流活动。2006年，我离开北师大，先后在北京市委宣传部、北京市社会科学界联合会等单位工作，虽然参加北京文化发展研究院的活动少了，但每年总能在第一时间收到该院主持编写的《北京文化发展报告》。2016年到北京市哲学社会科学规划办公室工作后，同研究院的工作联系更多了。近两年，研究院连续举办了"城市文化发展高峰论坛""中小学传统文化教育论坛"和名家圆桌·"思想与学术40年""坐标2018"等系列学术研讨活动，编辑出版《京师文化评论》，在学界产生了很大反响。研究院发展的15年，恰好是文化建设在北京日益受到重视、更加自觉以文化创新驱动城市发展的15年。如今，研究院又推出《首都文化研究丛书》，必将在北京推进全国文化中心建设的过程中发挥应有的作用。

我与沈湘平教授的相识、相交，始于1991年，如今已超过27年。我们曾经在学院的同一个学科同事多年，并曾在学院的党委班子中做过搭档，属于相互非常了解的好朋友。他才思敏捷、才华横溢，是典型的湖南才俊。多年过去了，他的思想敏锐度不减，学术底蕴却日渐深厚。不过，我觉得他最大的特点是，勤奋努力，做事认真富有成效，属于愿意做事且能做成事的那种人。他担任北京文化发展研究院执行院长以来，研究院的学术活动空前活跃，成果显著，影响力大增，就是证明。就拿主编这套丛书来说，有的人可能还在坐而论道没有起而行之，有的还在因为诸多困难和顾虑犹犹豫豫，一年左右的时间他已经把成果摆在大家的面前了。丛书的其他作者，大多数我也比较熟悉，有的也是我曾经的同事。正是他们这种说干就干的做事方式，才会有如今丰厚的收获。

说到这套丛书的由来，我也算是个知情者。2014年，习近平总书记视察北京时，明确提出了北京作为全国政治中心、文化中心、国际交往中心和科技创新中心的城市战略定位。2017年，北京市成立由市委市政府主要领导任组长的推进全国文化中心建设领导小组。市委书记蔡奇同志提出：首都文化是个富矿，是北京这座城市的魂。首都文化至少应包括源远流长的古都文化、丰富厚重的红色文化、特色鲜明的京味文化和蓬勃兴起的创新文化。首都文化内涵的挖掘，成为服务文化中心建设的一个重大研究课题。在市社科规划办工作的我，在接到组织首都社科专家开展首都文化内涵研究的任务后，我感到，北京文化发展研究院是适合承担这一研究任务的团队之一。当把这个意思跟沈湘平教授沟通后，他非常爽快地接受了这一任务。之后，他们很快就行动起来，并形成了一些阶段性成果在《北京日报》理论周刊发表。现在，又在较短的时间内把更深入系统的研究成果呈现了出来。

我从攻读硕士研究生时候起，就对文化研究有很大兴趣。文化哲学的教学与研究，始终是我的研究方向之一。我感到，开展首都文化内涵的挖掘，有一些基本的问题需要逐步厘清。比如，是提首都文化好还是提北京文化好？单从概念说，似乎二者不能划等号。从世界范围内看，每个国家都有自己的首都；从历史上看，中国至少有七大古都。就此而言，作为首都的城市，在文化上会有一些共性的东西，这都可以称作首都文化或都城文化。另外，北京在历史上也并非一直是首都，北京文化也并不仅仅是首都文化。但就当代中国而言，首都就是北京，北京就是首都。在这个意义上，首都文化就是北京文化，二者没有区别。再比如，文化内涵主要靠挖掘还是靠提炼？一般地说，文化资源无法穷尽，需要不断挖掘；而这些文化资源所蕴含的观念、规范、思维方式等即文化的内涵，则主要依靠从中提炼概括。还比如，古都文化、红色文化、京味文化、创新文化，是构成首都文化的四个方面，还是形成首都文化的四个元素？这四者之间的关系又是如何？北京的古都文化、红色文化、创新文化以及京味文化又有什么特点或特色？这些问题都需要通过深入的研究来具体回答。相信广大读者可以从这套丛书中找到部分答案，或提供解决问题的某种思路。我也相信，丛书的出版将成为深化首都文化研究的新起点。

是为序。

（崔新建，北京市人大副秘书长、政策研究室主任，北京市社科规划办主任）

总 序 二

　　文化是一个国家、一个民族、一个城市的灵魂。文化兴则国运兴，文化强则民族强，文化繁荣发展则城市繁荣发展。坚持和强化北京作为全国文化中心的核心功能，是中央着眼世界和全国作出的重要战略定位。2014年2月和2017年2月，习近平同志两次视察北京，都特别强调了这一点。2016年北京市又专门制定了《十三五时期加强全国文化中心建设规划》，这是北京市首次就加强全国文化中心建设做出一个重点的专项规划，从官方的顶层设计上明确了文化中心建设的指导思想、总体目标、基本原则、发展格局、主要任务和保障措施。2017年8月，北京市成立推进全国文化中心建设领导小组，强调建设全国文化中心，要集中做好首都文化这篇大文章，重点抓好"一核一城三带两区"，即以培育和弘扬社会主义核心价值观为引领，以历史文化名城保护为根基，以大运河文化带、长城文化带、西山永定河文化带为抓手，推动公共文化服务体系示范区和文化创意产业引领区建设，把北京建设成为弘扬中华文明与引领时代潮流的文化名城、中国特色社会主义先进文化之都。放眼整个中国乃至当今的世界，巴黎、纽约、伦敦、香港、上海、深圳等各大城市文化发展可谓是各领风骚，相互激荡。回看北京自身，新时代首都文化建设这篇大文章刚刚起笔，京津冀协同发展正在大力推进，文化认同问题更加凸显，雄安新区的崛起更是给国家文化中心建设带来新的思想契机，在这样的背景下，如何更好的发挥北京文化发展凝聚荟萃，辐射带动，引领创新，展示交流和服务保障的功能，推动北京朝者成为世界文化名城，世界文脉标志的目标迈进，成为北京文化研究的焦点问题。

首都文化是以悠久的北京地域文化为基础，会通涵融各地域、各民族文化，吸收借鉴外来文化，所形成的各种精神观念及外在呈现形态的集合。首都文化具有鲜明的历史性、地域性、融合性、首善性、创新性和先进性，既是中华文化的重要组成部分，也是中华文化的集大成者。首都文化主要包括源远厚重的古都文化、先锋引领的红色文化、融汇亲和的京味文化和开放蓬勃的创新文化四个方面。其中，古都文化是首都文化的根脉和底色，红色文化是首都文化的核心和灵魂，京味文化是首都文化的活态与表征，创新文化是首都文化的动力与动能。四个方面相辅相成、有机统一，共同塑造着北京的首都风范、古都风韵和时代风貌，构成了首都独特的精神标识。

一 源远厚重的古都文化

古都文化泛指历史上作为都城的城市所创造出的代表一个时代或一个国家的最高水平的文化。北京古都文化主要指北京在辽、金、元、明、清时期作为全国的中心区域及对外交往与交流中枢所创造的，代表中华文化特质和当时文化发展最高水平、并积淀传承至今的文化结构、文化要素和精神气质。

一是至正庄严。作为五朝帝都，北京文化具有强烈的国家、民族的正统意识。在建筑格局上，北京依据"天人合一，法天而治，象天设都"的传统都城规划理念，遵循辨正方位、讲求对称、突出中心的原则，以宫城为中心，以贯穿南北的中轴线为基准，把庞大复杂的城市要素组织成一个整体，"威天下，朝四夷"，方正不偏，庄重威严。北京2008年申奥成功后，中轴线再次向北延长4公里，直达奥林匹克公园绿色丛林中的仰山，体现天人合一的和谐境界。新中国之后形成的以"神州第一街"长安街为中心的东西轴线与南北中轴线相互映衬，形成了北京特有的城市结构中枢系统，也铸就了首都文化中正庄严的物质形态。

二是雍容博大。作为帝都文化的集中体现，北京古都文化具有从容大气、雍容华贵的气质，她是城市文化、都城文化中的"贵族"。其无与伦比的恢弘壮丽、金碧辉煌的皇家建筑，是这种气质、气派最直观的体现。在悠久的历史中，古都北京以高远博大的胸怀承载、吸引、融汇、萃取、发展各方文化，形成兼容并蓄、多元一体、包罗万象的自身文化。无论在文化的规模、结构、种类、高度、精度上，其他城市都不可比拟。

三是崇文厚德。作为古代全国政治中心，建都、定都北京的历代帝王都尊崇儒家思想，强调以文教化。中央政府在这里设置国子监等大量文化机构，组织殿试等系列文化活动，京师与全国各地以及其他国家、地区之间都有着多样的文化联系与交流，北京成为人才渊薮和文化津梁，形成崇尚人文的传统和"郁郁乎文哉"的气象。3000年来北京独特的历史积淀和自觉追求，也孕育了北京古都文化厚德的重要品格。这座古都里的人们"敦厚以崇礼"，做人德为上，做事德为先。德泽育人、容载万物，最终凝结为北京古都文化的重要基因，首善之区也就成为千百年来人们对首都北京独一无二的历史定位与期许。

四是协和宁远。北京位于东北平原、蒙古高原、华北平原三个不同自然地理单元的交汇部，处在农耕文明和游牧文明的交汇处和东北、西北、西南几条古代大道的交汇点。北京的统治者一方面承续华夏民族的王朝正统，另一方面秉持"克明俊德，以亲九族。九族既睦，平章百姓，百姓昭明，协和万邦，黎民于变时雍"（《尚书・尧典》）的古训，形成一种包容、和睦的文化形态。北京作为五朝帝都，有四个朝代是少数民族建立的王朝，但无论是汉族作为统治者还是少数民族作为统治者，都很注意处理民族关系。汉文化与少数民族文化的交融，中西文化的交汇，传统文化与现代文化的会通，为北京协和天下、长治久安的文化特色注入了更为丰富的内涵。

古都文化是红色文化诞生、发展的重要基础和土壤，为后来北京率先接受和传播马克思主义，开辟红色文化奠定了思想方法的基础。正是在古都文化的熏染下，京城独特的"一方水土"孕育了鲜活的京味文化。古都文化的智慧、气度、资源也为北京了解世界风云变换和世界发展趋势，引领创新潮流孕育了先机。

二　先锋引领的红色文化

北京有着光荣的革命传统、红色的文化基因，是一座英雄之城、革命之城、红色之城。首都的红色文化凝练、彰显了中国人民的革命精神和品格，并在当代实践中形成了爱国、创新、包容、厚德的北京精神。在首都北京，红色遗存遍布于山川之中，革命事迹传颂于大地之上。红色文化蕴含着丰富的革命精神和厚重的历史文化内涵。

一是忠诚正义。北京红色文化的首要特点是敏锐坚定的政治意识，始终不渝地对党忠诚。近代以来长期的斗争实践，使得北京的仁人志士们逐渐认识到，没有一个坚强政党领导，中国革命无法取得成功。李大钊、陈独秀在五四新文化运动时期最早介绍马克思主义，为中国共产党的成立进行了思想上、理论上的准备。1920 年 10 月李大钊领导成立北京共产党小组，是国内最早的共产主义小组之一。在革命、建设和改革实践中，北京都始终坚定地拥护党的领导，维护党中央权威，具有极强的政治意识、大局意识、核心意识和看齐意识，始终在思想上、行动上与党中央保持高度一致。同时，北京人民矢志追求和坚持民族大义、人间正义，威武不屈，富贵不淫。在日常生活中，面对不平，北京人也往往选择挺身而出，见义勇为。

二是爱国为民。爱国是北京红色文化最鲜明的特质，也是北京精神的核心和灵魂。北京象征着中国，自觉地与中华民族同呼吸同命运，北京人具有最强烈的"天下兴亡，匹夫有责"的观念，对祖国怀有最浓烈、最深厚的热爱之情。近代以来几乎所有的爱国运动都从这里发起，然后席卷全国。新中国成立之后，北京由皇家主宰、官僚把持的城市真正变成了人民的城市，人民成为这座城市的真正主人。城市建设的核心理念从君权主体论转向了人民主体论。长期以来，北京始终坚持人民至上，切实尊重人民主体地位和首创精神。

三是担当牺牲。经过 28 年的浴血奋战，北京成为中华人民共和国的首都；又经过近 70 年的建设，北京已经由 1949 年的 200 万人的民生凋敝的城市发展为 3000 万人的生机勃勃的国际大都市。在此过程中，北京人民形成了不懈奋斗、不怕牺牲的意志品质和顾大局、敢担当、守纪律、重奉献精神风貌。1921 年，北京最早建立了产业工人党小组。1922 年，长辛店工人罢工的胜利将京汉铁路大罢工推向了新高潮。在被日军占领的期间，北京人民进行了一系列艰苦卓绝的斗争，平西根据地抗日和焦庄户地道战名垂青史。1949 年石景山发电厂的工人组织起来，成功地保护了电厂，保证了北平的供电，为北平和平解放做出了重大贡献。建国之后首钢、燕化等一批现代工业建设起来，成为首都现代工业脊梁。从石传祥、张秉贵到李素丽、宋鱼水，一代代北京人传承着爱岗敬业、踏实奉献的精神风范。

四是首善力行。首都文化的长期浸染形成了北京自觉而强烈的首都意识。北京始终发挥着思想引领高地、价值观高地和道德高地的作用。100 年前，十月革命一声炮响给中国送来马克思主义，这个开天辟地的大事就发生在北京。新中国成立后，党的思想理论、方针政策无不自北京发布。真理标准大讨论的思想解放和改革开放的号角也是在北京吹响。从邓小平理论、"三个代表"重要思想、科学发展观，到习近平新时代中国特色社会主义思想，作为中国共产党人集体智慧结晶的马克思主义中国化的理论成果都诞生于北京，进而指导、辐射全国，影响世界。同时，作为共和国的首善之区，北京在培育和践行社会主义核心价值观，构筑中国精神、中国价值、中国力量，夯实人们共同奋斗的思想道德基础方面始终走在前列，发挥着表率和引领作用。

忠诚正义、爱国为民、担当牺牲、首善力行的红色文化，以马克思主义为指导，是继承弘扬包括北京古都文化在内的中华民族优秀传统文化、吸纳人类先进文化的产物。红色文化为京味文化增添新元素、新特质，为创新文化提供主旋律、正能量，始终以先进文化统摄和引领整个首都文化发展。

三 融汇亲和的京味文化

在长期的历史发展中，北京逐渐形成一种独具地方韵味的市井文化，即京味文化，以天子脚下、皇城根中、胡同中、四合院里的平民文化为主体，上承宫廷文化和缙绅文化的营养；以北京地区的汉族文化为主体，横融满、蒙、藏等其他兄弟民族文化的精粹。京味文化是首都寻常百姓的文化，是首都文化中最鲜活、最接地气的部分。

一是诚信重礼。京味文化深受儒家伦理的影响，养成了一种讲究诚信、注重礼仪的古朴民风。北京至今犹存一批始建于明清或民国的老字号，具有浓郁的儒商精神，诸如践行"同修仁德、济世养身"的同仁堂，坚持"全而无缺、聚而不散、仁德至上"的全聚德等，充分体现了京味文化重诚信的一面。如果说注重诚信是儒家伦理的内在表现的话，那么注重礼仪则是儒家伦理的外在流露。北京人向以凡事讲究礼数、"有礼有面"著称，"彬彬有礼"四个字早已融入北京文化的每一个"细胞"里，流露在北京人的举手投足间。这些礼仪不论贤愚、不分贵贱，都是那么周到热情。

二是通达自在。京味文化继承和弘扬了元代以来的市民文化精神，追求个性自由、闲适安乐。北京人居于京城当然尊重社会地位，却又视富贵如浮云，并不刻意追过闻达，更瞧不起蝇营狗苟。无论生活水平是高是低，人生顺遂还是坎坷，京味文化所体现的是一种安适闲散、知足常乐的人生态度。基于这种通达，北京人普遍展现出一种直面现实的幽默感，善于自我调侃。北京人的善"侃"，更多时候不是为了交流信息，而是一种与外界积极保持联系、缓释生活压力、倾诉内心不平的方式。

三是雅俗共赏。在北京，传统上作为俗文化的平民文化与宫廷文化、缙绅文化等不同的文化层级间能和平共处，又相互影响，京味文化就是在雅俗文化之间互鉴互易、相生相济基础上形成的，从而既具备北京地方韵味，又具有一定程度的宫廷气象与宏儒风范；既具有多元的品味，又具有较高的追求。清末民初的政治变革，结束了两千多年的王朝统治，宫廷文化大量流出，部分精华内容渗透于民间，融入了京味文化之中。随着"五四"新文化运动的兴起，民俗民情受到进步文人的重视，使京味文化得以登堂入室。这样一种由上至下和由下至上的双向运动，使得京味文化具有了大俗大雅、以雅统俗、以俗存雅、雅俗共赏的特点。

四是和乐交融。京味文化是不同地域、民族、阶层文化会通、交融的结果。这样一种交融是你中有我、我中有你，充满世俗情趣的愉悦互动。比如，戏曲方面，国粹京剧前身是清初流行于江南地区的徽班，徽班进京演出同来自湖北的汉调艺人合作，相互影响，又接受了昆曲、秦腔的部分剧目、曲调和表演方法，逐渐融合、演变，才发展成为饮誉世界的煌煌国粹。饮食方面，各类菜系逐渐汇入北京，酝酿发展，最后形成了今日北京蔚为壮观的饮食文化，诸多美食脍炙人口，国内外耳熟能详。建国后，大批机关干部、军队官兵、知识分子和普通民众从全国各地汇聚北京，以大院文化的方式为京味文化融入了多元一体、昂扬向上的新时代的革命元素，推动京味文学继续向前发展，发展出了新京味文学，以邓友梅、王朔等作家为代表的新京味文学风靡一时，并很快衍生出以何冀平、冯小刚、姜文等为代表的京味戏剧和京味影视，至今影响不衰。不同文化的和乐交融，共同熔铸了开放、包容、大气、生机勃勃的京腔、京韵与京味。

重礼诚信、自在通达、雅俗共赏、和乐交融的京味文化以源远厚重的古都文化为基础，又丰富和活化了古都文化，也以最接地气的方式涵养着红色文化。古都文化和红色文化共同锻造了京味文化独有的精气神。京味文化还为创新文化提供了丰富的资源、有益的启迪，使首都的创新打上了深刻的京味烙印。

四　开放蓬勃的创新文化

创新文化是指在一定社会历史条件下，在创新及创新管理活动中所形成的文化，主要包括有关创新的价值观、制度规范、物质文化环境等。首都蓬勃兴起的创新文化是北京人民大胆探索、勇于创造、自强不息、锐意进取的精神体现，表现为敢于开拓、宽容失败的创新氛围，各得其所、人人出彩的创新机会，要素齐全、人才密集的创新优势，科技与人文深度结合的创新特色。

一是传承超越。作为千年古都，北京在发展中始终吐故纳新，荟萃精华，涵养出了海纳百川、包容天下的精神，既注重文化传承，又勇于超越。建国之初，基于全国生产力落后、技术薄弱的现实，北京明确提出"建设成为我国强大的工业基地和技术科学中心"的目标。1959年，总结市区工厂过多、布局不合理以及供水紧张、环境污染等教训，北京正式决定"今后除十分特殊的情况以外，在规划范围内一般不再摆工厂"，实现了城市发展思想上的一个重要转折。上世纪80年代，北京一再强调"工业建设的规模要严加控制"，"今后北京不要再发展重工业。"到90年代初，北京确定城市性质是"全国政治中心和文化中心,是世界著名的古都和现代国际城市"。近年来,针对首都发展中的"大城市病",毅然决定疏解非首都功能,通州城市副中心建设、京津冀一体化和雄安新区崛起等重大决策应运而生。

二是涵容出彩。包容是北京精神的重要内涵,也是首都文化的重要特征。在首都的创新创业中,人们既为成功者喝彩,也为失败者加油,形成了全社会"鼓励创新,宽容失败"的环境氛围。北京生活成本高、压力大,可谓居大不易,但是四面八方的人愿意来到北京,一个极其重要的原因是北京拥有其他地方无法比拟的干事创业的机遇,这正是首都文化重要的软实力。随着中国的迅速崛起,不仅中国以空前的方式深度走向世界,世界也以空前的方式深度走进中国,北京作为中国的首都迎来了前所未有的世界机遇。把世界的机遇变为中国的机遇,也让中国的机遇成为世界的机遇。这些机遇不仅属于这座城市,而且属于生活在这座城市的每一个人。在这里,人人拥有出彩的机会。

三是居高致远。北京是国家理念、制度、科技、文化创新发展的重要策源地,富集了其他城市难以企及的国家级创新资源和平台。北京是我国教育、科技、人才乃至企业、市场渠道最为密集的地区。全国半数以上的两院院士在这里工作和生活。北京拥有央企总部数量位居全国第一,是拥有世界500强企业总部最多的城市。与此同时，北京还引领全国乃至世界流行文化、大众文化发展的方向，北京电影节、北京音乐节、北京戏剧节、北京国际青年戏剧节、北京国际旅游节等大型文化活动应接不暇，北京正成为国际文化活动中心、文化创意之都和时尚设计之都，引领积极向上的时代潮流。

四是化物弘人。作为国家创新中心，北京强调科技以人为本、创新以人为本，以满足人民日益增长的物质特别是精神文化需要为出发点，进一步带动全国科技发展以造福人民。一方面注重挖掘传统文化资源，用传统文化精神融入到现代科技成果之中。另一方面注重网络虚拟技术、人工智能技术的创新，一大批网络动漫、游戏，走出国门。正是以人文为导向，首都创新最大限度地为人们创造了便捷、绿色、舒适的生活条件，惠及所有城市居民，首都因此而变得更加和谐宜居，人们的生活更因此变得日益幸福，对全国乃至世界越来越发挥着引领示范作用。

传承超越、涵容出彩、居高致远、化物弘人的创新文化是首都文化中最体现时代精神、面向世界和未来的维度，为古都文化实现创造性转化、京味文化顺应全球化发展提供强大支持。创新文化是红色文化的题中之义和重要基因，创新文化助力红色文化，保证首都文化可以更好地引领全国、辐射世界。

至正庄严、雍容博大、崇文厚德、协和宁远的古都文化，忠诚正义、爱国为民、担当奉献、首善力行的红色文化，诚信重礼、通达自在、雅俗共赏、和乐交融的京味文化，传承超越、涵容出彩、居高致远、化物弘人的创新文化，构成了首都文化的主要内容。

走进新时代，中国人从站起来、富起来进入到强起来阶段，人民日益增长的美好生活需要与不充分不平衡发展之间的矛盾成为社会主要矛盾。坚定文化自信，铸就中华文化新辉煌成为新的历史使命。北京作为全国文化中心，更是肩负对外展示国家文明形象，对内增强文化自信，对全国文化建设起着引领示范作用。为此，北京师范大学北京文化发展研究院以古都文化、红色文化、京味文化、创新文化为专题，编撰了这套《首都文化研究丛书》，力图对首都文化进行深入细致的研究和阐释，总结其发展过程中的经验和教训，以做好首都文化这篇大文章，更好发挥首都全国文化中心的凝聚荟萃、辐射带动、创新引领、展示交流和服务保障功能，为把北京建设成为充满人文关怀、人文风采和文化魅力的文化名城贡献自己的一份力量。

本研究丛书是北京市社会科学基金重大项目"文化发展基础理论及指标体系研究"（项目号 17ZDA07）和北京师范大学学科交叉建设项目"文化发展理论与北京文化战略研究"的阶段性成果之一。丛书共分四册：常书红、杨志撰写的《源远厚重的古都文化》；裴植、程美东撰写的《先锋引领的红色文化》；王旭撰写的《融汇亲和的京味文化》；戴俊骋撰写的《蓬勃开放的创新文化》。

北京师范大学北京文化发展研究院
2019 年 1 月

目　录

第一章　红色文化和北京红色文化概述

红色文化是具有鲜明中国特色的一种文化形态。近现代中国第一次彻底的反帝反封建的革命运动——五四运动的爆发，宣告了红色文化的光荣诞生，而五四运动的发祥地便是当时中国的文化中心——北京。由此可见，北京与红色文化有着不解之缘。其后，从中国共产党的成立到中华人民共和国的建立，从新民主主义革命的胜利到社会主义基本制度基础的奠定，从改革开放新的伟大革命的推进到中国特色社会主义新时代的开启，北京红色文化始终顺应历史的潮流、感应时代的脉动，以豪迈的姿态、坚定的步伐，与时俱进、开拓创新，不断展现出崭新的风采、放射出璀璨的光芒。党的十八大之后，中央明确了北京作为全国文化中心的城市战略定位。2017 年 8 月 18 日，在推进全国文化中心建设领导小组第一次会议上，中共北京市委书记、市推进全国文化中心建设领导小组组长蔡奇在讲话中强调："建设全国文化中心，要集中做好首都文化这篇大文章。"并明确指出："首都文化是我们这座城市的魂，主要包括源远流长的古都文化、丰富厚重的红色文化、特色鲜明的京味文化和蓬勃兴起的创新文化这四个方面。"如果说古都文化是首都文化的根脉和底色，京味文化是首都文化的活态与表征，创新文化是首都文化的动力与动能，那么红色文化就是首都文化的核心和灵魂。

第一节　红色文化概念的提出和使用

红色文化与北京红色文化，两者是一般与个别的关系。北京红色文化包含于红色文化之中，是红色文化在北京地域范围内的具体生发和样貌呈现。不过，我们要想对北京红色文化的历史发展和具体内容有一个全面客观的认知和把握，首先必须从准确理解红色文化这个重要概念的提出和基本内涵入手。

一　红色文化概念的提出及其历史文化背景

红色文化作为一种文化形态，从其最初产生算起，迄今已有百年的历史。不过，红色文化作为一个具体而明确的集合性概念，它的提出却又是几十年之后的事情。这看似不可思议，其实非常正常。对于这样一种现象，早在1917—1918年，毛泽东就曾在《〈伦理学原理〉批注》中作过具体的解释，他说："道德起于道德哲学之先，故道德哲学之成，成于经验，下更畅发之。"① 又说："美学未成立以前，早已有美。伦理学未成立以前，早已人人有道德，人人皆得其正鹄矣。"② 1967 年，毛泽东还说过这样一句话："总是先有事实，后有概念。"③ 毛泽东时隔半个世纪所说的这三番话表明了同一种观点，就是社会现象、思想观念先于理论和概念而产生，理论和概念不过是对社会现象和思想观念的概括和总结。准此，红色文化的概念只能是红色文化作为具体的事实和现象出现之后才提出的，在事实和现象的出现与概念的产生之间存在时间差，不仅非常正常，而且极为普遍。

1. 红色文化的提出

那么，红色文化的概念究竟是什么时候提出来的？根据目前所掌握的文献资料，红色文化这一概念被明确提出，不迟于 1965 年 6 月。此时，中国戏剧出版社出版了一本题为《乌兰牧骑——红色文化工作队》的图文并茂的小书，书名中的"乌兰牧骑"，蒙语原意为红色的嫩芽；"红色文化工作队"，则是对"乌兰牧骑"原意的引申。该书的出版，无疑标志着"红色文化"这一概念的正式提出。几乎与《乌兰牧骑——红色文化工作队》一书的出版同时，苏明达、梁汝毅在《中国民族》杂志

---

① 《毛泽东早期文稿》，湖南出版社 1990 年版，第 119 页。

② 同上书，第 216—217 页。

③ 陈丕显：《陈丕显回忆录：在"一月风暴"的中心》，上海人民出版社 2005 年版，第 99 页。

1965 年第 5、6 期合刊上发表了《草原上的红色文化工作队——记内蒙古"乌兰牧骑"》一文，查阅该文，诸如"红色文化工作队""传播红色文化种子"等含有"红色文化"在内的表述，在各级标题和正文中多次出现，而通观全文，"红色文化"一直是在反映"革命的内容"、歌颂"社会主义时代的新人新事新英雄"、同"封建主义和资本主义的文化作斗争"等意义上使用，并且与"革命的歌舞"和"社会主义的新文化"相对应。显而易见，当时，红色文化的概念基本上等同于革命文化和社会主义文化。

2. 红色文化概念提出的历史文化背景

红色文化概念的提出看似偶然为之的无心插柳，但是在这一事实的表象背后，传统文化却早已为其打上了底色、注入了基因。

从古到今，偏爱红色是炎黄子孙一以贯之的文化传统，同时也是一种相沿成习的集体无意识。早在刀耕火种的时代，我们的先人就发现了"月归而万物死，日至而万物生"① 的自然规律，出于对红日给人类带来光明与温暖，并通过促进万物生长而满足人们生活所需的感激，形成了最初的太阳崇拜。考古发掘表明，在我国山东、四川、青海等的许多地方都有着太阳崇拜的文化遗存；《尚书·尧典》"寅宾出日"即恭迎日出、"寅饯纳

---

① 《淮南子·天文训》。

日”即敬送日落，以及殷墟出土的甲骨文中诸多“宾
日”“出日”“入日”之类的记载，反映了传说中的尧舜
时期和殷商时代祭拜太阳的具体情状。

　　时至周代，人们对红色的偏爱在文献中更是有着非
常具体明确的记载——《礼记·檀弓上》有言："周人
尚赤，大事敛用日出，戎事乘骊，牲用骍。"赤，即赤
色。赤色究竟是怎样的一种颜色？《说文解字》解释说：
"南方色也。从大从火。"用火来解释赤。《尚书·洪
范·五行传》讲得更为简明："赤者，火色也。"显而易
见，赤色即火色，也就是红色。大事，指丧事。戎事，
即战事、兵戈之事。骊，赤毛白腹的马。骍，赤色的马
和牛。《礼记·檀弓上》的上述记载，用今天的话来说
就是：周代的人们崇尚红色，举办丧事要选在红日初升
的时候，出兵作战要选用红色的战马，就连祭祀祖先用
的牲畜也必须是通体红毛的牛和马。《礼记·月令》和
《吕氏春秋》之《孟夏》《仲夏》《季夏》各篇关于天子
"乘朱辂，驾赤骝，载赤旗，衣朱衣，服赤玉"，以及
《淮南子·时则训》关于孟夏之月、仲夏之月天子"衣
赤衣，乘赤骝，服赤玉，建赤旗"等的记述，都有助于
我们加深对"周人尚赤"的理解。西汉董仲舒在所著
《春秋繁露·同类相动》篇中引述了《尚书传》中的一
则故事，大意是说：周武王时有一只口衔谷种的赤乌落
在了武王的屋顶上，武王见状，开怀大笑，他身边的各
位大夫同样喜形于色，因为赤乌这种瑞鸟的降临预示着

周朝将要兴盛。这则故事生动地说明了周人的尚赤观念究竟有多么强烈，而赤色显然也已具有了红火、兴盛的寓意。

进入封建社会，表征红色的赤、朱、丹、红等更是被赋予了尊贵、喜庆、吉祥、美好、成功等多种积极的文化意象，并得到上起帝王将相下至黎民百姓的一致认同。就其尊贵意象而言，古代帝王的宫殿及其庭柱、墙壁、门户、台阶等一般都涂成朱红色，以示威严和庄重，故而有赤城、赤霄、朱城、丹宫、丹禁，以及朱阙、丹阙、丹楹、红墙、红门、赤轩、赤墀、丹墀、丹阶、丹陛等多种称谓。就其喜庆意象而言，从两千多年前的西汉开始，我国便有了元宵佳节前后家家户户挂起象征团圆的红灯笼的习俗，其他如过大年、办喜事、举行庆典等，无不都是以红色为主打色调。就其吉祥意象而言，据南朝梁代宗懔所编《荆楚岁时记》可知，当时每年的农历八月十四日，荆楚地区的人们都要"以朱水点儿头额，名为天疮，以厌疾"。为孩童朱水点额，图的是辟邪除疾、平安无忧。本命年穿红衣红袜和扎红绳系红带等，也是古已有之的期冀平安吉祥的民间习俗。就其美好意象而言，很多含有朱、红等字眼的词汇便成为用来夸赞俊女子容色和衣饰等的常用词汇。比如红妆指女子的妆容，红闺指女子的居室，红颜、朱颜指女子的美丽容颜，红唇、朱唇指女子貌美，红粉、红袖、红裙借指美女，等等。同时，红也时常被文人墨客用来形容各种美好的景色。比如白居易的诗句"一道残阳铺水中,半江瑟瑟半江红",写绝了夕阳残照下的江水胜景;又如叶绍翁的诗句"春色满园关不住,一枝红杏出墙来",杨万里的诗句"接天莲叶无穷碧,映日荷花别样红",杜牧的诗句"停车坐爱枫林晚,霜叶红于二月花",更是道尽了春日红杏、盛夏红荷、深秋枫叶的别样绚丽。就其成功意象而言,汉语中有很多带红字的词汇都表达了类似的意思。比如走红、当红、蹿红、大红大紫、红得发紫、红运当头、红红火火、开门红、满堂红,等等;得到上级赏识和信赖的是红人,舞台表演技艺高超受到普遍欢迎的是红角儿,做官经商都成功的叫做红顶商人,等等。

当然,以上概括只是就主要的方面所作的简要梳理,而远非红色所表征的积极文化意象的全部。尽管如此,具有这样一种潜在的历史背景和丰厚底蕴,那么现代的红色文化孕育其中、破土而出、茁壮成长,便也具有了毋庸置疑的客观必然性。

二 红色文化概念的使用

红色文化的概念提出之后,在较长的一个历史时段内并未成为人们习用的词语。通过检索可知,直到1994年,也就是时隔29年,这一概念才又一次见诸公开出版物。在《延安大学学报》1994年第3期发表的赵心宪《梁上泉童年经验的文化选择》一文中,作者在考察作为"边疆诗群"代表人物之一的梁上泉早年所受文化环境的影响时，明确指出："梁上泉小学阶段以前的文化印象，渗透着苏区红色文化的乡村文化影响，这成为其童年经验的重要组成部分。"该文也未对何为红色文化给出明确的界定，而只是列举了"红色歌谣""旧形式新内容的川二簧""与红军有关的文物"等，可见，这里所说的红色文化，基本上仍然是革命文化的同义语。

进入 21 世纪，红色文化概念的使用频率显著加快，使用次数更是以几何级数的速率急剧增长，与此同时，红色文化名片、红色文化资源、红色文化战略、红色文化遗产、红色文化产业，以及红色文化热、红色文化潮等各种衍生性提法相继产生，而从不同视角和层面探究红色文化的成果也大量出现。据不完全统计，公开发表的标题中含有"红色文化"固定表述的报刊文章和学位论文，2003 年有 4 篇，2004 年有 12 篇，2005 年有 17 篇，2006 年有 46 篇，2007 年有 56 篇，2008 年有 67 篇，2009 年有 92 篇，2010 年则突破百篇大关而达到了近 200 篇，2011—2016 年每年都保持在 300 篇以上且 2012、2016 两个年份均超过了 500 篇，2017 年更是创造了 700 多篇的历史新高。有学者分析指出，2004 年，"红色文化"一词成为热点词汇；无独有偶，同年 7 月 12 日出版的《光明日报》在一篇报道中对地处井冈山革命老区的江西永新兴起的红色文化热作了现象描述。现如今，我们无论是翻阅书报期刊还是上网浏览新闻，红色文化不

时就会映入我们的眼帘，成为一种习以为常的话语或文
字的存在。

第二节　红色文化的基本内涵和特征

在大致梳理了红色文化的提出及其历史文化背景、
红色文化概念使用的基本过程之后，我们有必要进而对
红色文化这个概念的基本内涵及其属性作一番考察和
分析。

一　红色文化的基本内涵

红色文化这个概念是由红色和文化两个词汇组合而
成，因而若要界说清楚红色文化的基本内涵，首先必须
从红色和文化各自的含义说起。

红色文化中的红色，在现代汉语中是一个多义词。
它的本义是指光学意义上与绿、蓝共同构成的三原色之
一，是可见光谱中长波末端的颜色，其波长大约为
610—750 纳米。除此之外，《现代汉语词典》等多种语
言工具书还在属性词的意义上作了详略不等的解释，主
要可归结如下：象征革命的；马克思主义的；共产主义
的；与中国共产党有关的；象征政治觉悟的；反映崇高
信仰和进步追求的；等等。

红色文化中的文化，从不同的视角和层面可以作出
各种各样的解释，不过一般而言可作广义和狭义两种类

型的理解。广义上的文化是指人类在社会历史实践过程中所创造的物质财富和精神财富的总和，狭义上的文化则指在一定的物质生产方式的基础上发生和发展的社会精神生活形式的总和。对于文化，无论是从广义上理解还是从狭义上理解，它都与人直接相关，也就是说，文化的核心在于人，有人才谈得上文化。文化是人类智慧的结晶和人类创造力的体现，不同地域、不同民族的人创造了不同的文化。人们创造了文化，同时也享受着文化；人们既受到文化的熏染、陶冶、型塑和约束，又发挥出主观能动性和无限创造力，不断推动着文化的发展和创新。

红色和文化组合在一起，形成一个全新的概念，其基本内涵当如何理解呢？对此，已有不少学者阐发了自己的看法。

有的学者从特定的时空范围来界说红色文化，认为红色文化"从很大范围来说就是指在第二次国内革命战争时期诞生于井冈山和以瑞金为核心的中央苏区'红土地'之上的人民大众反帝反封建的革命文化。'红色文化'作为一种新的革命意识形态，是中国共产党领导的群众性革命文化运动的产物，不仅生动地反映了中国共产党领导下的苏区政治、经济的特点和人民群众的精神面貌，而且在继承'五四'运动革命传统的基础上，开辟了我国新文化发展的正确方向和道路，是革命战争年代中国共产党人、苏区人民和进步人士共同创造、积淀的重要文化遗产"①。

有的学者则把红色文化与党和革命事业发展的特定历史阶段相联系，认为红色文化就是新民主主义的革命文化，或者说是新民主主义革命时期中国的先进文化，实质是对革命文化在新社会语境下的概念置换。比如罗春洪撰文写道："红色文化是中国共产党特有的政治思想文化形态，包含了中国共产党早期的政治、经济、文化方面的思想，具有丰富的精神指向，蕴涵了井冈山精神、长征精神、延安精神和西柏坡精神等主体精神，其传承和发展的历史表现了中国共产党的政治文化形态……是中国共产党领导的人民大众的反帝反封建的、民族的、科学的、大众的文化形态。"② 王以第也说："红色文化是在新民主主义革命时期，在中国共产党的领导下，由中国共产党人、一切先进分子和人民群众共同创造的、具有中国特色的先进文化"③。梁化奎同样主张：红色文化是"中国共产党建党前后至新中国成立之际的历史产物"，"是以新民主主义革命为载体的'革命文化'。如同'新民主主义文化'对'革命文化'的置换，从'革命文化'到'红色文化'，可谓是新社会语

①　刘寿礼：《苏区"红色文化"对中华民族精神的丰富和发展研究》，《求实》2004 年第 7 期。

②　罗春洪：《红色文化与党的政治文化生成》，《福建党史月刊》2006 年第 8 期。

③　王以第：《"红色文化"的价值内涵》，《理论界》2007 年第 8 期。

境下的一次概念置换"①。

目前，更多的学者以更为开阔的眼界和宏大的视野
审视、阐释红色文化的概念，提出了诸多具体表述各有
不同但是基本观点比较一致的定义。比如赖宏、刘浩林
认为：在中国，红色文化"是中国共产党领导革命、建
设和改革文化运动的产物，不仅生动地反映了中国共产
党领导下的革命时期的政治、经济的特点和人民群众的
精神面貌，而且在继承'五四'运动革命传统的基础
上，开辟了我国新文化发展的正确方向和道路，是先进
文化的重要组成部分"②。刘润为指出："红色文化较之
我们经常使用的革命文化、抗战文化、解放区文化、新
民主主义文化、社会主义文化等等，更富有包容性和概
括力。在一些同志那里，一谈到中国红色文化，便仅仅
与上海、嘉兴、南昌、井冈山、延安、西柏坡相联系，
其实这是一种不全面的认识，因为那仅仅是历史上的红
色文化。"他进而激情澎湃地强调："我们所说的红色文
化，不仅上溯历史、涵盖现实，而且延伸到未来。这是
一种大尺度的历史时代产生的蔚为大观的文化。它的上
限，要追溯到'五四'新文化运动前夕马克思列宁主义
传入中国的那一历史时刻。……至于中国红色文化的下

---

① 梁化奎：《概念的张力和边界——"革命文化""红色文化""党
史文化"辨析》，《前沿》2016 年第 11 期。

② 赖宏、刘浩林：《论红色文化建设》，《南昌航空工业学院学报
（社会科学版）》2006 年第 4 期。

限，目前还不能做出准确的估计，但是可以推断，即使是在实现中华民族伟大复兴以后，也要延续相当漫长的时日。这是中国历史上最为灿烂辉煌而且必将更加灿烂辉煌的文化，这是人类历史上夺人心魄而且必将更加夺人心魄的文化高峰！"① 魏本权、汲广运则给出了如下的定义："红色文化是在马克思主义中国化进程中，中国共产党在民族文化基础上创造的崭新文化形态，既区别于传统文化，也有别于近现代以来其他阶层与党派的文化创造；它是物态文化、制度文化、心态文化、行为文化的统一整体，构成 20 世纪以来中华文化发展的主流和前进方向；其主要形态包括民族的科学的大众的新民主主义文化、有中国特色的社会主义文化、社会主义先进文化。……它是一个动态的、发展的概念，其内涵和外延都会随着中国文化建设的发展而不断丰富和充实。"②

　　我们认为第一种观点即以第二次国内革命战争时期中央苏区"红土地"上诞生的革命文化来界说红色文化的观点过于狭隘。道理很简单，第二次国内革命战争时期，除了中央苏区之外，中国共产党还相继创建了湘鄂西、海陆丰、鄂豫皖、琼崖、闽浙赣、湘鄂赣、左右江、川陕、陕甘等多个革命根据地，这些革命根据地都被排除在外，姑且不说如此界说红色文化是否允当，即便以

---

① 刘润为：《红色文化论》，《文艺理论与批评》2013 年第 4 期。

② 魏本权、汲广运：《沂蒙红色文化资源研究》，山东人民出版社 2014 年版，第 17 页。

此来诠释革命文化，也是不能令人相信它是有充分的说服力的。这一观点，充其量只能是关于第二次国内革命战争时期中央苏区革命文化的一种定义。第二种观点，实质是把红色文化等同于革命文化。事实上，红色文化与革命文化是一种包含与被包含的关系，红色文化包括但又不限于革命文化，革命文化只是红色文化的一个组成部分，更确切些说是红色文化的早期发展阶段。只要是以马克思主义为指导，只要是由中国共产党来领导，只要是代表着最广大人民群众的根本利益和向着人类社会发展的正确目标——共产主义前进，那么红色文化就只有自身不同阶段的划分而不会有休止符。革命文化之于红色文化，就好比是金沙江之于长江，把两者完全混为一谈，是不严谨、不科学的，对于开展相关问题的研究和宣传，也是非常不利的，极易造成不应有的矛盾和混乱。

我们赞同大多数学者的思路和观点，主张从相对而言的广义上来理解和界说红色文化的概念。不过，关于红色文化的定义，尽管包括上述学者在内的很多种概括都各有所长，但是或嫌于繁琐或嫌于简略，且存在这样那样的实质内容缺失或张力不足、周延性不够等缺陷，有鉴于此，我们在借鉴和吸收既有界说之优长的基础上，给出自己的表述，这就是：所谓红色文化，就是在马克思主义科学理论的指导下，在中国共产党的正确领导下，在中华优秀传统文化的涵养滋润下，在广大人民群众以主人翁的姿态积极参与和不懈奋斗下，与现当代中国的革命、建设、改革和发展同频共振从而创造形成并不断丰富和创新的先进文化形态。

这样的一种表述，既突出了马克思主义的指导作用，又强调了中国共产党的领导地位，还肯定了中华优秀传统文化的涵润功能，更凸显了人民群众的主体价值，从而实现了指导理论、领导核心、成长土壤和主体力量的有机统一。不仅如此，这一表述在揭示了红色文化的先进特性的同时，也阐明了其动态而非静态、开放而非封闭、与时俱进而非一成不变的文化风貌；在实现了红色文化与传统文化、异质文化等文化类型的明确区分的同时，也实现了其对革命文化和建设文化、新民主主义文化和中国特色社会主义文化等的有效涵盖。

二　红色文化的基本属性

根据我们对红色文化概念所作的概括，可以逻辑地得出红色文化所具备的四个层面的基本属性。

1. 红色文化是马克思主义科学理论指导下的文化创造

毛泽东曾精辟地指出："十月革命一声炮响，给我们送来了马克思列宁主义。十月革命帮助了全世界的也帮助了中国的先进分子，用无产阶级的宇宙观作为观察国家命运的工具，重新考虑自己的问题。"[①] 他还曾用风

---

① 《毛泽东选集》第 4 卷，人民出版社 1991 年版，第 1471 页。

趣幽默的语言说过："马克思、恩格斯创立马克思主义学说始于一八四三年（鸦片战争后三年），但由一八四三年到一九一七年，七十四年之久，影响主要限于欧洲，全世界大多数人还不知道有所谓马克思主义。马克思主义产生于欧洲，开始在欧洲走路，走得比较慢。那时我们中国除极少数留学生以外，一般人就不知道……十月革命一声炮响，比飞机飞得还快。飞机从莫斯科到这里也不止一天吧，但这消息只要一天，即是说，十一月七日俄国发生革命，十一月八日中国就知道了。……七十多年马克思主义走得那样慢，十月革命以后就走得这样快。因为它走得这样快，所以一九一九年中国人民的精神面貌就不同了，五四运动以后，很快就晓得了打倒帝国主义、打倒封建势力的口号。"① 毫无疑问，半封建半殖民地之中国命运的根本性转折，正是开始于十月革命给我们送来了马克思主义的科学理论之后。伴随着马克思主义科学理论的传播，中国先进分子很快便掌握了这一"观察国家命运的工具"，并运用这一工具分析中国社会问题、探寻实现国家振兴的出路。中国共产党创始人之一的李大钊在 1919 年 1 月出版的《新青年》5 卷 5 号上发表了题为《Bolshevism 的胜利》的文章，对于第一次世界大战的胜利结束，他热情洋溢地写道：这是"人道主义的胜利，是平和思想的胜利，是公理的胜利，

---

① 《毛泽东文集》第 3 卷，人民出版社 1996 年版，第 290 页。

是自由的胜利，是民主主义的胜利，是社会主义的胜利，是 Bolshevism 的胜利，是赤旗的胜利，是世界劳工阶级的胜利，是二十世纪新潮流的胜利"，并说："这件功业，与其说是威尔逊（Wilson）等的功业，毋宁说是……马客士（Marx）的功业"。他进而展望道："由今而后，到处所见的，都是 Bolshevism 战胜的旗。到处所闻的，都是 Bolshevism 的凯歌的声。人道的警钟响了！自由的曙光现了！试看将来的环球，必是赤旗的世界"①。这里，他已经自觉地把马克思主义对于布尔什维主义（Bolshevism）的胜利和未来"赤旗的世界"的建立相联系，从而为中国红色文化的产生和发展奠定了理论基础、提供了科学指南。

回首红色文化的发展历程，马克思主义科学理论的指导可以说无时不在、无处不在，并且创造形成了大量的珍贵成果。中国共产党的建立本身就是马克思主义科学理论指导的产物，对此，1949 年 6 月，毛泽东在《论人民民主专政》一文中就曾写道："中国无产阶级的先锋队，在十月革命以后学了马克思列宁主义，建立了中国共产党。"② 作为"马克思列宁主义在中国的运用和发展"和"被实践证明了的关于中国革命和建设的正确的理论原则和经验总结"的毛泽东思想，作为"马克思列

---

① 《李大钊全集》第 2 卷，人民出版社 2006 年版，第 259、263 页。
② 《毛泽东选集》第 4 卷，人民出版社 1991 年版，第 1472 页。

宁主义的基本原理同当代中国实践和时代特征相结合的产物"和"马克思主义在中国发展的新阶段"的邓小平理论，作为"对马克思列宁主义、毛泽东思想、邓小平理论的继承和发展，反映了当代世界和中国的发展变化对党和国家工作的新要求"的"三个代表"重要思想，作为"同马克思列宁主义、毛泽东思想、邓小平理论、'三个代表'重要思想既一脉相承又与时俱进的科学理论"和"马克思主义关于发展的世界观和方法论的集中体现"的科学发展观，以及作为"对马克思列宁主义、毛泽东思想、邓小平理论、'三个代表'重要思想、科学发展观的继承和发展"和"马克思主义中国化最新成果"的习近平新时代中国特色社会主义思想①，它们无疑都是红色文化百年发展历程中最可宝贵的精神成果，而这些最可宝贵的精神成果的形成，均与马克思主义科学理论的指导有着不可割裂的密切联系。不唯如此，新民主主义革命时期各革命根据地政权的建立和政治经济军事文化等制度的设计与完善，中华人民共和国成立以来社会主义革命和建设路线方针政策的制定、改革开放战略决策的形成，以及中国特色社会主义道路理论制度的不断丰富和发展，等等，无不是在马克思主义科学理论的指导下进行的。可以说，没有马克思主义科学理论的指导，中国的革命和建设事业就不可能取得一个又一

① 参见《中国共产党章程》，人民出版社 2017 年版，第 2—3 页。

个辉煌的成就，我们的红色文化也不可能合着时代的节拍，在革命文化厚重的历史积淀基础之上继续前进，并不断结出改革开放和中国特色社会主义建设的累累硕果。

2. 红色文化是中国共产党正确领导下的文化创造

在红色文化的百年发展历程中，中国共产党始终发挥着不可替代的领导作用，即如毛泽东 1941 年 5 月在《改造我们的学习》一文中所说："灾难深重的中华民族，一百年来，其优秀人物奋斗牺牲，前仆后继，摸索救国救民的真理，是可歌可泣的。但是直到第一次世界大战和俄国十月革命之后，才找到马克思列宁主义这个最好的真理，作为解放我们民族的最好的武器，而中国共产党则是拿起这个武器的倡导者、宣传者和组织者。"① 马克思主义是中国红色文化的理论指南，同时中华大地上的各种马克思主义文献本身也是红色文化的重要组成部分。马克思主义传入中国尽管是十九二十世纪之交的事情，但是它在中国的广泛传播和产生的巨大影响，却与中国共产党的创始人有着直接的联系。1915 年 9 月陈独秀在上海创办的《青年杂志》（一年后改名《新青年》，1917 年初编辑部迁至北京），是当时国内宣传马克思主义和反帝反封建思想的重要阵地，据统计，中国共产党成立之前的两年时间内，《新青年》刊登的关于马克思主义、十月革命和中国工人运动的文章即达

---

① 《毛泽东选集》第 3 卷，人民出版社 1991 年版，第 796 页。

130余篇。从1920年9月起，刚刚迁回上海的《新青年》成为上海共产主义小组的机关刊物；1923年6月，更成为中共中央的理论性机关刊物。此间的1918年，陈独秀还与李大钊共同创办《每周评论》，提倡新文化，宣传马克思主义。可见，《新青年》和《每周评论》这两种红色期刊，都是在中国共产党创始人的具体主持和领导下创办并发挥作用的。陈独秀、李大钊是早期中国马克思主义传播事业的领军人物，都曾撰写了大量相关文章，其中李大钊1919年夏秋完成的《我的马克思主义观》一文，以其对马克思主义理论的深刻和系统阐述，凭借《新青年》杂志这一平台，极大地推动了马克思主义在中国的传播，堪称马克思主义中国早期传播史上的里程碑之作，不愧为值得珍视的红色文献。1920年3月，李大钊在北京大学组织建立了中国第一个马克思学说研究会，这对于持续扩大马克思主义的传播和提升其社会影响力，无疑具有积极的作用。中国共产党正式成立之后，自觉地以宣传和结合中国实际运用马克思主义科学理论为己任，在推动中国革命和建设事业向前发展的同时，在红色经典的传播和创造方面不断取得新成就。新民主主义革命时期，各革命根据地和解放区组织翻译、出版了大量马克思主义经典文献，编印了多个版本的《毛泽东选集》以及党内其他重要文献，同时创办报刊和书局，从而极大地充实和丰富了红色文化的宝库。中华人民共和国成立以来，作为执政党的中国共产党始终坚定地坚持以马克思主义为指导，为加强全党的思想理论建设，持续提高全党的马克思主义理论水平，组织力量致力于马克思主义文献的翻译、整理和出版工作，迄今已先后推出了多种版本的《马克思恩格斯选集》《马克思恩格斯全集》和《列宁选集》《列宁全集》，以及马克思主义经典作家的各种专题汇编。与此同时，马克思主义中国化和当代中国马克思主义文献的编辑、出版也成就非凡，《毛泽东选集》《毛泽东文集》《邓小平文选》《江泽民文选》《胡锦涛文选》《习近平谈治国理政》等，它们既是中国共产党领导人民进行革命和建设的行动指南和理论结晶，同时作为文化创造和文化产品，本身也是红色文化的重要组成部分。

　　1921 年中国共产党成立直到 1949 年中华人民共和国建立的 28 个峥嵘岁月当中，中国工农红军、八路军新四军和人民解放军，以及中国人民的浴血奋斗、英勇牺牲，在实现了新民主主义革命胜利的同时，也在 960 万平方公里的土地上留下了许多遗址、遗迹、遗物等历史的见证。这些历史遗存一方面表征了革命胜利的来之不易，另一方面也生动反映了中国共产党无与伦比的吸引力、感召力和领导力。可以毫不夸张地说，作为红色文化之载体的各种各样、大大小小的革命文物，无不从特定的角度反映着、印证着当年中国共产党领导人民进行革命斗争、驱逐日本帝国主义出中国、推翻蒋介石国民党的腐朽统治是何等的艰苦卓绝，而在一定意义上也可以说，这些珍贵文物也是中国共产党正确领导下的文化创造。

改革开放以来的40年，在毛泽东领导中国人民站起来的基础上，邓小平、江泽民、胡锦涛等带领全党和广大人民群众以经济建设为中心，致力于建设中国特色社会主义，基本实现了富起来的目标。党的十八大确立了习近平总书记在全党的核心地位之后，他基于强烈的责任担当，围绕和聚焦"两个一百年"奋斗目标进行顶层设计，作出一系列重大战略部署，我们相信，到本世纪中叶建成富强民主文明和谐美丽的社会主义现代化强国、实现中华民族伟大复兴中国梦，使中华民族强起来这一美好愿景一定能够达成。在中国人民实现富裕和中华民族走向富强的奋斗过程中，有许多令人难忘的红色记忆，比如改革开放之初赞美社会主义新农村美好生活的优美歌曲《在希望的田野上》，又如以邓小平1992年春视察深圳为背景创作的讴歌改革开放的经典歌曲《春天的故事》，再如新闻报道中九八抗洪救灾、汶川抗震救灾、玉树抗震救灾……中解放军将士奋不顾身、舍生忘死的身影，等等，在这些红色记忆的背后，中国共产党的正确领导可以说是无所不在且至关重要。此外，深圳等特区的创办、北京奥运会和上海世博会的举办、载人航天的成功、高铁大动脉的贯通、"一带一路"倡议的推进，以及40年国民经济持续中高速增长之世界奇迹的创造和跃居世界第二大经济体之成就的取得，都是在中国共产党的正确领导下实现的，它们既是重大的政治经济和社会成果，同时也是重大的文化创造，必将在红色文化发展史上留下浓墨重彩的一笔。

3. 红色文化是中华优秀传统文化涵养滋润下的文化创造

任何文化都不是凭空产生的，而是具有历史的传承性，每一个时代的文化都是在继承此前时代文化精华基础上的与时俱进和发展创新。在红色文化的百年发展历程中，中华优秀传统文化鲜明而深刻的烙印真可谓比比皆是、历历在目。

我们说红色文化是中华优秀传统文化涵养滋润下的文化创造，最直观的体现就在于传统文化中尚红观念在红色文化中得到了充分的发扬光大。首先，中国共产党的建立就与"红"有着不解之缘。1921 年 7 月 31 日，中国共产党第一次全国代表大会在浙江嘉兴南湖的一只游船上举行了最后一次会议，宣告中国共产党正式建立，而这只游船正是红漆涂成的红船。可以说，中国共产党乘风破浪、勇往直前、所向披靡、无往不胜的历史航程，是从南湖的红船上扬帆起航的。正是鉴于红船对于中国共产党的建立和发展具有特殊的意义，1964 年 4 月 5 日，身为党的一大 13 名代表之一的董必武再访南湖，并挥毫题诗："革命声传画舫中，诞生共党导工农。重来正值清明节，烟雨迷蒙访旧踪。"[①] 改革开放以来，邓小

---

① 《董必武诗选》，人民文学出版社 1977 年版，第 206 页。

平、江泽民、胡锦涛等对南湖红船这一党的诞生地无不给予亲切关怀，他们或亲笔题词，或亲临瞻仰，勉励全党"沿着南湖红船开辟的革命航道奋勇前进"。2017年10月31日，在党的十九大闭幕一周之际，习近平总书记带领中共中央政治局常委专程来到浙江嘉兴瞻仰南湖红船，他感慨系之地说道："南湖红船是我们党梦想起航的地方。我们党从这里诞生，从这里出征，从这里走向全国执政。这里是我们党的根脉"；"小小红船承载千钧，播下了中国革命的火种，开启了中国共产党的跨世纪航程"①。其次，"红"是与党的理想和事业紧密相连、始终不易的色彩标识。党最初创建和领导的革命武装是中国工农红军，红军的旗帜是红旗，战士们的帽徽是红星。直到如今，我们的党旗、国旗、军旗和党徽、国徽、军徽等，无不是以庄重的红色为基本色彩。不仅如此，我们党很早就乐于把与革命事业直接相关的一切打上"红色"的标签。比如把工农苏维埃政权称之为"红色政权"——1928年10月，毛泽东就曾明确提出并回答了"中国的红色政权为什么能够存在"的问题。再如把党的政权的机关报命名为"红色"报纸——1931年11月，中华苏维埃共和国临时中央政府在江西瑞金成立后不久，便创办了自己的机关报，它的名字就叫《红色中

----

① 《铭记党的奋斗历程时刻不忘初心　担当党的崇高使命矢志永远奋斗》，《人民日报》2017年11月1日。

华》。对于中国共产党和革命队伍这种与"红色"无所不在的关联，20世纪30、40年代，在华的一些西方人士也普遍予以认同。1936年6—10月，美国著名记者埃德加·斯诺在陕甘宁边区进行实地采访，并根据所见所闻写成了《红星照耀中国》一书。该书第一篇的篇题是《探寻红色中国》，把中国共产党领导下的陕甘宁边区径称为"红色中国"；第二篇的篇题是《去红都的道路》，用"红都"指称当时的中共中央所在地保安。此外，诸如"红色农民""红色窑工""红小鬼""红色的天际"等表述，也曾先后出现在正文的小标题中。此外，1944年参加中外记者西北考察团的美国记者哈里逊·福尔曼、冈察·斯坦分别出版了《来自红色中国的报告》和《红色中国的挑战》，同样把"红色中国"与中国共产党领导的西北解放区对应起来。再次，"红"还被视作政治素质和思想品德过硬等的意象符号。1957年9月23日，邓小平在中共八届三中全会上的讲话中指出："全党必须注意培养革命的专门家。全党的干部，凡是有条件的，都必须认真地钻研理论和业务，顽强地下苦功，把自己造成为'又红又专'的红色专家。"[①] "文化大革命"一宣布结束，邓小平就致力于破除极"左"思维，大刀阔斧地进行拨乱反正。围绕干部人才标准问题，他突破非

---

① 《邓小平文集（1949—1974）》中卷，人民出版社2014年版，第338页。

红即白的僵化思维模式，阐述了红与专的辩证统一关系，强调："专并不等于红，但是红一定要专。不管你搞哪一行，你不专，你不懂，你去瞎指挥，损害了人民的利益，耽误了生产建设的发展，就谈不上是红"①；"一个人，如果爱我们社会主义祖国，自觉自愿地为社会主义服务，为工农兵服务，应该说这表示他初步确立了无产阶级世界观，按政治标准来说，就不能说他是白，而应该说是红了。我们的科学事业是社会主义事业的一个重要方面。致力于社会主义的科学事业，作出贡献，这固然是专的表现，在一定意义上也可以说是红的表现"②。

红色文化作为中华优秀传统文化涵养下的文化创造，更根本的体现还在于中华优秀传统文化是红色文化的思想之源和精神之本。对于中华优秀传统文化的思想精华和道德精髓，习近平曾多次作过精辟的阐述，其中最具概括性的总结便是"讲仁爱、重民本、守诚信、崇正义、尚和合、求大同"③，学者们称之为传统"六德"，而这传统"六德"的精华和精髓同样是流淌在我们红色文化肌体中的血液。这里不妨就传统"六德"的前三个德目即"仁爱""民本""诚信"与红色文化的关系略作考察和说明。"仁爱"可以说是中华民族最核心的价值理念，在古代社会长期受到普遍推重的"五常"即五

---

① 《邓小平文选》第 2 卷，人民出版社 1994 年版，第 262 页。

② 《邓小平文选》第 2 卷，人民出版社 1994 年版，第 92 页。

③ 《习近平谈治国理政》，外文出版社 2014 年版，第 164 页。

种基本道德规范——"仁、义、礼、智、信"中，孔子
所提倡的"爱人"之"仁"居于首要地位。所谓"仁
爱"，简而言之就是仁民爱物，它反映的是人们对于同
类的发自内心的爱惜、同情这样一种真挚的情感。孔子
所说的"泛爱众"，墨子主张的"兼爱"，孟子宣扬的
"老吾老以及人之老，幼吾幼以及人之幼"等，都体现
了仁爱的精神。仁爱同样是红色文化的价值追求。战争
年代，革命烈士为了推翻压在人民身上的三座大山、实
现人民的彻底解放而不惜献出自己的生命，这是仁爱；
中华人民共和国成立后，解放军战士雷锋随时随地为老
人、妇女、儿童和遇到困难的战友提供无私的帮助，这
是仁爱；历次抗震救灾和抗洪救灾、中央政府派出专机
接回遭遇海外突发事件的同胞，这是仁爱；社会主义核
心价值观将"友善"载入其中，党和国家定期举办对敬
老爱亲、助人为乐等道德模范的隆重表彰，更无可辩驳
地证明了仁爱在我们红色文化中所具有的重要地位。
"民本"，顾名思义就是以民为本，它反映的是一种重视
人民地位和作用的观念和情感。传统文化经典《尚书》
中的"民惟邦本，本固邦宁"、孟子所谓"民为贵，社
稷次之，君为轻"等，堪称传统民本思想的经典表述。
民本在我们的红色文化中同样有着具体而生动的呈现。
毛泽东提出的"全心全意为人民服务"的党的根本宗
旨、邓小平提出的"人民拥护不拥护、赞成不赞成、高
兴不高兴、答应不答应"的衡量工作成败得失的根本标

准、习近平提出的"以人民为中心"的根本原则，无不
从理论上深刻阐明了我们党对于人民的地位和作用的正
确判断和清醒认识，而勇救落水儿童的罗盛教、奋不顾
身拦惊马的刘英俊、牺牲自己保全他人的王杰，以及
"心中装着全体人民、唯独没有他自己"的县委书记好
榜样焦裕禄，两离桑梓独恋雪域、用真挚的爱民之情赤
诚的为民之心强烈的富民之愿抒写下感动中国精彩故事
的亲民爱民好公仆孔繁森等，则是红色民本文化壮丽画
卷中的最具代表性的人物形象。"诚信"虽然是久已有
之的传统美德概念，但在今天仍然是一个重要伦理范畴，
重在规范人们的人际交往态度和行为。孔子所谓"自古
皆有死，民无信不立"和"人而无信，不知其可"，深
刻地说明了诚信对于统治者政治统治的成败和广大士庶
为人处世的成功与否所具有的决定性意义。诚信同样是
红色文化的重要内容。革命战争年代，人民军队的一切
奋斗和牺牲虽然都是为了人民，但是仍然严格执行"三
大纪律八项注意"，不仅"不拿群众一针一线"，而且
"买卖公平""借了东西要还""损坏东西要赔"，目前
一些革命历史纪念馆、展览馆中保存的红军收条、借条
等珍贵文物，便是革命战争年代红色诚信文化的历史见
证。中国共产党成为执政党以后，密切联系群众、走群
众路线、取信于民始终是党所坚持和发扬的优良传统和
作风。比如改革开放之初党中央决定实行农村土地承包
责任制，受到广大农民的普遍欢迎。在第一轮的 15 年承

包即将到期之时，党中央顺应民意，决定将土地承包期再延长 30 年，到 2027 年；在 2017 年 10 月召开的党的十九大上，习近平总书记在向大会所作的报告中再一次郑重宣布："保持土地承包关系稳定并长久不变，第二轮土地承包到期后再延长三十年。"众所周知，在 2013 年 12 月中央办公厅印发的《关于培育和践行社会主义核心价值观的意见》这份红色文件中，"诚信"是 12 个社会主义核心价值观范畴中的一个，我们党关于土地承包期一再延长的承诺，既反映了中国共产党人的制度自信，同时也以具体行动向全社会作出了诚信的示范和表率，在我们的红色诚信文化中写下了光彩夺目的一页。

总之，仁爱、民本、诚信、正义、和合、大同，既是中华优秀传统文化的思想精华和道德精髓，也是红色文化的有机组成部分。当然，作为红色文化的有机组成部分，它们并不是对传统意涵和精神的简单重复，而是结合了时代特点和要求、在继承基础上的创造性转化和创新性发展，是一种源于而又超越了中华优秀传统文化的文化创造。

4. 红色文化是广大人民群众以主人翁的姿态积极参与和不懈奋斗下的文化创造

马克思主义认为，人民群众是社会物质财富和精神财富的创造者，是推动历史前进的决定性力量。在红色文化的百年发展历程中，广大人民群众始终是主体，他们以主人翁的姿态积极参与红色文化的发展和创造，并通过不懈的努力和奋斗，推动着红色文化不断地从成功走向更大的成功、从辉煌走向更大的辉煌。回顾红色文化自诞生伊始直到今天的整个发展过程，广大人民群众在任何一次规模宏大的红色事件、红色活动中都不曾缺席，并且不仅不曾缺席，还当仁不让地扮演了不可或缺的重要角色。比如1919年爆发的五四运动，标志着红色文化诞生的这一运动，其导火索是北洋政府屈服于帝国主义的压力而准备在丧权辱国的巴黎和约上签字。消息传来，北京各学校的学生群情激奋，纷纷组织示威游行，强烈要求"外争主权，内除国贼"，随后，社会各界纷纷声援、强力支持，从而形成了一场席卷全国的声势浩大、波澜壮阔的爱国群众运动，迫使北洋政府不得不收回成命、拒签和约，并罢免了章宗祥、陆宗舆、曹汝霖这三个卖国贼的职务。权威著作对五四运动所作的评价是："五四爱国运动是近代中国历史上第一次由学生、工人和其他市民兴起的反对帝国主义、反对军阀卖国贼的全国规模的群众性革命斗争。……各地组织了学生、教职员、工商界、妇女界等群众团体，并共同组成各界联合会。随着运动的发展，又先后成立全国性的群众组织——全国学生联合会和全国各界联合会。由于各界群众的联合行动，获得了在当时条件下所能获得的最大胜利。从罢免曹、章、陆到拒签和约，无一不是群众运动作用的结果。这在鸦片战争后近80年的历史上还是第一次。辛亥革命虽然实现了政权形式方面的改变，但远不如五四运动具有广大的群众基础。"① 又如 1948 年 11 月到 1949 年 1 月中国人民解放军发动的、在解放战争中具有决定意义的三大战役之一的淮海战役。在这一战役中，解放军投入了 60 万的兵力，但与此同时，还有 40 万民兵先后参战，更有山东、江苏、安徽、河南四省的 543 万支前民工为解放军提供源源不断的后勤保障。这 543 万支前民工抬着 20 多万副担架、赶着 70 多万头牲畜、推着近百万辆推车、挑着 30 多万副担子，把 4 亿多斤粮食和各种军需物资运送到前线，又把数以万计的伤病员从战场上接回，有力地支援了前线部队②。正因如此，1951 年 2 月 11 日，时任华东军区司令员、上海市市长的陈毅，在向苏联驻华大使尤金介绍淮海战役情况和分析胜利原因时特别强调："500 万支前民工，遍地都是运粮食、运弹药、抬伤员的群众，这才是我们真正的优势。淮海战役的胜利是人民群众用小车推出来的。"③ 长春电影制片厂拍摄的《车轮滚滚》这部影片，便是以胶东解放区一支民工小车队运粮支前的生动故事为主线，真切反映了人民群众为赢得淮海战役的胜利所作出的贡献。

① 中共中央党史研究室：《中国共产党历史》上卷，人民出版社 1991 年版，第 33—34 页。

② 参见中共中央党史资料征集委员会《淮海战役》第 3 册，中共党史资料出版社 1988 年版，第 6 页。

③ 李松：《要为人民用好权——领导干部的第一堂必修课》，新华出版社 2015 年版，第 5 页。

再如十一届三中全会之后正式开启的、党带领人民进行的改革开放。改革开放是一场以解放和发展社会生产力、让中国人民富裕起来、实现国家现代化和振兴中华民族为目的的新的伟大革命，这场迄今已历40年且仍在继续深化的伟大革命的序幕，最初是由安徽省凤阳县小岗村的18位农民兄弟拉开的。从这个意义上说，改革开放是广大人民群众的自发创造。1978年11月24日，小岗村的18位农民立下生死状，在土地承包责任书上郑重地按下各自的鲜红手印，决意实施"大包干"。他们的神圣一"按"，"按"出了中国农村改革的第一份宣言，小岗村也由一个默默无名的小村庄一跃而成为中国农村改革的第一村。在党中央的坚强领导和科学部署下，从农村起步的改革开放很快便有序扩大到经济特区和全国各地及各个领域，从而成为十几亿人民群众以主人翁的姿态积极参与的、令全世界叹为观止的伟大革命。中国人民创造了经济持续高速发展的世界奇迹，与此同时，经过40年的不懈奋斗，中国已经从一个落后的农业国跃升为世界第二大经济体。可以说，改革开放是参与主体最多、持续时间最长、地域范围最广、历史影响最大的红色活动。

三 红色文化的类型和特征

红色文化作为一种具有百年发展史的文化形态，本身已经成为蕴藏极其丰富的宝库。那么这座宝库中的

"藏品"大致可划分为哪些类型？总体看来红色文化具有哪些突出特征？这是下面将简要探讨的问题。

1. 红色文化的类型划分

关于红色文化的类型划分，目前学界尚未形成共识。近十几年来，学者们基于各自设定的不同的标准，至少提出了物质和精神二分法、物质制度和精神三分法，以及"人、物、事、魂"① 四分法等多种分类方法。我们认为，这些分类方法虽然各有优长，但是也都存在一定缺憾，不尽理想。简单说来，二分法太过笼统，三分法中制度与物质和精神的边界很难明确划分，四分法则是在把红色文化作狭义理解即等同于革命文化的前提下所作的类型划分，因而难以有效涵盖整个红色文化的内容。张泰城在《论红色文化资源的分类》一文中提出了红色旧址、红色器物、红色文献、红色人物、红色事件、红色文艺、红色建筑、红色精神、红色研究、红色创作的十分法②，这样的一种思路比较可取，只是其中部分类型的划分和命名不尽合理，有必要在此基础上作进一步的整合。

---

① 其中，"人"具体是指在革命时期对革命有着一定影响的革命志士和为革命事业而牺牲的革命烈士；"物"是指革命志士或烈士所用之物，也包括他们生活或战斗过的革命旧址和遗址；"事"是指有着重大影响的革命活动或历史事件；"魂"则体现为革命精神即红色精神。

② 参见张泰城《论红色文化资源的分类》，《中国井冈山干部学院学报》2017 年第 4 期。

我们认为，红色文化大致可分为以下五类：

（1）红色建筑。一切反映和表征党和人民群众在革命、建设、改革、发展中的不懈奋斗的历史建筑遗存和现代建筑物体，均可归入此类。具体些说，它既包括红色文化产生以来的各种革命建筑旧址、党政军群机构办公和会议旧址、领袖及其他进步人士故居旧居等，也包括中华人民共和国成立后为纪念红色事件和缅怀红色人物而兴建的各种博物馆、纪念馆（堂）、陈列馆（室）、展览馆、纪念碑、烈士陵园、纪念广场、纪念雕塑，以及为举行重大活动或满足人民群众生产生活需要而修筑的各种标志性会堂、场馆、工程，等等。

（2）红色文物。一切与重大红色事件、红色活动和重要红色人物等有关的可以移动的器具物品，均可归入此类。比如各种相关的生产生活和学习办公用品，各种相关的旗帜标识、书刊报纸、文稿笔记、书信电报、标语对联、诗文作品、借条收据、券币票据，以及各种相关的题词碑刻、车船工具、武器弹药，等等。

（3）红色人物。一切在革命、建设、改革、发展中作出重要贡献、产生较大影响、受到普遍景仰、享有较高声望的社会个体或个体集合，均可归入此类。所谓个体集合，也即特定群体，比如南京路上好八连、草原英雄小姐妹等。

（4）红色活动。一切在革命、建设、改革、发展的历史过程中发生过重要而积极影响的会议、运动、起义、战役、救灾、视察、创作、表彰等，均可归入此类。比如党的一大、遵义会议、十一届三中全会等，比如五四运动、一二·九运动、延安整风运动、真理标准大讨论等，比如南昌起义、秋收起义、百色起义等，比如平型关战役、辽沈战役、淮海战役、平津战役等，比如九八抗洪救灾、汶川抗震救灾、玉树抗震救灾等，比如邓小平南方视察、习近平曲阜视察等，比如歌曲《义勇军进行曲》《没有共产党就没有新中国》和现代芭蕾舞剧《红色娘子军》、大型舞蹈史诗《东方红》等，比如学雷锋标兵、全国道德模范的评选表彰等。

（5）红色精神。如果说上述红色建筑、红色文物、红色人物、红色活动等相对而言属于红色文化的具象形态，那么红色精神则无疑就是红色文化的核心和灵魂。它是特定时空和特定条件下产生并贯穿于红色建筑、红色文物、红色人物、红色活动等中的一根红线，具有普遍性的意义和价值。红色精神本身也是一个开放的体系，随着时代的发展而不断增添新的内容。迄今为止，有关学者概括总结出来并得到广泛认同的红色精神，至少包括五四精神、红船精神、井冈山精神、长征精神、抗战精神、南泥湾精神、延安精神、西柏坡精神、沂蒙精神、雷锋精神、大庆精神（铁人精神）、"两弹一星"精神、北大荒精神、特区精神、抗洪救灾精神、抗击非典精神、抗震救灾精神、北京奥运精神、载人航天精神，等等。

2. 红色文化的显著特征

对于红色文化的特征，必须要在纵览红色文化百年光辉历史的同时，着眼其未来发展来加以概括和总结。准此，在我们看来，红色文化最为显著的特征主要包括以下几个方面：

（1）先进性。文化有先进和落后之分，红色文化无疑属于先进性文化，先进性是红色文化所具备的最本质、最鲜明，同时也是重要、最显著的特征之一。首先，红色文化自其诞生之日起，就以马克思主义科学理论为指导，并始终发挥着引领社会发展潮流、主导历史前进方向的积极作用，这既是其先进性的具体体现，也是其之所以具有先进性的根本原因所在。就是说，马克思主义的科学性决定了红色文化的先进性，只要以马克思主义科学理论为指导这一原则不改变，那么红色文化的先进性也就将始终保持。其次，前已述及，红色文化是中国共产党领导下的文化创造，而中国共产党是中国工人阶级的先锋队，同时是中国人民和中华民族的先锋队，代表中国先进生产力的发展要求，代表中国先进文化的前进方向，代表中国最广大人民的根本利益，其最高理想和最终目标是实现共产主义。红色文化既然是由这样一个先进的党来领导创造，那么这种文化本身的先进性也便是不证自明、毋庸置疑的。

（2）开放性。文化有开放和保守之分，红色文化无疑属于开放性文化。习近平总书记在哲学社会科学工作座谈会上的讲话中勉励哲学社会科学工作者要"不忘本来、吸收外来、面向未来"而"不忘本来、吸收外来、面向未来"实质就是要求以开放的眼光、气度、胸襟和思维做好学术研究和文化传承。反观我们的红色文化，可以说它既是"不忘本来"的文化，又是善于"吸收外来"的文化，同时还是"面向未来"的文化。红色文化的"不忘本来"，体现在它善于回首过去，积极传承和弘扬中华优秀传统文化精华。众所周知，忠诚、爱国、崇公、贵民、求实、奉献等，都是中国传统伦理学说的精华，它们同时也是红色精神中的核心要义；而社会主义核心价值观的 12 个基本范畴，无一例外地都可从中华优秀传统文化中找到思想源头。红色文化的"吸收外来"，体现在它善于开眼看世界，积极借鉴和汲取人类社会一切文明成果。一个典型例证便是，十月革命胜利后，列宁领导俄国人民创造性地建立起了苏维埃政权，此后不久，中国共产党人就在各革命根据地实行了苏维埃这一政权组织形式。红色文化的"面向未来"，体现在它善于高瞻远瞩，准确判断中国社会的发展趋势和光明前景，描绘宏伟蓝图并带领人民为之不懈奋斗。早在1945 年，党的七大党章就提出：中国共产党在目前阶段的任务是"为建立独立、自由、民主、统一与富强的各革命阶级联盟与各民族自由联合的新民主主义联邦共和国而奋斗"；党在将来阶段的任务是"根据中国社会经济发展的需要与中国人民的意愿，经过必要步骤，为在中国实现社会主义与共产主义的制度而奋斗"。2017年，党的十九大党章强调："在新世纪新时代，经济和社会发展的战略目标是，到建党一百年时，全面建成小康社会；到新中国成立一百年时，全面建成社会主义现代化强国。"七大和十九大党章的这些表述，无疑都是红色文化"面向未来"的生动例证。

（3）创新性。文化有创新和守旧之分，红色文化无疑属于创新性文化。红色文化的百年发展史，同时也是与时俱进、不断创新从而始终焕发青春与活力、反映和引领时代风潮的历史。红色文化的创新性特征既体现在它的表现形式上，也体现在它的精神内涵上。就表现形式而言，红色文化会追踪时代前进的脚步而发生着与时俱进的新变。比如新民主主义革命时期的红色文化，其根本特征表现为革命文化，因为推翻帝国主义封建主义官僚资本主义这三座大山、实现人民民主是一场深刻的革命，与此相适应，此一时期一切积极进步的文化创造无不打有革命的烙印。历史的车轮进入社会主义建设时期之后，伴随着人民民主政权的建立和巩固，探索中国特色社会主义建设道路、实现"两个一百年"奋斗目标和中华民族伟大复兴中国梦成为摆在全党和全国人民面前的时代重任，红色文化随之也由革命文化一变而为与建设、改革、发展紧密联系的社会主义先进文化。就精神内涵而言，红色文化会基于环境条件和目标任务的变化而不断注入新的命意和内容。我们不妨以作为红色精神重要范畴的忠诚为例酌加说明。新民主主义革命文化和社会主义先进文化都讲忠诚，不过忠诚的具体内涵却有所不同。革命文化所提倡的忠诚偏重于强调为了正义事业而勇于牺牲，即如革命烈士夏明翰《就义诗》所言："砍头不要紧，只要主义真。杀了夏明翰，还有后来人"；先进文化所提倡的忠诚则更强调为了党和人民的事业而爱岗敬业、积极奉献，正因如此，习近平总书记在会见全国社会治安综合治理表彰大会代表时的讲话中明确指出："在你们中间，有的同志自觉肩负起促一方发展、保一方平安的政治责任，兢兢业业做好发展和稳定各项工作；有的同志始终把人民群众安危冷暖放在心上，危难时刻挺身而出、冲锋在前，用鲜血和生命守护千家万户安宁幸福；有的同志勇立时代潮头，用改革的思维、创新的办法提升社会治理效能，成为破难题、补短板、防风险的实干家；有的同志扎根基层、默默奉献，一干就是几十年，甘当维护社会和谐稳定的螺丝钉。你们身上体现了忠诚的政治品格、真挚的为民情怀、良好的职业精神、扎实的工作作风，……不愧为党和人民的忠诚卫士，不愧为平安中国的守护者，不愧为中国特色社会主义的建设者、捍卫者。"①

　　（4）大众性。文化有大众和小众之分，红色文化无疑属于大众性文化。古往今来，形形色色的中外文化绝

---

　　①　《习近平谈治国理政》第2卷，外文出版社2017年版，第385页。

大多数都属于小众文化，红色文化与之形成了鲜明的对比。红色文化的大众性有两层含义：一是表明其出发点和归宿在于为了人民大众；二是表明其团结和依靠的力量除了人民大众再无其他。红色文化从其诞生之日起，就自觉地站在以人民大众为主体和为了人民大众而奋斗的立场之上，从而彰显出了与其他文化迥然不同的独特个性。马克思主义经典著作《共产党宣言》中有段名论："过去的一切运动都是少数人的，或者为少数人谋利益的运动。无产阶级的运动是绝大多数人的，为绝大多数人谋利益的独立的运动。"① 以毛泽东为代表的中国共产党人深谙马克思主义唯物史观，得出了"人民，只有人民，才是创造世界历史的动力"② 的科学结论，并创造性地提出了"一切为了群众，一切依靠群众，从群众中来，到群众中去"③ 的群众路线。新民主主义革命时期，正因为党的一切奋斗都是为了人民大众的根本利益，所以党才能够"唤起工农千百万，同心干"④，推翻了三座大山，建立起中华人民共和国；进入中国特色社会主义新时代，习近平总书记一再谆谆告诫全党"必须

---

① 《马克思恩格斯选集》第 1 卷，人民出版社 2012 年版，第 411 页。

② 《毛泽东选集》第 3 卷，人民出版社 1991 年版，第 1031 页。

③ 《中国共产党中央委员会关于建国以来党的若干历史问题的决议》，人民出版社 1981 年版，第 48 页。

④ 毛泽东：《渔家傲·反第一次大"围剿"》，《毛泽东诗词集》，中央文献出版社 1996 年版，第 33 页。

坚持以人民为中心","必须坚持人民主体地位,坚持立党为公、执政为民,践行全心全意为人民服务的根本宗旨,把党的群众路线贯彻到治国理政全部活动之中,把人民对美好生活的向往作为奋斗目标,依靠人民创造历史伟业",惟其如此,才能始终保持党同人民群众的血肉联系,从而确保"两个一百年"奋斗目标和中华民族伟大复兴中国梦的如期实现,使我们的红色基因代代传承、红色文化永不褪色。

(5)时代性和地域性。红色文化的产生和发展既离不开一定的时代条件,同时也有赖于具体的地域环境,因此,时代性和地域性同样是红色文化的两个显著特征。红色文化在不同的历史时代,基于不同的目标和任务而有着不同的表现形式和具体内涵,从而呈现出前后有别的时代特征。比如第二次国内革命战争时期,面对国民党反动派的专制统治和残酷镇压,中国共产党致力于动员人民群众、壮大红军队伍、创建革命根据地、建立苏维埃政权、发动土地革命、开展武装斗争,此一时期的红色文化便体现出以"武装的革命反对武装的反革命"[1]、同国民党反动派进行毫不妥协的坚决斗争的鲜明特征。而到了抗日战争时期,建立全民族的抗日统一战线、驱逐日本帝国主义出中国成为摆在中华儿女面前的共同目标和任务,此一时期的红色文化自然就打上了抗

---

[1] 《毛泽东选集》第3卷,人民出版社1991年版,第974页。

日救国的时代烙印。如同古老的中华大地上所长期存在的齐鲁文化、中原文化、燕赵文化、三晋文化、秦陇文化、巴蜀文化、荆楚文化、岭南文化、吴越文化等群峰并立、争奇斗艳的壮丽景观一样，有着百年历史的红色文化在不同的地理环境中也以其各不相同的文化内容而形成了各自的特色，从而呈现出自身区别于其他地域的独特特征。比如对于上海来说，"党的诞生地"等是其独具的红色文化资源和优势；对于江西来说，革命摇篮井冈山、红色故都瑞金等是其独具的红色文化资源和优势；对于陕西来说，长征会师、西安事变、革命圣地等是其独具的红色文化资源和优势；而对于北京来说，其独具的红色文化资源和优势实在不胜枚举，我们用数量众多、类型多样、内容丰富、影响巨大来概括和形容，应该是十分客观和准确的。

第三节　北京红色文化巡礼

北京的红色文化，一定意义上可以说就是中国红色文化的缩影。作为红色文化开端的五四运动，便是原发于北京而后迅速扩大到全国、使中国社会运行轨迹和中华民族前途命运为之改变的伟大运动。从此，红色文化的火种一经点燃，便以不可阻挡的燎原之势在北京大地上迅猛发展，谱写了大量令人震撼和骄傲的红色篇章，成为世人心中永不磨灭的红色印象和记忆。由于北京红色文化资源极为丰富，我们的巡礼只能是走马观花、按照前面所作的分类择要加以简述。

1. 红色建筑

北京市全域面积不过 16410.54 平方千米，在全国总共 34 个省级行政区域中排在第 30 位，相当于河南省的大约十分之一，仅比天津、上海、香港、澳门大一些，但是若论红色建筑的数量，北京绝对可以在全国名列前茅。全市各种类型的红色建筑数以千计，其中最具代表性的是：

（1）天安门广场和城楼。天安门，原名承天门，始建于明成祖永乐十五年（1417），清顺治八年（1651）改建后易名天安门。当时的天安门前只是一块封闭的 T 形宫廷广场，1914 年（民国三年），北洋政府启动旧都城改造计划，天安门前的千步廊被拆除，原本封闭的 T 形宫廷广场才一变而为可自由穿行和逗留的开放空间，并开始成为现代意义上的广场。天安门由城台和城楼两部分组成，城楼长 66 米、宽 37 米，城台下有券门五阙，中间的券门最大且位于北京皇城中轴线上，正中门洞上方悬挂着毛泽东画像，两边分别是"中华人民共和国万岁"和"世界人民大团结万岁"的大幅标语。1949 年 10 月 1 日，中华人民共和国开国大典在此举行，毛泽东主席在天安门城楼上庄严宣告："中华人民共和国中央人民政府成立了！"

（2）人民英雄纪念碑。位于天安门广场的中心，在天安门南约 463 米、正阳门北约 440 米的南北中轴线上，是中华人民共和国政府为纪念中国近现代史上的人民英雄而修建的一座纪念碑。1949 年 9 月 30 日，中国人民政治协商会议第一届全体会议通过了修建这座纪念碑的决定。纪念碑由梁思成等人设计。1952 年 8 月 1 日开工，1958 年 4 月 22 日建成。纪念碑通高 37.94 米，正面（北面）碑心是一整块石材，长 14.7 米、宽 2.9 米、厚 1 米、重 103 吨，镌刻着毛泽东题写的"人民英雄永垂不朽"八个鎏金大字。碑文共 150 个字，由毛泽东起草、周恩来题写，具体是："三年以来，在人民解放战争和人民革命中牺牲的人民英雄们永垂不朽！三十年以来，在人民解放战争和人民革命中牺牲的人民英雄们永垂不朽！由此上溯到一千八百四十年，从那时起，为了反对内外敌人，争取民族独立和人民自由幸福，在历次斗争中牺牲的人民英雄们永垂不朽！"人民英雄纪念碑是中华人民共和国诞生后在天安门广场修建的第一座建筑，也是中国历史上最大的纪念碑。

（3）人民大会堂。位于天安门广场西侧、西长安街南侧。它坐西朝东，南北长 336 米，东西宽 206 米，高 46.5 米，占地面积 15 万平方米，建筑面积 17.18 万平方米。1958 年 10 月动工，1959 年 9 月建成，仅用了 10 个多月的时间，创造了中国建筑史上的一大奇迹。人民大会堂是全国人民代表大会开会地和全国人民代表大会常务委员会的办公场所，也是党和国家领导人以及人民群众举行政治、外交、文化活动的场所。每年举行的全国人民代表大会、中国人民政治协商会议和五年一届的中国共产党全国代表大会均在此召开。

（4）中国国家博物馆。位于天安门广场东侧、东长安街南侧，与人民大会堂东西相对，由中国历史博物馆和中国革命博物馆合并而成，是集收藏、展览、研究、考古、公共教育、文化交流于一体的综合性博物馆，也是世界上单体建筑面积最大的博物馆。现馆系1958年10月开始修建，1959年8月竣工，与人民大会堂同属中华人民共和国成立十周年十大建筑之一。国博的《复兴之路》展览是在中国革命博物馆基本陈列基础上的最新发展，其中近代部分以2300多件实物、文献、图片、图表、模型、绘画、雕塑、旧址复原、模拟景观等展品展现了从1840年鸦片战争到1949年中华人民共和国成立这100多年的历史，当代部分则反映了中国现代历史的进程。2012年11月29日，习近平总书记来到国家博物馆，参观《复兴之路》基本陈列并发表重要讲话，正式提出"中国梦"的概念，强调"实现中华民族伟大复兴，就是中华民族近代以来最伟大的梦想"。

（5）中国人民革命军事博物馆。位于天安门西面的长安街延长线和风光秀美的玉渊潭南畔，占地面积8万多平方米，建筑面积6万多平方米，是中国惟一一座大型综合性军事历史博物馆，全国爱国主义教育示范基地。1958年10月动工兴建，次年7月竣工，1960年"八一"

建军节正式开放。馆名由毛泽东题写。全馆有43个陈列厅（飞）、2个陈列广场，收藏有34万多件文物和藏品，其中国家一级文物1793件、大型武器装备250余件、艺术品1600余件，对外军事交往中受赠礼品2551件。馆藏国家一级文物有镇远舰铁锚、叶挺指挥刀、三八式步枪和解放军第一辆坦克等。

（6）北京新文化运动纪念馆。位于东城区五四大街29号，是在原北京大学红楼旧址上建立的纪念馆，于2002年4月28日正式对外开放，同年12月成为北京市爱国主义教育基地。北大红楼是一座具有光荣革命传统的近代建筑，作为新文化运动的发源地，早在1961年3月便被国务院公布为第一批全国重点文物保护单位，是全国重点红色旅游景区。北大红楼始建于1916年，1918年秋建成，因系红砖红瓦所造，故称红楼。纪念馆以红楼为依托，通过多种形式，全方位呈现了从新文化运动和五四运动的兴起到中国共产党成立的历史过程，而各种专题陈列，则在客观反映北大红楼部分原貌的同时，也对新文化运动和马克思主义早期中国传播的实际状况作了生动介绍。

（7）中国人民抗日战争纪念雕塑园。位于丰台区宛平城与京石高速公路之间的三角地带，占地20公顷，由中国人民抗日战争纪念碑、雕塑群区、中心广场、宛平城墙、绿林等主要景区组成，是北京市政府投资建设的爱国主义教育基地。雕塑园于1995年7月7日奠基，

2000 年 7 月竣工，8 月 16 日开始正式向公众开放。雕塑园中的中国人民抗日战争纪念碑，碑高 15 米，宽 8 米，厚 6.6 米，碑名由江泽民题写；东西长约 640 米的宛平城墙距今已有 360 多年，城墙上依然可见日军枪炮轰击城垣所留下的斑斑痕迹。登上城墙，可俯瞰雕塑园和卢沟桥全景。

（8）卢沟桥。又称芦沟桥，在北京市西南约 15 公里处，因横跨卢沟河（即今永定河）而得名，是北京市现存最古老的石造联拱桥，全国重点保护文物。该桥始建于金大定二十九年（1189），明正统九年（1444）重修，清康熙三十七年（1698）再度重建，是北京市现存最古老的石造联拱桥。卢沟桥全长 267 米，整个桥身都是石体结构，关键部位均以银锭铁榫连接，为华北最长的古代石桥。1937 年 7 月 7 日，日本帝国主义借故在此发动全面侵华战争，宛平城的中国驻军奋起抵抗，史称"卢沟桥事变"或"七七事变"。中国抗日军队全面抗战的第一枪系在卢沟桥打响。

（9）双清别墅。位于香山公园南麓的半山腰，原本是清代皇家园林香山静宜园"松坞山庄"旧址。党的七届二中全会在西柏坡胜利闭幕之后，1949 年 3 月 23 日，以毛泽东为核心的中共中央离开西柏坡，向北平进发。临行前，他风趣地说："今天是进京的日子，进京赶考去！"25 日，中共中央进驻香山双清。直到当年的 8 月 23 日，毛泽东一直居住在这里，时间长达 5 个月。在这里，他写下了《人民解放军占领南京》等脍炙人口的不朽诗篇，指挥了举世闻名的渡江战役。双清别墅是中共中央进驻北平的第一站，是中国共产党领导下的人民解放战争走向全国胜利的指挥部，是筹备召开新政协、建立中华人民共和国的历史见证地。

2. 红色文物

北京红色建筑星罗棋布，密度之大，在全国罕有其匹，与此相应，北京的红色文物更是种类繁多、数量惊人，大到飞机坦克，小到证章帽徽，可以说是应有尽有，这里只拟随机拣选几家博物馆和纪念馆的藏品作简单的列举。

（1）国家博物馆收藏的红色文物。国家博物馆藏品极其丰富、类型多种多样，且都具有很高的历史价值、科学价值和艺术价值，红色文物便是其中的一个重要组成部分。比如革命战争年代，1927年4月李大钊亲笔自述（定稿）、1931年九一八事变后北京大学南下示威团袖章、林伯渠长征时用的马灯、张云逸长征时用过的左轮手枪、1935年最早全文刊发《义勇军进行曲》的《电通画报》第1期、1937年10月毛泽东致陈伯钧亲笔信、1943年毛泽东为延安中共中央党校大礼堂题写的"实事求是"手迹石刻、1945年谢觉哉出席中共七大的代表证、1949年9月柳亚子的中国人民政治协商会议第一届全体会议代表证（第37号），等等。又如中华人民共和国成立初期，1949年开国大典上使用的礼炮和毛泽东升起的中华人民共和国第一面国旗、中华人民共和国中央人民政府印章、1950年北京市军管会收回市内外国兵营地产布告、1950年9月公布的中华人民共和国国徽、1952年2月10日河北省人民法院临时法庭对大贪污犯刘青山张子善的判决主文、1954年张闻天的中华人民共和国第一届全国人民代表大会代表当选证书，等等。再如改革开放以来，1978年5月10日出版的刊载经胡耀邦审定的《实践是检验真理的唯一标准》一文的第60期中共中央党校内部刊物《理论动态》、1978年12月安徽省凤阳县梨园公社小岗生产队包干到户合同书、1982年中共中央总书记胡耀邦致华罗庚的复信、1982年陈景润等荣获的国家科学技术委员会颁发的自然科学一等奖证书、张秉贵佩戴的"劳动模范"胸章和"特级售货员"胸卡、1996年3月经公众参与讨论修订而成的《首都市民文明公约》、2003年10月15日"神舟五号"载人飞船航天员杨利伟穿的舱内航天服、2008年12月15日两岸"三通"后首封北京直邮台北的家书，等等。

（2）军事博物馆收藏的红色文物。军博馆的馆藏文物包括飞机、大炮、舰船、导弹、枪械、弹药、冷兵器、勋章、证章、印章、钱币、陶器、瓷器、器具、服装、旗帜、文献、笔记等，其中属于红色文物珍品的有叶挺在北伐战争中使用的指挥刀、朱德在南昌起义中使用的手枪、毛泽东送给袁文才的皮裹腿、贺龙的狮钮印章、红军的第一部电台、中央革命军事委员会的印章、周恩来的红星奖章、泸定桥铁索、贺龙题写的"兴盛番族"锦幛、黄土岭战斗中击毙日军精锐独立混成旅中将阿部规秀的迫击炮、杨靖宇的印章、左权的转轮手枪、八路军军工部生产的"八一"式马步枪、1945年9月9日侵华日军司令冈村宁次代表日军投降时呈缴的自佩战刀、我军的第一辆坦克"功臣号"、北平（今北京）城门钥匙、黄继光的朝鲜金星奖章、王海驾驶的米格15战斗机、头门山海战英雄炮艇、导弹部队击落的美国U2侦察机，等等。

（3）中国航空博物馆收藏的红色文物。坐落在昌平区大汤山脚下的中国航空博物馆，是中国第一座对外开放的大型航空博物馆。抗美援朝战争中战斗英雄李汉驾驶的涂有一实三虚四颗红星的米格－15战斗机、著名豫剧表演艺术家常香玉当年捐赠给志愿军的喷有"香玉剧社号"字样的米格－15战斗机、1957—1958年毛泽东先后23次乘坐的银白色伊尔－14座机，以及中华人民共和国从自行制造的第一架初教机、第一架歼击机到具有独特设计格局的轻型歼击机歼－12和自主研制的枭龙战斗机，还有"长征二号F火箭"残骸等，是其中的珍品。

（4）中国人民抗日战争纪念馆收藏的红色文物。该馆的藏品以抗日战争时期的各种历史文献和相关实物为主，可大致分为以下几类：一是近年出土的七七事变文物。1985年修复宛平城墙时，出土了一批七七事变文物，如中国国民革命军第 29 军士兵在卢沟桥抗战时佩戴的钢盔、帽徽，使用过的子弹、弹壳、大刀等。二是抗战烈士们的遗物。如左权的望远镜、戴安澜的铁汉印章、蔡炳炎使用过的钢笔、在七七抗战中牺牲的第 29 军 37 师 110 旅 219 团 3 营 10 连连长孔宪全的委任状等。三是抗战将领的相关文物。如八路军总司令朱德使用的砚台、宋时轮的驳壳枪、李天佑在苏联伏龙芝军事学院学习时的笔记、东北抗日联军第 2 路军总指挥周保中 1939 年的学习笔记、百团大战期间周玉成缴获的日军军刀等。四是相关文献和档案。如 1937 年 4 月 24 日延安解放周刊社编辑的中共中央机关刊物——《解放》周刊创刊号、1938 年 7 月汉口国民出版社出版的英国记者田伯烈所著《外人目睹中之日军暴行》、八路军总司令朱德为德国医生汉斯·米勒回国写给林彪的信、日本强掳劳工罪行档案、台湾义勇队档案、江南水泥厂档案等。

（5）北京焦庄户地道战遗址纪念馆收藏的红色文物。位于顺义区龙湾屯镇燕山余脉歪坨山下的该纪念馆始建于 1964 年秋，原名"焦庄户民兵斗争史陈列室"，1979 年被北京市政府确定为市级重点文物保护单位并改为现名，是全国爱国主义教育示范基地、全国红色旅游景区。纪念馆收藏的红色文物，主要有挖掘地道所使用的各种工具，民兵作战时使用过的各种步枪、手枪、地雷、手雷、土枪、土炮、红缨枪、钩杆子、大刀，当年群众支前使用过的纺车、鼓风机、织布机、水缸及各种农具，以及部队首长使用的文件袋、卫生所使用的药箱等。

（6）中华航天博物馆收藏的红色文物。坐落于北京中轴线上、在天安门南约十公里处的该博物馆是目前亚洲地区规模最大的航天科技类专业展馆，1992 年 10 月落成开馆。这里通过翔实的图文资料和丰富的馆藏展品，生动地再现了中华人民共和国航天事业发展的辉煌历程，最具代表性的实物展品主要是：东方红一号卫星（备份星）、长征系列运载火箭、返回式卫星回收舱、神舟四号飞船返回舱、火箭发动机、首个中国航天日在天安门广场国旗杆上悬挂使用的国旗，等等。

3. 红色人物

在北京红色文化的百年发展历程中，涌现出了众多的典型人物。这些人物，除了党和国家历代领导集体的重要成员之外，还包括各行各业德业兼修的先进和模范。由于符合入选标准的人物非常多，在此我们只能按照大致的年代顺序择要加以列举。

（1）五四运动到中华人民共和国成立前夕的北京红色人物。主要有：五四运动时期积极推动马克思主义中国传播的李大钊、陈独秀、邓中夏、高君宇，五四运动的学生领袖罗家伦、许德珩、方豪等，1926 年在三一八惨案中遇害的学生领袖刘和珍，1932 年 10 月 28 日在义勇军募捐游艺会上公开演奏《国际歌》的人民音乐家聂耳，1937 年在南苑抗战中以身殉国的佟麟阁、赵登禹，北平沦陷后保持民族气节的著名学者陈垣和蓝公武、京剧名旦程砚秋、国画大师齐白石和张大千，工作在红色地下交通线上的张大中，令北平日伪军闻风丧胆的抗日英雄白乙化，人称"当代佘太君"的英雄母亲邓玉芬，焦庄户地道战的带头人马福，为促成北平和平解放而积极奔走的"和平老人"刘厚同，等等。

（2）中华人民共和国成立后到改革开放之前的北京红色人物。主要有：平津战役前为保护北平文物古迹免遭炮击作出突出贡献、中华人民共和国成立后主持人民英雄纪念碑设计工作的中国建筑学宗师梁思成，带领同仁堂率先实行公私合营、与上海的荣毅仁并称中国工商界典型的乐松生，创办全国第一个温室蔬菜生产合作社、致力于优良品种选育的李墨林，"京味文学"的创始人、人民文学家老舍，"宁肯一人脏，换来万户净"的淘粪工人时传祥，新中国商业战线上的一面旗帜、售货艺术被誉为"燕京第九景"的张秉贵，摘掉了"中国贫油"帽子的李四光，"哥德巴赫猜想"第一人陈景润，1950年代辞美回国、被誉为"中国导弹之父"的钱学森，等等。

（3）改革开放以来的北京红色人物。主要有："中国医学圣母"林巧稚，被誉为"中国现代数学之父"的华罗庚，"两弹元勋"邓稼先，中国航空发动机之父吴大观，传统文化和现代精神完美融合的当代知识分子楷模孟二冬，汉字激光照排系统之父王选，锐意改革、廉洁奉公的时代楷模张洁世，京郊首富村的带头人田雄，被誉为"老人的拐杖，盲人的眼睛，外地人的向导，病人的护士"的公交车售票员李素丽，中国神经外科事业的开拓者和创始人王忠诚，把每起案件都办成"铁案"、有着"首都第一公诉人"之誉的方工，坚守在救治"非典"患者第一线而献出生命的丁秀兰、李晓红、王晶、杨涛等医务工作者，航天英雄杨利伟，人民满意的好法官宋鱼水，"全球六亿残疾人的形象大使"邰丽华，等等。

4. 红色活动

无论是故都时期还是中华人民共和国成立以来，北京始终都作为红色活动的重要地带乃至中心而存在，并且许多原发于此的红色活动迅速波及全国，造成了巨大而持久的影响。

（1）中华人民共和国成立之前的北京红色活动。主要有：1919年5月4日，以青年学生为主体的、彻底反帝反封建的五四爱国运动在北京爆发，随后席卷全国；1920年10月，李大钊、张申府、张国焘在北大红楼召开北京共产主义小组成立会议，为开展革命活动和正式建党进行谋划和准备；1920年5月1日，《新青年》"劳动节纪念号"在北京出版，这是中国首次大规模纪念五一国际劳动节；1922年8月，中国劳动组合书记部总部从上海迁至北京，邓中夏任主任，出版《工人周刊》，宣传教育工人，组织工会，指导开展罢工斗争；1923年2月4日起，长辛店及京汉铁路全线工人举行大罢工，后遭大批军警血腥镇压，史称"二七惨案"，毛泽东指

出："中国工人运动是从长辛店开始的"；1925 年 3 月
12 日，为了国家和民族大业抱病来到北京的孙中山与世
长辞，北京各界民众近百万人参加吊唁；1926 年 3 月 18
日，北京 80 多所大中学校的学生和市民一万多人汇聚天
安门前，抗议"八国通牒"，举行游行示威，但在执政
府门前遭到疯狂枪击，刘和珍等 47 人遇难，李大钊等
200 多人受伤，史称"三一八惨案"，鲁迅称这一天是
"民国以来最黑暗的一天"；1927 年 4 月 28 日，反动北
洋政府将"宣传赤化、主张共产"的李大钊等近 20 名
革命者处以绞刑，1933 年 4 月，中国河北省委、北平市
委决定发起公葬李大钊烈士的活动，23 日上午 8 时，送
葬队伍举着挽联、抬着花圈，高唱《国际歌》，冲破国
民党宪警的阻挠，将李大钊烈士的灵柩安葬在了西山万
安公墓；1932—1936 年，被关入草岚子监狱的杨献珍等
共产党人秘密建立中共狱中地下支部，创办"牢狱大
学"，组织翻译、学习马克思主义经典著作，直到 1936
年春被中国北方局、北平市委分批营救出狱为止；1935
年 12 月 9 日，北平上万名学生举行抗日救国示威游行，
此后各种行动接连不断，到 16 日形成更大规模的示威游
行，掀起全国人民抗日民主运动新高潮，推动了抗日民
族统一战线的建立；1937 年 7 月 7 日，卢沟桥事变发
生，宛平守军英勇抗敌，全面抗战爆发；1943 年 10 月，
曹火星在房山区霞云岭乡堂上村创作出经典红歌《没有
共产党就没有新中国》，很快便传遍各抗日根据地，这

首歌被称为"深山里飞出的不朽战歌";抗战期间,在平西的野三坡、平北的四竿顶、平南的大清河和冀东的云蒙山,处处留下抗日军民的足迹和克敌制胜的战绩,到1945年初夏,八路军在北平周围攻克县城4座,周边各解放区渐渐连成一片,形成对北平的包围之势;1945年10月10日,北平受降大典在太和殿举行,20多万市民从四面八方涌往太和殿,故都大街小巷锣鼓喧天、一片欢腾;1946年2月22日,北平第一份由共产党主办并公开发行的报纸《解放》报面世,创刊号一印再印,均被抢购一空;同年4月3日,国民党北平当局突袭《解放》报社,抓走多人,中共立即召开记者招待会说明真相,并同国民党当局展开坚决斗争,迫使其释放被捕人员、正式道歉、承诺不再对《解放》报、新华分社歧视性对待,此后,《解放》报声名大振,发行量一举突破5万份;同年12月30日,为抗议美军士兵强奸北大女生的暴行,北平举行抗议美军暴行大游行,打响了内战爆发后蒋管区学生大规模反美反蒋斗争的第一炮;1947年5月20日,北平学生举行反饥饿反内战爱国大游行,许多市民纷纷加入游行队伍;1948年10月27日,北平电信工人举行罢工,同日,北平地下党发动全市小学教师进行罢教;1949年2月3日,人民解放军在迫使傅作义签订和平协议之后,举行盛大的进驻北平入城仪式,正式接管故都;同年9月,标志着中国共产党领导的多党合作和政治协商制度正式确立的第一次中国人民政治协商会议在中南海怀仁堂召开，这次会议决定定都北平并改北平为北京，采用公元纪年，以《义勇军进行曲》为代国歌，国旗为五星红旗。

（2）中华人民共和国成立后到改革开放之前的北京红色活动。主要有：1949年10月1日，举行开国大典，中央人民政府主席毛泽东亲手转动电钮，升起第一面五星红旗，庄严宣告中华人民共和国中央人民政府成立；当日晚，北京人民在天安门广场举行盛大的提灯游行，欢庆新中国诞生；1950年6月朝鲜半岛爆发内战后，美国主导组成的"联合国军"迅速参战，10月，应朝鲜政府请求，党中央作出"抗美援朝，保家卫国"决策，迅速组成中国人民志愿军入朝参战，经过近三年的浴血奋战，迫使美军坐到谈判桌前，签订停火协议；1952年，党中央提出过渡时期的总路线；1953—1957年，制定和实施第一个五年计划，加快推进各经济领域的社会主义改造，集中力量进行工业化建设；1954年9月，1226名代表齐聚北京，参加标志着人民代表大会制度正式确立的第一届全国人大一次会议，这次会议制定并颁布了《中华人民共和国宪法》；1956年1月，党中央在中南海怀仁堂召开知识分子问题会议，把知识分子问题和发展科学技术问题作为全党必须密切关注的重大工作郑重加以强调，随后提出"百花齐放，百家争鸣"方针，促进了教育科学文化工作的繁荣发展；同年9月，召开党的八大，对国内主要矛盾已经不再是工人阶级和资产阶级的矛盾而是人民对于经济文化迅速发展的需要同当前经济文化不能满足人民需要的状况之间的矛盾的新论断；1959年，为迎接共和国建国十周年，北京兴建了人民大会堂、中国革命历史博物馆、中国人民革命军事博物馆、民族文化宫、民族饭店、钓鱼台国宾馆、华侨大厦、北京火车站、全国农业展览馆和北京工人体育场十大建筑；1962年1—2月，中共中央召开扩大的中央工作会议即"七千人大会"，发扬了民主，开展了批评和自我批评；1963年3月，毛泽东"向雷锋同志学习"的题词发表，从此，学雷锋活动从北京向全国迅速推开并得到持续发展；1964年10月2日，大型音乐舞蹈史诗《东方红》在首都文艺舞台上成功首演并产生巨大影响；1972年2月，毛泽东主席接见来访的美国总统尼克松，周恩来总理同他举行会谈，此后中美关系开始打破坚冰，尼克松访华的一周被称为"改变世界的一周"；1975年1月，第四届全国人大一次会议召开，周恩来总理在《政府工作报告》中提出在20世纪内全面实现"四个现代化"的奋斗目标；1976年4月5日，首都上百万群众自发聚集于天安门广场，在人民英雄纪念碑前献花篮、送花圈、贴传单、作诗词，表达对1月8日逝世的周恩来总理的深切悼念和对"四人帮"种种倒行逆施的强烈憎恨，史称四五运动或天安门事件，这是一场声势浩大的反对"四人帮"、否定"文化大革命"的群众性非暴力抗议运动，是反映民心民意、体现爱党爱国的正义之举；1978

年5月10日，在胡耀邦主持下，中共中央党校内部刊物
《理论动态》第60期发表了《实践是检验真理的唯一标
准》，《光明日报》迅速转发，从而在全国范围内引起强
烈反响，引发了一场关于真理标准的大讨论；同年10
月，党中央采取果断措施一举粉碎"四人帮"，结束了
"文化大革命"这场灾难，首都民众欢欣鼓舞，举行盛
大集会游行，庆祝这一重大历史性胜利。

（3）改革开放以来的北京红色活动。主要有：
1978年12月，党的十一届三中全会在北京召开，会议
决定停止使用"以阶级斗争为纲"的口号，并作出把
工作重点转移到社会主义现代化建设上来的战略决策，
从而开启了改革开放的历史新征程；1980年11月至
1981年1月，最高人民法院特别法庭公审林彪、江青
反革命集团10名主犯，这次表达了人民意志、伸张了
正义的审判，是中国健全社会主义法制道路上的重要
里程碑；1982年1月，邓小平首次提出"一国两制"
构想；同年12月，北京城市建设总体规划方案形成并
上报，次年7月，中共中央、国务院正式下达批复；
1983年2月12日，中央电视台举办首届春节晚会，从
此，春晚成为万众期待的一道文化盛宴；1984年9月
28日，北京以绝对优势击败日本广岛取得亚运会承办
权，给中华人民共和国35周年国庆献上了一份大礼，
此后，伴随着亚运村工程的开工，北京的城市改造和
建设步伐大大加快；1990年9—10月，第十一届亚运

会在北京成功举办，这是亚运会历史上规模最大的一次体育盛会，也给北京市民、全国人民乃至整个亚洲带来极大的欢乐；1992年春，邓小平离开北京，到南方各地视察并发表讲话，推动了中国改革开放再掀高潮；1995年11月，江泽民在北京市考察工作时指出，党的各级干部要"讲学习，讲政治，讲正气"，为后来在县级以上领导班子和领导干部中开展"三讲"教育奠定了基础；1997年9月，党的十五大把邓小平理论确立为党的指导思想并载入党章；2001年3月5日，房山区霞云岭乡堂上村66名党员写信给时任中共中央总书记江泽民，请他为《没有共产党就没有新中国》词曲创作地纪念雕塑题名，此后不久，江泽民便欣然题写了"没有共产党就没有新中国"，6月27日，"没有共产党就没有新中国"纪念雕塑隆重揭幕；同年7月13日，国际奥委会在莫斯科举行第112次全会，选定2008年第29届奥运会主办城市，经过两轮角逐，北京以明显优势胜出，一举圆了炎黄子孙的百年奥运梦，守在电视机、收音机和电脑前的男女老少在听到国际奥委会主席萨马兰奇先生亲口说出"北京"两字的那一刻，无不欢呼雀跃，北京40万群众涌向天安门狂欢，神州大地变成了欢乐的海洋；2002年11月，党的十六大把"三个代表"重要思想确立为党的指导思想并载入党章；2003年春，北京爆发"非典型肺炎"，社会各界迅速行动起来，万众一心，同舟共济，谱写了一曲抗击"非典"的英雄壮歌;2006年6月,房山区在堂上村重建"没有共产党就没有新中国"纪念馆;2008年5月,汶川地震发生后,北京广大市民积极响应党中央"一方有难,八方支援"的号召,立即开展捐款捐物、前线救援等活动,以实际行动书写了人间大爱;同年8月,第29届奥运会在北京成功举行,"同一个世界,同一个梦想"的口号和"绿色奥运,科技奥运,人文奥运"的理念引起共鸣,会徽、吉祥物、火炬、奖牌的设计处处体现了中国文化的神韵,数万北京市民为主组成了奥运志愿服务团队,各项赛事顺利进行、佳绩频现,北京奥运会被公认为"所有奥运会中最好的一届奥运会";2010年4月,青海玉树发生地震,北京人民及时伸出援手,以首善标准帮助玉树人民重建家园,并长期实施对口支援,使高原之城绽放出绚烂的北京援建之花;2011年11月,经过一年多的提炼和数百万市民参与的票选,"爱国、创新、包容、厚德"被确定为北京的城市精神向社会正式发布;2012年11月,党的十八大把科学发展观确立为党的指导思想并载入党章;同月,习近平总书记参观《复兴之路》展览,首次提出"中国梦";2013年2月27日,在毛泽东等老一辈革命家为雷锋题词50周年纪念日到来之际,首届雷锋奖在京举行,时任北京公交"李素丽服务热线"负责人李素丽等50人获奖;6月,神舟十号载人飞船发射成功并在圆满完成各项科学实

验任务后降落在主着陆场预定区域；2014 年 9 月 30
日，在第一个烈士纪念日，党和国家领导人习近平、
李克强等来到天安门广场，与首都各界代表一起向人
民英雄敬献花篮，北京市在李大钊烈士陵园、平西烈
士陵园、平北抗日烈士纪念园等多处重点纪念地举行
烈士公祭活动；2015 年 9 月 3 日，在天安门广场隆重
举行纪念中国人民抗日战争暨世界反法西斯战争胜利
70 周年大会，习近平发表重要讲话并检阅受阅部队；
2016 年 7 月 1 日，中共中央在人民大会堂隆重举行庆
祝中国共产党成立 95 周年大会，习近平总书记向全党
同志发出"不忘初心、继续前进"的号召；10 月，中
共十八届六中全会在北京举行，全会明确习近平总书
记是党中央的核心、全党的核心；2017 年 10 月，党的
十九大把习近平新时代中国特色社会主义思想确立为
党的指导思想和全党全国人民为实现中华民族伟大复
兴而奋斗的行动指南并载入党章。

5. 红色精神

以上所举，无论是红色建筑、红色文物，还是红色
人物、红色活动，都属北京红色文化的具象形态，而在
蔚为壮观的北京红色文化资源宝库中，还有一种虽然不
能直观但却贯穿其中无时不在无处不在、堪称核心和灵
魂的组成部分，这便是红色精神。在北京红色文化的百
年发展历程中，红色精神自始至终都处于与时俱进、不
断传承和创新之中。北京红色文化中的红色精神，主要

如下：

（1）五四精神。五四运动是中国红色文化同时也是北京红色文化的产生标志，而五四运动整个过程中青年知识分子等运动主体所展现出的那种热爱祖国、追求进步、倡导民主、崇尚科学的思想品质和道德情操的概括、凝练与升华，便是五四精神。如果用最精练的语言来表述，那么五四精神就是习近平总书记2014年5月4日在北京大学师生座谈会上的讲话中所总结的"爱国、进步、民主、科学"① 这8个字。习近平总书记指出："五四精神体现了中国人民和中华民族近代以来追求的先进价值观。爱国、进步、民主、科学，都是我们今天依然应该坚守和践行的核心价值，不仅广大青年要坚守和践行，全社会都要坚守和践行。"②

（2）一二·九精神。一二·九运动是在中国共产党领导下，北平青年学生在中华民族生死存亡的危急时刻，将个人的前途与民族的命运紧密相连，把保卫华北、保卫平津、保卫全中国视为自己义不容辞的神圣职责，为实现全民族奋起抗战而发起的声势浩大的抗日爱国运动。对于一二九运动的重要意义，毛泽东曾深刻指出："它是伟大抗日战争的准备，这同五四运动是第一次大革命

① 习近平：《青年要自觉践行社会主义核心价值观——在北京大学师生座谈会上的讲话》，《人民日报》2014年5月5日。

② 习近平：《青年要自觉践行社会主义核心价值观——在北京大学师生座谈会上的讲话》，《人民日报》2014年5月5日。

的准备一样。"① "一二九运动是动员全民族抗战的运动，它准备了抗战的思想，准备了抗战的人心，准备了抗战的干部。"② 关于一二·九精神，学者们作了详略不等的概括，大致可归结为"爱国救亡、团结统一、英勇不屈、顽强斗争"。

（3）时传祥精神。时传祥作为中华人民共和国成立后工作在北京市崇文区清洁队的一名淘粪工人，他几十年如一日地不分内外、不辞辛苦，任劳任怨、勤奋工作，用自己的双手为首都的洁净美丽作出了贡献，荣获了"全国劳动模范"等光荣称号，先后受到毛泽东、刘少奇等党和国家领导人的亲切接见。关于时传祥精神，最简洁的概括是"宁愿一人脏，换来万家净"③，也有学者作了如下界说："全心全意为人民服务的精神，勤劳朴实、自强不息的民族精神，爱岗敬业、吃苦耐劳的奉献精神。"④

（4）抗击"非典"精神。2003 年春，突如其来的"非典"疫情在北京爆发，动员各种力量和资源救治患者、抗击"非典"，随即成为从上到下普遍关注的一件

----

① 《毛泽东文集》第 2 卷，人民出版社 1993 年版，第 252 页。

② 同上书，第 253 页。

③ 谢文英等：《关阔山：时传祥精神的传承人》，《检察日报》2008 年 5 月 12 日。

④ 艾君：《"时传祥精神"与其时代意义》，《工会博览》2009 年第 11 期。

大事。在这场没有硝烟的战斗中，北京市各医疗机构、疾控中心、科研院所，以及机关、学校、工地、市场、社区、村落等，响应党中央的号召，迅速组织起来，形成强大合力，投身于抗击"非典"的斗争，以实际行动书写了抗击"非典"的英雄之歌，从而凝练、形成了"万众一心、众志成城，团结互助、和衷共济，迎难而上、敢于胜利"① 的抗击"非典"精神。

（5）北京奥运精神。北京申办奥运，经历了 1993 年最后关头的惜败和 1998 年再次申办的曲折而漫长的历程。2008 年奥运会的申办成功，终于圆了炎黄子孙的百年奥运梦想，使全球华人无比欢欣，极大地增强了中华民族的凝聚力。从申奥惜败到"所有奥运会中最好的一届奥运会"的成功举办，中华儿女齐心协力、百折不挠，在为国家和民族赢得巨大荣耀的同时，也在奥运历史上写下了浓墨重彩的一笔，铸就了以"为国争光的爱国精神、艰苦奋斗的奉献精神、精益求精的敬业精神、勇攀高峰的创新精神、团结协作的团队精神"② 为基本内涵的北京奥运精神。

（6）北京精神。北京奥运会的成功举办极大地提振了广大北京市民的荣誉感和归属感，中共北京市委、市

---

① 胡锦涛：《弘扬中华民族精神　运用科学技术力量　万众一心　众志成城　科学防治　战胜非典》，《探索与求是》2003 年第 6 期。

② 胡锦涛：《在北京奥运会、残奥会总结表彰大会上的讲话》，《人民日报》2008 年 9 月 30 日。

政府意识到，城市精神是一座城市的灵魂，是城市市民认同的精神价值与共同追求，也是展示城市形象、引领城市发展的一面旗帜。为进一步增强北京的文化软实力，充分发挥城市精神在"人文北京、科技北京、绿色北京"建设和世界城市建设中的导向、凝聚、激励作用，中共北京市委、市政府决定开展"北京精神"提炼培育工作。到 2011 年 11 月，经过一年多的提炼和数百万市民参与的票选，"爱国、创新、包容、厚德"被确定为北京的城市精神向社会正式发布①。作为北京精神，"爱国、创新、包容、厚德"是一个有机整体，它充分体现了城市共性与北京个性的相互兼容、历史底蕴与未来取向的相互统一、城市特色与市民气质的相互融合，反映了北京特有的文化品位和首善特质。

综上所述，由北京地域范围内的红色建筑、红色文物、红色人物、红色活动和红色精神所构成的北京红色文化，是一座珍品宏富、令人目不暇接的资源宝库，在整个中国红色文化的历史发展中发挥了先锋引领的重要作用。在中国特色社会主义建设的新时代，在努力实现"两个一百年"奋斗目标和中华民族伟大复兴中国梦的征程中，北京红色文化必将与时俱进，放射出更加璀璨夺目的光彩！

---

① 徐飞鹏《爱国　创新　包容　厚德：北京精神表述语正式发布》，《北京日报》2011 年 11 月 3 日。

第二章　忠诚正义:北京红色文化的首要品格

作为首都，北京的红色文化所具有的一个独一无二的特点就是敏锐坚定的政治意识，始终不渝地对党忠诚。习近平总书记在党的十九大报告中指出，"把对党忠诚、为党分忧、为党尽职、为民造福作为根本政治担当，永葆共产党人政治本色"。总书记的要求既是对全体党员提出的殷切期望，也是首都北京和首都的共产党员理应具有的政治修养。对于北京来说，忠诚正义始终就是北京的光荣传统。这一光荣传统，在不同的时期有着不同的表现方式。在民主革命时期，它体现为对马克思主义的信仰和对新生的中国共产党的呵护；在抗日战争时期，它体现为对中国共产党正确抗战路线的拥护、支持，对国民党消极抗日、积极反共行径的否定、批判；在"文化大革命"的特殊时期，它体现为对正义的维护，与"四人帮"展开毫不妥协的斗争；中国特色社会主义进入新时代以来，忠诚正义有了新的表现方式，其中"离红墙近、跟百姓亲"的红墙意识和见义勇为的"朝阳群众"就是忠诚正义在今天的一个典型体现。

不论忠诚正义的红色品格在不同时期有着怎样的不同表现方式，其根源与内核都是不变的，即始终坚信、拥护、支持中国共产党的领导，始终践行马克思主义和中国化的马克思主义。北京在新民主主义革命史、社会主义建设史和改革开放史上的重要地位锻造了北京忠诚正义的鲜明品格，而这一品格的锻造又生动诠释并引领了北京红色文化的历史发展。因此，作为北京红色文化的首要品格，忠诚正义是在北京革命、建设、改革的历史和实践的过程中形成的，对于北京来说，忠诚正义有着弥足珍贵的重要价值和意义。

第一节　早期共产党人对马克思主义的信仰和对党的忠诚

习近平总书记在哲学社会科学工作座谈会上的讲话指出："十月革命一声炮响，给中国送来了马克思列宁主义。陈独秀、李大钊等人积极传播马克思主义，倡导运用马克思主义改造中国社会。"[1] 习近平总书记的讲话，充分肯定了以陈独秀、李大钊为代表的早期共产党人对马克思主义的信仰和他们在马克思主义传播方面所

---

[1]　习近平：《在哲学社会科学工作座谈会上的讲话》，《人民日报》2016年5月19日。

发挥的重要作用。

　　对于马克思主义在北京的传播和北京进步知识分子对马克思主义的接受和信仰而言，李大钊无疑发挥了至为重要的作用。习近平曾在 2009 年举行的纪念李大钊诞辰 120 周年纪念座谈会上的讲话中指出："我们要学习李大钊同志对马克思主义的坚定信仰。李大钊同志率先在中国介绍、宣传和研究马克思主义，是二十世纪初中国的播火者。俄国十月革命胜利后，他接受了他认为是真正能够拯救中国的马克思主义学说，开始在中国宣传马克思主义。在北洋军阀统治下的中国，传播马克思主义何其艰难，但他以开拓者的无畏姿态，旗帜鲜明地指出马克思主义是我们时代的真理，是'拯救中国的导星'，并积极付诸行动。正是李大钊同志等一批革命家的艰辛努力，使马克思主义在中国得到广泛传播，使大批先进青年接受马克思主义走上革命道路，也推动马克思主义与工人运动密切结合，使中国工人阶级发展成为用马克思主义武装起来的自为阶级。这一切，为中国新民主主义革命的发展和胜利打下了坚实的基础。李大钊同志对信仰和真理矢志不移，为传播和实践马克思主义而英勇献身，真正做到了自己所说的'勇往奋进以赴之'、'癉精瘁力以成之'、'断头流血以从之'。"①

---

　　① 习近平：《在纪念李大钊同志诞辰 120 周年座谈会上的讲话》，《人民日报》2009 年 10 月 29 日。

图1　李大钊

　　李大钊深刻认识到马克思主义是最先进的思想理论，指出："本来社会主义的历史并非自马氏始的，马氏以前也很有些有名的社会主义者，不过他们的主张，不是偏于感情，就是涉于空想，未能造成一个科学的理论与系统。至于马氏才用科学的论式，把社会主义的经济组织的可能性，与必然性，证明与从来的个人主义经济学截然分立，而别树一帜；社会主义经济学才成一个独立的系统，故社会主义经济学的鼻祖不能不推马克思。"①而俄国十月革命的成功实践，也使李大钊相信以马克思主义为指导的苏俄革命道路是拯救国家、解决中国问题

① 李大钊：《我的马克思主义观》，《新青年》第6卷第5号。

的一个有效路径。李大钊在《Bolshevism 的胜利》一文中即歌颂道："……俄罗斯式的革命。可以说是二十世纪式的革命。像这般滔滔滚滚的潮流，实非现在资本家的政府所能防遏得住的。……这种世界的社会力，在人间一有动荡，世界各处都有风靡云涌山鸣谷应的样子。在这世界的群众运动的中间，历史上残余的东西——什么皇帝咧，贵族咧，军阀咧，官僚咧，军国主义咧，资本主义咧——凡可以障阻这新运动的进路的，必挟雷霆万钧的力量摧拉他们。他们遇见这种不可当的潮流，都像枯黄的树叶遇见凛冽的秋风一般，一个一个的飞落在地。由今以后，到处所见的，都是 Bolshevism 战胜的旗。到处所闻的，都是 Bolshevism 的凯歌的声。人道的警钟响了！自由的曙光现了！试看将来的环球，必是赤旗的世界！"①

　　但同时，李大钊也认识到马克思主义"是一个时代的产物"，俄国的革命道路有其独具的特殊性。他深知，学习和运用马克思主义必须紧密结合时代特点和不同国家的不同发展阶段，对于中国来说，就是要研究"怎样应用于中国今日的政治经济情形"。1919 年 8 月 17 日，李大钊在《再论问题与主义》一文中明确提出了要研究"怎么可以把他的理想尽量应用于环绕着他的实境"的思想主张，指出：

---

　　①　李大钊：《Bolshevism 的胜利》，《新青年》第 5 卷第 5 号。

大凡一个主义，都有理想与实用两面。例如民主主义的理想，不论在那一国，大致都很相同。把这个理想适用到实际的政治上去，那就因时因所因事的性质情形，有些不同。社会主义，亦复如是。他那互助友谊的精神，不论是科学派、空想派，都拿他来作基础。把这个精神适用到实际的方法上去，又都不同。我们只要把这个那个的主义，拿来作工具，用以为实际的运动，他会因时因所因事的性质情形生一种适应环境的变化。在清朝时，我们可用民主主义作工具去推翻爱亲觉罗家的皇统。在今日，我们也可以用他作工具，去推翻那军阀的势力。在别的资本主义盛行的国家，他们可以用社会主义作工具去打倒资本阶级。在我们这不事生产的官僚强盗横行的国家，我们也可以用他作工具，去驱除这一班不劳而生的官僚强盗。一个社会主义者为使他的主义在世界上发生一些影响，必须要研究怎么可以把他的理想尽量应用于环绕着他的实境。所以现代的社会主义，包含着许多把他的精神变作实际的形式使合于现在需要的企图。①

李大钊的重要论述深刻阐释了抽象的思想理论与具体的革命实践、马克思主义的普遍原理与中国的具体国

---

① 李大钊：《再论问题与主义》，《每周评论》第 35 号。

情之间的辩证关系，从而为我们党逐渐探索出一条将马克思主义基本原理与中国革命具体实践相结合的正确道路，打下了最初的却又十分重要的基础。

　　李大钊是一位杰出的学者，但他研究和传播马克思主义，决不是在书斋中进行自娱自乐的头脑风暴。李大钊十分重视工人阶级在革命中的先锋作用，他甚至直接前往长辛店铁路机车厂等工厂实地组织开展工人运动。同时，李大钊也非常重视农民在革命中的主力军作用，积极组织和发动农民开展斗争。"李大钊同志有着在实践中探索前进的强烈进取精神，所以当思想条件和组织条件逐渐成熟的时候，他毅然提出了应该组织一个'强固精密'的统一的'劳动家政党'即中国共产党的主张。"① 李大钊坚定的马克思主义信仰、理论联系实际的作风以及积极组建革命政党的卓识，使他当之无愧地成为中国最杰出的马克思主义者之一。

　　事实上，李大钊的伟大并不限于此。他不仅是一位杰出的马克思主义者，而且还是一位忠诚的共产党员。习近平总书记在十九大报告中指出："不忘初心、牢记使命"，"把对党忠诚、为党分忧、为党尽职、为民造福

作为根本政治担当，永葆共产党人政治本色"①。在党的历史上，李大钊就是一位对党忠诚、为党分忧、为党尽职的杰出代表。

在李大钊生活的时代，军阀混战、民不聊生，北洋政府视马克思主义学说和共产主义思想为洪水猛兽，必欲除之而后快。因此，李大钊宣传马克思主义、开展党的工作困难重重。特别是中国共产党成立后，党的队伍迅速壮大、党的事业快速发展，作为党的创始人之一和北方党组织负责人的李大钊，就受到了北洋政府更多的"关注"。自 1919 年起，北京军警当局就接连发布了一系列监视和通缉李大钊的公函、密电、命令等。1919 年6 月，京师警察厅密令各区署严密监视陈独秀、李大钊："据探报陈独秀等以印刷物品传播过激主义煽惑工人等情，并在大沟头十八号设立印刷机关，实属妨害治安。立即按照所开地址，分别按名严密监视，……下开列'陈独秀闻住中一区界内未知确否'；'李大钊北大图书馆主任'"②；1923 年 2 月 9 日，曹锟向京畿卫戍司令王怀庆发出密电，内称："北大图书管理员李大钊在该校设有秘密机关，传布过激谬说，应密饬干探切实侦查，

---

① 习近平：《决胜全面建成小康社会 夺取新时代中国特色社会主义伟大胜利——在中国共产党第十九次全国代表大会上的报告》，《人民日报》2017年 10 月 28 日。

② 唐宝林、林茂生：《陈独秀年谱》，上海人民出版社 1989 年版，第102 页。

如有前项不法行为，望即密达政府依法惩办，以遏乱源。"① 1923 年 5 月 12 日，京师警察厅密令二十区、侦缉队说："顷据密探报告，本月十日下午八时，社会主义青年团李大钊等公推刘仁静主席，在北大第二院北大楼第二教室开秘密会议，有主张拥护工友、推倒军阀暨以暴动行为扰乱政府等语，殊于地方治安极有关系，亟应设法防遏以弭隐患。"② 1925 年 3 月 20 日，时任北洋政府教育总长的王九龄签发了教育部第七十一号训令，内称："探闻北京大学共产党首领李大钊于昨晚在该校第三院寄宿舍召集党员密开会议之事，其宗旨系令各党员分派成组，密往京师中学以上各校，运动学生加入该党等情"，要求北京大学"即便遵照，严密查察，认真防范，是为至要"③。1926 年 3 月 19 日，北洋军阀《临时执政令》指出："近年以来，徐谦、李大钊、李煜瀛、易培基、顾兆熊等，假借共产学说，啸聚群众，屡肇事端。本日由徐谦以共产党执行委员会名义，散布传单，率领暴徒数百人，闯袭国务院，泼灌火油，抛掷炸弹，手枪木棍，丛击军警，……徐谦等，并著京外一体严拿，

---

① 《北洋政府热察绥巡阅使署档案》1025、90，《曹锟佳电》，转引自《近代史资料》1957 年第 5 期。

② 李继华等编著：《李大钊被捕牺牲安葬资料选编》，线装书局 2011 年版，第 21—22 页。

③ 同上书，第 34 页。

尽法惩办，用儆效尤。"①

由上可见，北洋政府早已将李大钊视为眼中钉、肉中刺，必欲除之而后快，特别是1926年"三一八"惨案后，段祺瑞政府发布《临时执政令》，更是直接下达了逮捕李大钊等人的通缉令。在这份通缉令所列逮捕人员的名单中，李大钊高居第二位。种种情况都表明，此时北方的政治局势已经十分险恶，李大钊的处境极其危险。鉴于这种情况，1926年3月下旬，李大钊等关闭了设在翠花胡同的国民党北方党部办公处所，将国共两党的北方领导机关搬进位于东交民巷的苏联大使馆西院的旧兵营内。

1926年4月，以张作霖为首的奉系军阀取得北京的统治权，更是把镇压进步党派、遏制革命力量作为首要任务。1926年12月10日，据奉系北洋政府京师警察厅侦缉处长密报，第三队队长马玉林转据第四分队队长张瑞林报称："本日上午十余时，有一年约三十余岁，身穿灰布皮袄，青呢马褂之人，至邮务管理局内在五十三信箱取去报纸四卷，信件一封。当经侦探高玉等跟踪尾随，至东交民巷地方，见该取信人进入俄国兵营。因守卫森严，碍难在彼久站，等情具报前来。"② 显然，密探

---

① 李继华等编著：《李大钊被捕牺牲安葬资料选编》，线装书局2011年版，第35页。

② 李权兴等主编：《李大钊研究辞典》，红旗出版社1994年版，第948页。

所探查之人就是李大钊。这表明，李大钊在北京已被奉系军阀密切关注，随时都有生命危险。鉴于奉系军阀对革命活动的高压，在北京已无法公开进行与革命有关的活动，而此时，国民革命军正出师北伐，中共中央经过权衡，致信李大钊，请他与罗章龙南下武汉，在华中地区开展党的工作。而李大钊在北京的朋友和关心他的人也托信或者亲自拜访，奉劝李大钊离开充满危险的北京前往南方，但是这些建议都被李大钊拒绝了。

　　虽然北京的形势已极为恶劣，但是李大钊自始至终没有离开北京。被捕之后，李大钊曾在《狱中自述》中表示说："钊所以仍留居北京者，实因不得稳妥出京之道路，否则久已南行。此时南方建设多端，在在需人。目下在北方并无重要工作，亦只设法使北方民众了解国民党之主义，并且增收党员而已。"① 在这篇自述中，李大钊将他没有离开北京的原因归于"不得稳妥出京之道路"，但显然，李大钊所言应不是他没有离开北京的真实原因。

　　对于李大钊缘何不愿离开北京，罗章龙曾有回忆，其云："一九二六年九月，上海中央来信给北方区委，说是国民军出师北伐，进行颇为顺利，不久即将攻克武汉，急需人开辟工作，准备成立武汉中央分局，要守常和我离开北方，去武汉工作，并要我陪同他一道南行。

---

① 《李大钊全集》第 5 卷，人民出版社 2006 年版，第 228 页。

行期已近，守常临时改变计划，要我先走。我劝他同行，他仍在犹豫，考虑今后北方区工作，迟迟不决。……我数次延期等他，直到最后中央再次电催，并嘱我们急速带一批干部南下时，守常决计不离开北方，我只得先行。"① 而李大钊的女儿李星华对其父亲不接受南下的原因这样说道："那几天，常有父亲的朋友秘密来看父亲，劝他离开北京。父亲对他们的劝告却不很在意。母亲为他担着心，时时也向父亲提出劝告，但也毫无效果。父亲似乎嫌母亲太啰嗦，态度坚决地对母亲说：'我不是常对你说过吗？我是不能轻易离开北京的；假如我走了，北京的工作留给谁做？……你要知道现在是什么时候，这里的工作是这样重要，哪里能离开呢？'"②

不论是罗章龙所说的"他仍在犹豫，考虑今后北方区工作，迟迟不决"，还是李星华所回忆的"我是不能轻易离开北京的；假如我走了，北京的工作留给谁做？……你要知道现在是什么时候，这里的工作是这样重要，哪里能离开呢？"都表明李大钊最终选择不离开北京的原因在于他对北京地区党的工作的重要性有着充分的认识，对自己所肩负的责任和使命有着清醒的认知，因而无法舍弃北京地区党的工作。对于李大钊来说，北京共产主义小组以及中共北京党组织是由他一手创建起来的，

---

① 人民出版社编：《回忆李大钊》，人民出版社1980年版，第56页。
② 李星华：《回忆我的父亲李大钊》，上海文艺出版社1981年版，第187页。

在创建的过程中，李大钊依托北京大学培养和发展了一大批进步分子，其中的许多人后来在党的发展进程中发挥了重要作用，甚至成为党的历史上的重要人物，这些都源于李大钊的辛勤努力。此外，李大钊还以他渊博的学识、睿智的眼光和和蔼可亲的态度，感染了他身边的许多同仁、学生，不少人正是出于对李大钊的崇敬而走上了学习、接受马克思主义的道路。许德珩就曾亲承李大钊对其思想、人格的影响，他在回忆录中写道："大钊同志刚来北大任图书馆主任时，我就结识了他。素仰其人的我，能够得以亲聆教益，十分欣喜。"① 在许德珩眼中，李大钊总是"以诚朴谦和的态度，含着微笑热情地接待向他求教的青年，诚恳而细致地畅谈自己的看法"②。更令许德珩钦佩的是李大钊对世界大势的认知和把握——"惟有大钊同志不同凡响，他发表了题为《庶民的胜利》的著名讲演，……揭示了战争爆发的真正原因，传播了关于战争的深刻根源是存在于经济事实之中，是在于资本帝国主义制度。这就从根本上阐述了马克思主义的基本原理"③。因此，对于中共北京党组织来说，李大钊的存在至关重要，而李大钊也深知，在北京白色恐怖十分严重的情况下，自己的离开意味着北京党的工

① 《为了民主与科学——许德珩回忆录》，中国青年出版社 1987 年版，第 35 页。

② 同上。

③ 同上书，第 37 页。

作和前期打下的基础极可能前功尽弃，因此，为了党的利益，为了革命事业的发展，他毅然选择了留在北京。

当然，李大钊并不是孤身一人在战斗，在他身边，依然有诸多进步的革命青年选择在充满白色恐怖的北京坚守。但是，穷凶极恶的奉系军阀最终还是没有放过包括李大钊在内的中共党员和进步分子。1927 年 4 月 6 日上午，在帝国主义国家的支持下，奉系军阀和京师检察厅 300 多名士兵、警察、侦探、宪兵，全副武装进入东交民巷使馆区。他们首先把持住各个路口，随即进入苏联大使馆进行抓捕。李大钊及其夫人、两个女儿落入了反动军阀的魔爪，同时被捕的还有 80 余人。李大钊被捕后，面对反动军警，他大义凛然、毫不畏惧。《狱中供词》记载，当京师警察厅问他："你对现政府是反对的了？"李大钊毫不迟疑地明确回答说："当然是反对的。"而在《狱中自述》中，李大钊亦慷慨表示："钊自束发受书，即矢志努力于民族解放之事业，实践其所信，励行其所知，为功为罪，所不暇计。今既被逮，惟有直言。倘因此而重获罪戾，则钊实当负其全责。惟望当局对于此等爱国青年宽大处理，不事株连，则钊感且不尽矣！"①

及至行刑，李大钊亦神色不改。当时对李大钊等人

---

① 李继华等编著：《李大钊被捕牺牲安葬资料选编》，线装书局 2011 年版，第 395 页。

就义予以报道的各报刊记载："首登绞台者，为李大钊。闻李神色未变，从容就死"①；"惟李大钊则有死而无悔状"②；"首登绞台者，为李大钊先生。闻李神色未变，从容就义。又张挹兰同志下车时，面现喜色，摇首挺身而入。某同志临刑时，从容微笑云：'这样就死了吗?'其余皆从容就义，毫无恐惧之色"③。

在当时报刊的一系列报道中，李大钊均以神色淡定、视死如归、毫无惧意的形象出现。从目前已知的材料看，李大钊从被捕到就义，自始至终做到了遵守党的纪律、严守党的秘密。不论是《狱中自述》还是《狱中供词》，李大钊始终以国民党左派自称，并未向敌人透露有关中国共产党的任何信息，这就在极大程度上保护了新生的中国共产党和革命同志。我们常说"南陈北李，相约建党"，李大钊的伟大之处不仅在于他亲自推动了中国共产党的成立，还在于他在敌人严加审讯的情况下对党的情况始终守口如瓶，捍卫了党的整体利益。

李大钊和他的战友们为了他们所信仰的主义、所挚爱的党献出了自己的生命。他们的牺牲是我们党创立以来遭遇的一次重大损失。他们以其对主义的信仰、对党

<hr>

① 《军法会昨日开庭　判决党人二十名死刑　一律在看守所绞决　李大钊首登绞刑台》，《晨报》1927 年 4 月 29 日。

② 《被捕拘押之党人首领昨日执行绞决》，《北京日报》1927 年 4 月 29 日。

③ 《北京各同志被害详情》，《民国日报》（汉口）1927 年 5 月 12 日。

的忠诚诠释了共产党人的初心和作为共产党员所应具有的纪律意识和思想品格。虽然李大钊等人不幸牺牲了，但是北京的党组织、中国共产党在北京的事业却继续发展着。李大钊就义22年之后，在李大钊生活和战斗的城市——北京，领导中国人民取得新民主主义革命胜利的中国共产党终于建立起了社会主义新中国，李大钊所期待和向往的象征无产阶级革命事业"战胜的旗"终于飘扬在了共和国的上空，而"凯歌的声"则响彻了长城内外、大江南北。

第二节 "没有共产党就没有新中国"
唱响抗日战场

在北京城区向西100多公里的房山区霞云岭乡，有一个山清水秀的小村庄，名叫堂上村。村里有个龙王庙，这个龙王庙就是《没有共产党就没有新中国》这首"不朽的真理之歌"的诞生地。

堂上村所属的平西地区有着光荣的革命历史。卢沟桥事变后，日寇的魔爪伸向平西，在日本帝国主义的蹂躏下，北平西部大部分地区沦为日寇的占领区。面对这种情况，中国共产党北平地下党组织和中共北方局派遣刘杰、胡景翼等人深入平西，晋察冀军区和房涞琢工委也委派包森等人前往平西，共同展开抗日爱国斗争。他们积极组织并发动民众，创建了以房山百花山为中心的平西抗日根据地，与日寇进行艰苦卓绝的斗争。与此同时，执政的国民党政权在七七事变后很快便放弃了北平，撤退到南方以图自保，而房山当地的治安团体则大多投靠了日本侵略者，充当汉奸、卖国求荣。因此，在平西房山地区，只有中国共产党一支坚定的抗日力量同日本侵略者开展着不妥协的斗争，用实际行动诠释着对祖国和人民的忠诚。

在中国共产党的感召和领导下，平西地区涌现出一大批为保卫国家和人民与日寇顽强斗争甚至为国捐躯的英烈。其中有被誉为"英风不愧燕赵，功绩可谓卓然"的房良联合县县委书记赵然，有足迹遍及平西、最后因公殉职的房良联合县县长、平西专署专员杜伯华，有面对酷刑坚贞不屈、最终被敌人用沸腾的开水煮烫而死的区委副书记马文亮，有宁死不屈、惨死狱中的房山三区区委书记傅兴远，还有为掩护战友身负重伤、最终壮烈殉国的于振边，等等。

可以说，平西抗日根据地的历史见证了中国共产党在抗日战争中中流砥柱的地位和作用，而英雄的平西人民也在革命斗争的具体实践中感知和认识到了只有中国共产党才是中华民族的希望所在、命运所系。正是基于这样的原因和背景，《没有共产党就没有新中国》这首"不朽的真理之歌"才能够从这个革命老区飞出山坳、传遍全国。

《没有共产党就没有新中国》这首歌曲的诞生，不

没有共产党就没有新中国

图 2 《没有共产党就没有新中国》歌谱

仅有着抒发中国共产党抗日精神的需要，还有着与国民党在意识形态领域展开斗争、维护正义的考量。进入1943 年后，世界反法西斯战争进入高潮，中国的全面抗战也进入到了最艰难的第 7 个年头。然而，在这一时刻，在对日作战中消极抵抗、一溃千里的国民党军队却积极反共，掀起了一次又一次的反共高潮，企图彻底消灭中国共产党及其领导的抗日根据武装。为了维护其"正统"地位、树立其"领袖"权威，蒋介石命令御用文人炮制了《中国之命运》一书，极力宣扬只有国民党才能救中国、只有三民主义才能救中国、只有蒋介石才能救中国。书中公开声称"没有国民党，那就没有了中国，中国的命运完全寄托于国民党"，以此来混淆视听、欺骗舆论，从而达到贬低中国共产党在抗日战争中的地位和在中国革命中的作用的目的。在民族危亡的紧要关头，面对中国将向何处去、中国的命运将由谁来主导的考问，1943年8月25日，《解放日报》发表了题为《没有共产党，就没有中国》的社论。这篇社论针对蒋介石在《中国之命运》一书中"没有国民党就没有中国"的狂言，进行了针锋相对的回击和驳斥，并用雄辩的事实指出，中国共产党及其领导的八路军、新四军才是抗日的中流砥柱，从而鲜明地提出了"没有共产党就没有中国"的科学论断。

正是在这样的时代背景下，1943年9月，晋察冀边区抗联将其所属的群众剧社40多人分成若干小分队，派遣到平西根据地宣传党的抗日主张，动员群众坚持抗战。年仅19岁的曹火星就作为小分队的一名成员跟随队伍翻山越岭，到达了平西抗日根据地中的房涞琢县霞云岭乡堂上村。来到平西抗日根据地后，这里火热的抗战生活、当地群众对中国共产党的真挚感情深深地感染了曹火星，他创作了多首歌曲，热情歌颂革命根据地的光明前景和共产党、八路军领导人民坚持抗战的壮举。

为应对国民党在意识形态领域的反攻倒算，党组织决定对国民党消极抗日、积极反共的倒退行为予以坚决回击。根据这一要求，文艺战线也迅速行动起来。在平西抗日根据地，根据上级要求，根据地的文艺战士编写创作了一系列歌曲，在揭露国民党的黑暗统治和蒋介石消极抗战、积极反共阴谋的同时，歌颂中国共产党的全民族抗战路线。在这些歌曲中，需要一首具有较强概括性的主题歌曲，而创作这样一首主题歌曲的重任，就交给了年仅 19 岁的曹火星。

在堂上村龙王庙东厢房里的油灯下，领到任务的曹火星饱含深情地回顾了自己在抗战中的亲身经历——他的父亲和堂弟均惨死在日本侵略者的屠刀下，可以说，曹火星与日本侵略者有着不共戴天之仇；而当加入了中国共产党、参加了抗日斗争后，他辗转于华北各地，更是亲眼目睹了祖国的山河破碎，这自然令他痛心不已。面对国恨家仇，曹火星心中充满怒火。不过，与此同时他也亲眼看到，在中华民族生死存亡的关键时刻，中国共产党高高举起了全民族共同抗战的大旗，领导着八路军、新四军和全国人民展开了救亡图存、浴血奋战的伟大斗争，顽强地抗击着日本帝国主义的侵略；看到各个抗日根据地在中国共产党的领导下，成立了三三制政权，开展了大生产和减租减息运动，调动起了全体爱国者的抗战热情。结合《解放日报》1943 年 8 月 25 日发表的《没有共产党，就没有中国》的社论，曹火星的心中豁然开朗：没有共产党的英勇抗战，就没有现在的中国；没有共产党的领导，未来中国就不会有光明的前景。因此，中国共产党才是抗日战争的中流砥柱，也是中华民族能够再次崛起的中流砥柱。想到这些，一个鲜明的主题——没有共产党就没有中国在他的脑海中油然而生。怀着对中国共产党的钦佩、热爱和赞美，他激动地提笔

写下了"没有共产党就没有中国"10 个大字，并将这
10 个字作为将要创作歌曲的歌名。思绪久久不能平复的
曹火星边唱边写、边写边唱，经过四五天的修改打磨，
终于创作出了《没有共产党就没有中国》这首歌曲。当
时曹火星创作这首歌的歌词是：

没有共产党就没有中国，
没有共产党就没有中国。
共产党辛劳为民族，
共产党他一心救中国。
他指给了人民解放的道路，
他领导中国走向光明。
他坚持抗战六年多，
他改善了人民生活。
他建设了敌后根据地，
他实行了民主好处多。
没有共产党就没有中国，
没有共产党就没有中国。

这首歌曲创作出来的第二天，曹火星便开始教堂上
村的儿童团员们学唱并演出，从此，铿锵有力、优美动
听的旋律开始回响在平西根据地的上空，进而飞出山坳、
飞向全国各地。时至现在，当年作为儿童团员之一的李
福会老人还能细细地回忆起昔日曹火星教唱这首歌的情

景——"那天晚上，我们儿童团员正在为剧社的同志站岗放哨，曹火星老师走出院子，溜达了好一阵子，回屋后便在油灯下继续写东西。第二天，他就开始教我们唱这首新歌了"①。

　　1943 年 12 月，曹火星在县级干部培训班上向学员们教唱这首歌；1944 年，晋察冀边区油印的刊物上首次刊登了这首歌，从此，这首歌就在晋察冀边区，随后又在各个抗日根据地迅速传唱开来。1945 年张家口解放后，张家口电台首次播放了这首歌，于是这首歌得到了更大范围的流传，不仅解放区的党员干部和群众纷纷吟唱，就连国统区的进步人士也在唱。1948 年，在尚未得到解放的定县，当地的老百姓就已经暗地里传唱这首歌了。面对这一情况，国民党反动派十分害怕，他们强行将歌名和歌词改为"没有国民党就没有中国"，并让老百姓学唱，但早已失去民心的国民党根本得不到群众的响应，没有群众愿意学唱国民党强行篡改的歌曲。后来，国民党又要求其全军将士学唱，但士气低落的国民党军队也没有按照当局的要求认真去做。就这样，《没有共产党就没有中国》由平西唱到晋察冀，又由晋察冀唱到东北、唱到华北、唱向全国，嘹亮的歌声回响在祖国的上空。

---

①　吴珏：《〈没有共产党就没有新中国〉诞生的前前后后》，《湘潮》2010 年第 2 期。

随着时间的流逝和形势的变化，《没有共产党就没有中国》的歌词也随之作了符合事实的改变。1943年原版歌词中的"坚持抗战六年多"到1944年相应改成了"坚持抗战七年多"，1945年又改成了"坚持抗战八年多"。在艰苦的抗日战争中，这首歌起到了凝聚人心、振奋精神、团结人民群众鼓起勇气战胜敌人的积极作用。

中华人民共和国成立之初，一个偶然的机会，毛泽东听到自己的女儿在院子里唱起了《没有共产党就没有中国》。他微笑着听完后，对女儿说：中国已经有5000年的历史了，而中国共产党的成立才不过几十年的时间，在没有共产党的时候，中国是早已存在的，因此不能说没有共产党就没有中国。看到女儿不知所措的样子，毛泽东接着说：我们在歌词里加上一个"新"字，叫做"没有共产党就没有新中国"，不就可以了吗？此后，毛泽东在中央的一次会议上将这个问题郑重提了出来。从此，这首歌的歌名就正式确定为《没有共产党就没有新中国》，当然，歌词也作了相应的更改。1958年的一天，毛泽东到天津视察工作，其间要接见天津各界人士，曹火星作为天津歌舞剧院的代表出现在了被接见的人员之中。双手紧握住毛主席的右手之后，曹火星激动得心脏几乎要跳出来。毛主席和蔼地问他："你是做什么工作的？"曹火星连忙回答说："我是搞音乐的。"旁边有人接着话头作了介绍："他是《没有共产党就没有新中国》的作者曹火星。"毛主席一听，微笑着说道："曹火星？

你的名字我可是知道。我还为你的歌改过一个字呢！"

　　《没有共产党就没有新中国》这首歌曲创作出来后，在广受欢迎的同时，也经历了各种各样的考验。前已述及，解放战争时期，国民党曾将这首歌的歌词强行篡改，以"没有国民党就没有中国"为歌名强令人们学唱，遭到消极应付乃至抵制和反对。在"文化大革命"期间，林彪反革命集团和"四人帮"的党羽别有用心地编造说，这首歌"歌中写的是共产党，心里想的是国民党"，从而制造谣言、打击正义人士。他们甚至通令全国禁唱这首歌。20世纪80年代末，在资产阶级自由化思潮泛滥之时，一些别有用心的人怀着不可告人的目的，制造舆论否定"没有共产党就没有新中国"这一真理，当然他们最终也没能得逞，《没有共产党就没有新中国》依然广为传唱。70多年来，这首歌已经唱遍了祖国的长城内外、大江南北，一代代共和国儿女在这首歌的影响下茁壮成长。

　　《没有共产党就没有新中国》这首歌曲之所以具有如此强大的生命力，原因在于它唱出了人民的心声。它表达了广大人民群众对中国共产党的衷心爱戴，也表现了中国人民坚定跟党走的决心。这首歌的作者曹火星曾深有感触地说："我写这首歌是动了感情的。抗日根据地的广大人民群众在共产党的领导下，克服种种困难坚持抗战，搞民主建设，使人民当家作主。搞土改发展生产，给人民改善生活，……这些活生生的事实是我亲眼所见。人民的抗战积极性，对党的深情，我有亲身体会。没有中国共产党怎么会有坚持抗战到胜利的局面？没有共产党怎么会有今天？我说了真话，写了实情，反映了人民的心声。这首歌整体水平并不高，但因为说了人民的心里话，才得到人民的喜爱。"①

1994 年，为了纪念这首影响力巨大的红色歌曲的诞生，中共房山县委与天津解放区文学研究会等单位联合决定在歌曲《没有共产党就没有新中国》的诞生地——北京市房山区霞云岭乡堂上村刻石勒铭，铭文就镌刻在曹火星写歌房舍下的一块青色大理石上："一九四三年九月，晋察冀边区群众剧社曹火星等同志来到原平西区房涞琢县霞云岭乡堂上村，深入生活，从事音乐创作，开展群众文艺活动，进行抗日宣传。在此期间，火星同志创作的歌曲《没有共产党就没有新中国》，唱出了人民的心声，在敌后根据地迅速传唱，并随着抗日战争的胜利传遍全中国。共产党辛劳为民族，共产党一心救中国，他指给了人民解放的道路，他领导中国走向光明。这歌声迎接着新中国的诞生，这歌声鼓舞着亿万人民奔向社会主义光辉的前程。让我们千秋万代高唱《没有共产党就没有新中国》。"②

----

① 吴珏：《〈没有共产党就没有新中国〉诞生的前前后后》，《湘潮》2010 年第 2 期。

② 吴珏：《〈没有共产党就没有新中国〉诞生的前前后后》，《湘潮》2010 年第 2 期。

"没有共产党就没有新中国",这是中国人民从几十年的革命、建设和改革的实践进程中领悟出的真理。不论时代发生什么样的变化,《没有共产党就没有新中国》这首抒发人民真挚情感的红色歌曲依然会世代传唱下去,从而鼓舞着一代又一代炎黄子孙响应着中国共产党的号召,步调一致地为决胜全面建成小康社会、实现中华民族伟大复兴的中国梦而不懈奋斗!

第三节 "四五"斗争中的爱党护国义举

1966 年 5 月至 1976 年 10 月的"文化大革命","使党、国家和人民遭到建国以来最严重的挫折和损失"[①]。随着这场十年浩劫对正常的经济社会秩序所造成的消极影响的持续发展和蔓延,国内各种矛盾日益激化,民众的不满情绪日益增长,否定"文化大革命"与维护"文化大革命"的斗争日趋尖锐,中国的社会矛盾面临一点即燃、一触即发的危险局面。在这种社会政治和思想舆论背景下,1976 年 1 月 8 日,敬爱的周恩来总理与世长辞。周总理对党和人民无限忠诚、鞠躬尽瘁,他在"文化大革命"期间极为困难的形势下,顾全大局、任劳任怨,为维持国家的正常秩序、尽可能减少"文化大革

---

① 《中国共产党中央委员会关于建国以来党的若干历史问题的决议》,人民出版社 2009 年版,第 24 页。

命"所造成的损失，费尽了心血。与此同时，周总理还要不断地同林彪、江青反革命集团各种扰乱党和国家正常秩序、贻害人民的罪恶行径展开斗争。因此，周总理的逝世引起了全党和全国各族人民的无限悲痛。然而，就在全国人民沉浸于悲伤之中的时刻，以江青为首的"四人帮"却气焰嚣张。对于全党和全国各族人民来说，周恩来总理的逝世是巨大损失，但在"四人帮"看来，这却是他们投机上位的绝佳机会。政治力量的天平似乎也开始向"四人帮"一方倾斜，这种情况无疑更加加剧了人民群众悲痛、沉重的心情。

周总理逝世后，"四人帮"加大了对"批邓、反击右倾翻案风"的鼓噪力度。1976 年 1 月 14 日，即举行周恩来总理追悼会的前一天，《人民日报》却在头版头条发表了《大辩论带来大变化——清华大学教育革命和各项工作出现新面貌》的文章，从而使"反击右倾翻案风"彻底公开化。"四人帮"利用他们掌握的宣传工具，为"反击右倾翻案风"大造舆论，试图在彻底打倒邓小平的同时降低全国人民对周总理逝世的关注度，从而实现他们不可告人的篡党夺权的阴谋。在他们的唆使下，1 月 15 日，《人民日报》发表了《教育革命与无产阶级》的文章；2 月 1 日，《红旗》杂志发表了《回击科技界的右倾翻案风》和《不许为修正主义教育路线翻案》两篇文章；《人民日报》在 2 月 6 日发表了《无产阶级文化大革命的继续和深入》，29 日又发表了《评"三项指示

为纲"》；《红旗》杂志先是3月1日出版的一期上发表
了《坚持文艺革命，反击右倾翻案风》，一个月后即4
月1日又发表了《反击卫生战线的右倾翻案风》和《一
个复辟资本主义的总纲——〈论全党全国各项工作的总
纲〉剖析》等。上述一系列文章把邓小平主持的各条战
线的整顿工作都诬蔑为"右倾翻案风"。

"批邓、反击右倾翻案风"的爆发，不仅破坏了自
1975年以来在邓小平主持下各个领域、各条战线刚刚得
到恢复的正常秩序，而且"四人帮"还借此大搞反革命
夺权活动。在他们的兴风作浪之下，一大批拥护并执行
邓小平正确思想和政策的领导干部受到打击，而在整顿
工作中被撤职或调离工作岗位的"四人帮"党羽和造反
派头头又被重新启用。在"四人帮"权力所及的地区和
部门，他们大搞"突击入党""突击提干"，将投靠过来
的各色人等塞进党政军各级领导班子。"四人帮"的倒
行逆施使得工业生产被破坏，一些地区的工厂停工停产，
有的单位又出现了工资发不出来的状况，铁路交通则重
新陷于瘫痪，全国再度回到曾经的混乱状态之中。这一
切，都加剧了人民群众对推行"反击右倾翻案风"的
"四人帮"的愤恨。"四人帮"的倒行逆施让全国人民彻
底认清了他们的真实目的和卑劣行径，人民群众反对
"四人帮"的斗争一触即发。

在这一系列事件的背景下，自周恩来总理逝世后，
"四人帮"对民众自发悼念活动的横加干涉和镇压就成

为了点燃民众不满和愤怒情绪的直接导火线。出于对周总理的衷心爱戴，自周总理去世的那一刻起，全国人民便自发开展了持续性的悼念活动。但是广大人民群众合情合理的悼念活动却遭到"四人帮"的蛮横阻挠。面对"四人帮"阻挠和刁难，从3月下旬开始，全国各大城市的群众纷纷将悼念总理与抗议、反对"四人帮"结合起来。在首都北京，广大职工群众更是不顾"四人帮"的种种"禁令"，白天坚守工作岗位，下班后即前往天安门广场，纪念、悼念敬爱的周总理。不少单位的领导不仅默许职工群众的这一正义行动，而且冒着风险支持甚至组织职工制作花圈、敬献花圈，前往天安门广场举行悼念活动。在北京职工群众悼念周总理的活动中，涌现出了许多可歌可泣的事例。

3月19日，朝阳区牛场小学向天安门广场人民英雄纪念碑敬献了第一个花圈。此后，短短十几天的时间，天安门广场就成为了花圈的海洋。3月30日中午，北京市总工会工人理论组的部分成员在人民英雄纪念碑南侧的"五四运动"浮雕下献上了精心制作的花圈，同时在纪念碑的碑座上端端正正地贴上了题为《悼念敬爱的周总理》的悼词。在悼词中，北京市总工会的同志们表示要学习周总理的精神、继承总理的遗志，并向总理保证"誓与党内外的资产阶级血战到底"，矛头直指"四人帮"一伙野心家。

北京重型电机厂的工人们被人民英雄纪念碑前悼念

总理的花圈、悼词、诗词等所感动，为防止"四人帮"取走、烧毁祭奠的花圈，他们一致决定，制作一个铁花圈来表达哀思。决定作出后，工人们迅速行动起来，夜班工人没做完，白班的工人接着做。几天之后，五米多高、重达一吨的铁花圈被工人们制作了出来。在花圈底部刷着银粉的铁板上，工人们写下了《卜算子》的词句："总理爱人民，人民爱总理，春夏秋冬四季时，天地长相忆；四个现代化，'两步'走到底，遗愿化为宏图日，国祭告总理。"① 4月2日清晨，这座花圈被工人们放置在特制的手板车上护送到了天安门广场。

　　同样是在4月2日，北京街头出现了一支庞大的游行队伍，这是中国科学院第一零九厂的职工。他们用四辆卡车开道，抬着四个花圈，其中两个献给周总理，一个献给陈毅元帅，一个献给杨开慧；还抬着四块巨型诗碑，上面写着"红心已结胜利果""碧血再开革命花""倘若魔怪喷毒火""自有擒妖打鬼人"的诗句。诗碑的碑文显示了一零九厂职工明确的斗争对象，他们将矛头直指扰乱国家、动荡社会、逆历史潮流而动的"四人帮"反动集团。

　　对"四人帮"的倒施逆行表示强烈不满的，还有北京西郊烟灰制品厂基建科的员工们。他们制作了一幅20

---

① 《社会主义时期中共北京党史纪事》第8辑，人民出版社2012年版，第80页。

多米长、1 米多宽的横幅，横幅上书写着"誓死继承总理志，深学马列识方向，若有妖魔兴风浪，人民愤起灭豺狼"的铿锵诗句。职工们将这幅黑色绸布白色字体的横幅挂在天安门广场的五根旗杆之间，显得十分显眼。广场上的群众看后不由得赞叹，纷纷表示"写得好，很解气"，甚至有人特意对职工们说："你们做得好，代表了我们的心愿。"①

　　4 月 4 日即丙辰年清明节当天，天安门广场上的悼念活动达到了高潮。这一天，首都北京和外地专程赶来的群众不顾"四人帮"的所谓禁令，纷纷汇聚天安门广场，一时间，天安门广场人数达到 200 多万。来自北京市青云仪器厂、曙光电机厂等单位的职工相继列队进入天安门广场，举行隆重的悼念仪式。其中，青云仪器厂的职工们分 4 列纵队、共 275 排，抬着精心制作的 34 个花圈，从西单进入广场；曙光电机厂的游行队伍多达3000 多人，他们浩浩荡荡地从东单开进广场。北京铁路局的青年工人在广场上展示了"敬爱的周总理我们将用鲜血和生命誓死保卫您"的血书，并表示："我们要做无愧于先烈的后代，也要做无愧于后人的先人"。在人民英雄纪念碑东侧，贴满了《清明节呐喊》等许许多多的声讨檄文和战斗诗词，有的甚至公开点出了"四人

---

　　① 《社会主义时期中共北京党史纪事》第 8 辑，人民出版社 2012 年版，第 81 页。

帮"的名字。

声势浩大的纪念活动引起了"四人帮"的恐慌，当天晚上，在"四人帮"的操控下，中央政治局会议（叶剑英、李先念未参加）将天安门广场发生的事件定性为反革命事件，并决定立即抓捕所谓的"反革命分子"，追查谣言、清理花圈标语等。4月5日晚，被"四人帮"控制的北京市委和北京市公安局派出5万名民兵、3千名警察和5个营的警卫部队包围了天安门广场，对广场上的群众进行驱散、镇压。与此同时，"四人帮"指使其掌握的暴力机关，对北京各单位包庇、纵容职工群众前往天安门广场进行悼念一事展开调查。但是，此时首都各界人民群众已经充分认清了"四人帮"的真实面目，看清了他们抢班夺权、意欲搞乱党和国家的险恶用心。因此，勇于担当的首都民众采取多种方式与"四人帮"展开不妥协的斗争。

首都许多单位的领导千方百计保护爱国职工，他们对职工群众参加悼念活动深表理解，因而主动替他们承担责任，并且不按所谓的要求展开追查——或者明查暗保，应付了事；或者走走形式，"消极"怠工。比如，青云仪器厂因为向天安门广场敬献了花圈从而被列为"清查反革命重点单位"，当"四人帮"的黑手伸向厂里时，该厂党委书记主动表示：事情不能怪群众，主要是我们领导的责任。当公安局前来调查时，党委分头向几个出头露面的工人同志打招呼："你们不要害怕，不论谁来调查，都要说我们对过口径的话。"由于党委保护、群众一心，没有一个人被打成"反革命"。许多送花圈单位的领导干部不约而同地主动揽责，不给"四人帮"扩大打击面的机会，从而保护了本单位的职工同志。又如北京 172 中学 5 年级 4 班受到了公安局的审查，该班班主任和三名学生干部商量，由他们四个人承担一切责任，宁可自己被打成反革命也不上推下卸影响其他同学。

北京工业学院因十名女学生所写的散文诗《请收下》被列为"重点反革命专案"，这十名学生也被迫进入"学习班"接受审查。但是这十名学生所在院系的党组织并没有按照要求给她们戴上"反革命"的帽子，不仅如此，该校师生纷纷对她们表示敬佩，从各个方面给予她们同情和支持。

"四人帮"的倒施逆行也引起了驻京解放军将士的不满。在"四人帮"镇压四五运动后的第二天，空军某部指挥连电台台长王安庄就抑制不住对"四人帮"镇压群众的愤恨，在院子里写下了"周总理好！""打倒张春桥！""打倒江青！"三条醒目的标语。4 月 7 日晚，电台里广播了"四人帮"对天安门事件的颠倒黑白的描述和定性。广播刚刚结束，北京部队某部营区附近一棵树上便贴出了一张针锋相对的小字报，明确指出张春桥、江青等是"假马列"，"邓副主席是我们的贴心人"，号召人们"向天安门广场的英雄们学习"。

虽然广大人民群众同"四人帮"开展了不妥协的斗争，

但是面对他们所掌握的暴力机关，人民群众的反抗斗争依然被暂时地压制了下去。自清明节至 6 月 17 日，针对人民群众在天安门广场开展的正义活动，受"四人帮"控制的北京市公安局立案追查 1984 起、拘捕群众 388 人，收缴悼文、诗词及照片近 11 万件，至于通过隔离、办学习班、谈话等方式审查的人数就更多了，整个北京市不下数万人。

"天安门事件"虽然被"四人帮"的暴力镇压了下去，但它却为后来粉碎"四人帮"反革命集团奠定了深厚的群众基础。时隔半年，不得人心的"四人帮"便被送上了历史的审判台。1978 年 11 月 15 日，中共北京市委举行市委常委扩大会议，郑重宣布："一九七六年清明节广大群众到天安门广场沉痛悼念敬爱的周总理，愤怒声讨'四人帮'，完全是革命行动。"并称："一九七六年清明节，广大群众到天安门广场悼念我们敬爱的周总理，完全是出于对周总理的无限爱戴、无限怀念和深切哀悼的心情；完全是出于对'四人帮'祸国殃民的滔天罪行深切痛恨，它反映了全国亿万人民的心愿。"会议决定："对于因悼念周总理、反对'四人帮'而受到迫害的同志要一律平反，恢复名誉。"①

三年之后的 1981 年 6 月 27 日，在北京举行的中国共产党第十一届六中全会一致通过的《关于建国以来党

---

① 《中共北京市委宣布　天安门事件完全是革命行动》，《人民日报》1978 年 11 月 16 日。

图3　《人民日报》的报道

的若干历史问题的决议》指出："一九七六年一月周恩来同志逝世。周恩来同志对党和人民无限忠诚，鞠躬尽瘁。他在'文化大革命'中处于非常困难的地位。他顾全大局，任劳任怨，为继续进行党和国家的正常工作，为尽量减少'文化大革命'所造成的损失，为保护大批的党内外干部，作了坚持不懈的努力，费尽了心血。他同林彪、江青反革命集团的破坏进行了各种形式的斗争。他的逝世引起了全党和全国各族人民的无限悲痛。同年四月间，在全国范围内掀起了以天安门事件为代表的悼念周总理、反对'四人帮'的强大抗议运动。这个运动实质上是拥护以邓小平同志为代表的党的正确领导，它为后来粉碎江青反革命集团奠定了伟大的群众基础。"①

---

① 《关于建国以来党的若干历史问题的决议》，人民出版社1981年版，第27—28页。

　　四五运动虽因悼念周恩来总理而起，但是在悼念的背后，广大人民群众流露出的是对周恩来、邓小平等老一辈无产阶级革命家的衷心爱戴，对"文化大革命"和"批邓、反击右倾翻案风"的强烈不满，以及对"四人帮"沆瀣一气、兴风作浪的痛恨和对党和国家未来的深深担忧。作为首都，北京受"文化大革命"的冲击最大、影响也最深，尤其是作为党中央机关所在地，北京广大人民群众不仅目睹了"四人帮"的专横跋扈，而且也亲身感受了"四人帮"的镇残酷压，加之"文化大革命"爆发后一批批在党的历史上功勋卓著、德高望重的领导人接连被打倒，"四人帮"的种种罪恶行径都使首都人民更加清醒地认识到他们篡党夺权的真实面目，因此，首都人民所表现出来的对"四人帮"的不满、抗议和反对，正是他们维护正义、爱党护国情感的真实抒发。基于对正义的坚持和维护，广大人民群众才会冒着被"秋后算账"的危险，不约而同地走向天安门广场，以悼念周总理的方式，在寄托哀思的同时表达心声。广大人民群众在悼念周总理的同时，实际上就已对"四人帮"作了政治定性，而四五运动的爆发则更加暴露了"四人帮"反党反人民的邪恶本质。

　　马克思主义认为："理论一经掌握群众，也会变成物质力量。理论只要说服人 [ad hominem]，就能掌握群众；而理论只要彻底，就能说服人 [ad hominem]。所谓彻底，就是抓住事物的根本。"① 这场发生在首都北京、迅速波及全国范围的规模空前的哀悼和抗议活动，是广大人民群众在"文化大革命"中经受正反两方面教育和在大风大浪中历练的结果，因此，当党和国家的领导权将要被"四人帮"等阴谋家、野心家篡夺的时候，深受党的教育的广大人民群众才会敏锐地觉察并自觉行动起来，从而凝聚成一股无坚不摧的力量，把党和国家从危难中解救出来。

这场运动沉重打击了"四人帮"的嚣张气焰，加速了"四人帮"末日的到来。同时，这场运动也给全国人民尤其是对"四人帮"尚没有清醒认识的人们上了极具教育意义的一课。广大党员干部和人民群众在这场斗争中展现出了高度的政治觉悟和历史责任感。正是因为这场运动的爆发及其产生的积极影响，才为包括邓小平在内的老一辈无产阶级革命家的复出、为党和国家工作的拨乱反正，以及为改革开放决策的出台，做好了舆论准备，创造了有利条件，打下了坚实基础。

第四节　忠诚正义的当今体现——
"红墙意识"与"朝阳群众"

忠诚正义作为中华优秀传统文化的重要内容和中华传

---

① 《马克思恩格斯选集》第 1 卷，人民出版社 2012 年版，第 9—10 页。

统美德的重要范畴，在北京红色文化中一直得到了很好的传承和弘扬。历史的车轮进入改革开放的新时期，特别是到了中国特色社会主义建设的新时代，忠诚正义依然是北京人民心中毫不动摇的坚定信念，并且在行动中不约而同地自觉践行，北京西城的"红墙意识"和北京朝阳区"朝阳群众"的见义勇为，便是忠诚正义在当今时代的典型体现。

一 北京西城的"红墙意识"

在北京市所辖的 16 个行政区当中，西城区是除东城之外面积最小的一个区。不过，西城区虽然面积不算太大，但是地位却相当特殊，因为令世人倍感神秘的中南海就在这里。中南海是中共中央、国务院等党和国家最高权力机关办公所在地，是名副其实的中国政治生活的中枢，而在西单和天安门城楼之间，沿着长安街的路北，有一道映衬在绿树和红灯笼下、长数百米高六米多的红墙，中南海就在这道古色古香、威武大气的红墙之内。多年来，西城区的干部群众为自己能够有幸守望红墙，有幸工作、生活在党和国家中枢机关和领袖身边而深感自豪，并逐渐培育、形成了以忠诚为核心的"红墙意识"。西城区干部群众的"红墙意识"是当代北京红色文化中最值得珍视的重要组成部分之一。

1. "红墙意识"的产生和发展

"红墙意识"产生于北京市西城区，它是长期工作、生活在红墙边的西城区干部群众基于所处中南海周边的特殊地理位置以及内心油然而生的自豪感、幸福感，在长期的社会实践中积淀、形成的一种思想意识和价值追求。"红墙意识"是西城区干部群众发自内心的一种真挚的情感和意念，是出于对党、对国家、对领袖的无比崇敬和对自身责任义务的深刻体认而产生的一种特殊使命感和崇高责任感。

"红墙意识"的最初萌发，可以追溯到中华人民共和国成立前夕。当毛泽东等领导人和中共中央三大机关从香山双清别墅迁入中南海之后，出于对领导人民推翻"三座大山"、实现翻身解放的中国共产党和革命领袖的崇敬和热爱，当时的西城人民自然就会产生对于中南海、对于红墙的特殊意识和情感，只是这样的一种意识和情感不曾被明确加以概括和表述。中华人民共和国的成立使中国人民从此站了起来，改革开放则使中国人民开始走上富裕之路，中国特色社会主义新时代的奋斗目标是全面建成小康社会和建成富强民主文明和谐美丽的社会主义现代化强国。迄今为止连续40年的经济持续中高速增长，在增强了综合国力的同时也使人民群众的物质文化生活水平得到显著提高，而抗洪救灾、抗震救灾、抗击非典，以及申办举办奥运、开展大国外交、继如期实现国民生产总值翻两番之后又将迎来全面小康社会的建成等，则既彰显了社会主义制度的优越性、提升了国家的全球影响力，也进一步强化了全国人民的凝聚力和向心力。对于北京西城的干部群众来说，亲眼目睹、亲身感受着这种从站起来到富起来再到强起来的深刻变化，心系中南海、情寄红墙并从而生发出对党、对国家、对人民领袖的尊敬和热爱之情，自然是顺理成章的。诚如首都师范大学哲学系教授、博士生导师杨生平在接受《科技日报》记者采访时所指出的："真正的'红墙意识'肯定是新中国建立以后才得以产生的。面对新中国建立后取得的举世瞩目的成绩，西城人民与全国人民一样感到由衷的幸福和自豪。作为中央政府所在地的西城人民尤其感到幸福和自豪，他们渐渐把这种幸福感、自豪感转化为守护中央、维护中央的大局意识、首善意识。"西长安街街道义达里社区共产党员王颖也曾说过："我们从小在红墙边上长大，这种红墙情怀是从骨子里就有的"。这番话表达的是同样的意思。

"红墙意识"作为西城区干部群众对党、对国家、对人民领袖的一种特殊情感，虽然它伴随着共和国的建立便已萌发和产生，但是这样一个概念被明确提出来，却还是近一二十年的事。

根据相关报道可知，"红墙意识"这一概念的最早提出，是在世纪之交的 1999 年，直接动因是为了完成国庆 50 周年服务保障任务，而这一概念的提出者，则是占有独特区位优势的西长安街街道办事处。西长安街街道办事处位于西城区的东南部，东以天安门广场西侧路、中山公园、故宫西墙为界与东城区毗邻，南以前门西大街、宣武门东大街中心线为界与大栅栏、椿树两个街道交界，西以西四南大街、西单北大街、宣武门内大街西侧便道为界与金融街街道相接，北以西安门大街、文津街南路边缘、故宫北筒子河中心线为界与什刹海街道为邻，辖区总面积为4.24平方千米，共划分为13个社区。由于这里地处首都政治核心区和功能核心区，是党中央、国务院、全国人大常委会的办公所在地，也是塑造首都形象和展示北京魅力最为直接的地区，所以西长安街街道办事处的干部群众一向具有高站位、宽视野、讲政治、顾大局的思想境界和优良传统。在新千年到来之际，西长安街街道办事处便酝酿提出了"红墙意识"的概念，2001年，经过进一步归纳提炼，"红墙意识"这一提法被确定下来，并成为街道范围内各单位、居民实现共驻、共建、共创、共享的精神象征和动力源泉。此后，以争创全国社区教育示范街道为契机，西长安街街道办事处形成了以下开展工作的总体思路：立足辖区毗邻"红墙"的特殊区位特点，以全民终身学习理论为指导，以"安全稳定、文明祥和"为共同愿景，丰富和发展"红墙意识"的深刻内涵，创新社会服务管理，构建"全响应"社会服务管理格局，打造"京城第一街道品牌"，满足居民多样化学习需求，提升地区居民综合素质和生活品质①。在争创活动中，"红墙意识"的重要地位和作

---

① 李媛媛：《深化"红墙"意识　打造"京城第一街道"品牌——以北京市西城区西长安街街道为例》，《成人教育》2013年第4期。

用得到进一步的凸显。2012 年 11 月，西长安街街道成功入选了全国社区教育示范街道。在这一荣誉取得的背后，"红墙意识"的感召鼓舞、激励鞭策显然功不可没。

西长安街街道办事处全方位地推进"红墙意识"的宣传和践行。在创建学习型社区过程中，西长安街街道办事处坚持不断强化和深化"红墙意识"，明确了以"四个必须始终具有"为主要内容的"红墙意识"具体要求，从精神状态、理想信念、工作标准和工作实际等多个方面教育激励和引导广大干部群众树立统一的思想认识，有效激发了干部群众的荣誉感和使命感，不断创新社会服务管理，提高社区教育服务水平。街道办事处设立"红墙"文化展示厅，生动再现了西长安街街道半个世纪的发展历程，展示了西长安街街道所取得的辉煌成就。由居住在西长安街红墙边的西城区政协原主席张世俊作词、廖勇谱曲、街道机关干部参与录制的歌曲《我家住在红墙边》，每天都在办公楼工间休息时播放，由衷地唱出了西长安街人的自豪感、责任感和幸福感，营造出浓厚的"红墙"文化氛围。街道办事处还组织开展"红墙"边上党旗红活动，举行党组织和党员亮身份亮形象亮作用等多种形式的主题实践活动，及时表彰优秀典型，使广大党组织和党员干部学有榜样、赶有标兵。通过"红墙"杯系列活动传播"红墙"文化、凝聚街区力量、营造团结友爱和谐向上的街区氛围，也是西长安街街道办事处坚持常抓不懈的一项工作。

　　西长安街街道办事处提出和倡导的"红墙意识"引起了西城区领导的高度关注和重视。2014 年，在总结十几年来的实践探索和丰富经验的基础上，中共西城区委正式将"红墙意识"上升为全区工作的指导思想，使之成为全区干部的思想指南和工作要求。全区上下戮力同心、砥砺奋进，使"红墙意识"成为党中央提出的"政治意识、大局意识、核心意识、看齐意识"这"四个意识"在西城区的集中体现和"学党章党规、学系列讲话，做合格党员"这"两学一做"学习教育活动在西城区的生动实践，"红墙意识"被全区党员干部自觉地内化于心外化于行。2015 年 7 月底，在中共西城区委第十一届九次全会上，时任区委书记王宁提出明确要求：作为首都功能核心区，西城区必须旗帜鲜明地亮出"红墙意识"、强化"红墙意识"，不断增强推动京津冀协同发展的政治自觉，把思想和行动坚决统一到《京津冀协同发展规划纲要》和市委市政府《关于贯彻〈京津冀协同发展规划纲要〉的意见》精神上来，不折不扣地将中央和市委的决策部署贯彻落实到最实处，以最高的政治意识、最重的责任担当、最大的落实力度，义不容辞地扛起推动京津冀协同发展的重大政治责任。

　　2017 年以来，伴随着西城区对"红墙意识"的舆论宣传、理论研讨和实践践行的全方位推开，"红墙意识"迅速在全国产生广泛影响。报刊、电视、网络等各种媒体纷纷跟进，专题报道、专家访谈、主题研讨，以及领导阐发、学者讲解、群众点赞等接连不断，"红墙意识"走出西长安街、走出西城，成为全北京乃至全国人民普遍关注、高度认同的社会政治现象。

2. "红墙意识"的核心内涵

"红墙意识"作为近两年来报刊、电视和网络上时常出现的一个热词，对于它具体应当如何理解？应当说，"红墙意识"是西城区干部群众立足特殊区位、特殊责任、特殊使命，在增强"四个意识"、提高政治站位、强化使命担当、弘扬优秀文化、不断提升思想境界和价值追求过程中逐步形成的共同理念和意志。它是工作、生活在红墙边的西城区广大干部群众在多年的工作、生活实践中积淀形成的，经历了从局部街区到全区整体、从党员干部到广大群众的有序传导和普及，并且随着时代的发展而不断深化和拓展。

"红墙意识"内涵极为丰富。首先，"红墙意识"是一种责任。西城区是首都功能的核心承载区，是展示国家首都形象的重要窗口区，同时还是历史文化名城保护的重点地区，因此，维护好首都的安全稳定，展现好首都的形象，是全体西城人的第一责任、最大责任。其次，"红墙意识"是一种标准。是在工作取向上坚持精益求精，争首善、创一流，勇于做标杆、立示范的标准。再次，"红墙意识"是一种追求。是不懈奋斗、共同创造和谐宜居生活典范，塑造城市美好家园的价值追求。最后，"红墙意识"是一种情感。是作为大国首都核心区的北京西城区市民发自内心的自豪之情，是对党、对人民领袖、对城市家园的热爱之情。

专家学者对"红墙意识"的内涵作了进一步的凝练和概括，认为"红墙意识"的基本内涵，概而言之就是"绝对忠诚、责任担当、首善标准"。而在西城区广大干部群众心中，对党绝对忠诚是"红墙意识"的核心内涵和根本要义。这份绝对忠诚，不是挂在嘴边的口号，而是时时刻刻讲政治、顾大局、守纪律的优良传统，是积极响应以习近平同志为核心的党中央的号召、坚决维护以习近平同志为核心的党中央的权威、在思想上政治上组织上同以习近平同志为核心的党中央保持高度一致的自觉行动。因此可以说，"红墙意识"根本中的根本、核心中的核心，便是忠诚。

3. "红墙意识"的典型表现

多年来，西城区的干部群众自觉认同"红墙意识"、积极强化"红墙意识"、大力践行"红墙意识"，以自身的实际行动对什么是忠诚、如何才算绝对忠诚作出了生动的诠释。

"距离红墙这么近，就要做红墙的忠诚守护人"。生活和工作在首都功能核心区的西城区干部群众都有着独特的"红墙意识"，而活跃在街头巷尾的专职和义务基层治理工作者就是其中的代表。

专职基层治理工作者，既包括社区有关工作人员，也包括派出所民警。在中南海的西侧，红墙外仅仅一街之隔，坐落着"中国第一所"——西城公安分局府右街派出所。特殊的区位意味着特殊的使命与责任，该所担负着的是维护中南海周边治安秩序、处置突发事件和警卫中央领导安全等重要任务。作为府右街派出所的一员，外勤中队中队长聂建春的岗位就在府右街与复兴路交叉口东北角一带，站岗、巡查、维护治安是他工作中的常态。虽然有些枯燥，但是随时都要全神贯注，做好应对各种突发状况的准备。2015年的一个冬夜，一名携带管制刀具的精神病患者突然企图穿越警戒线，正在执勤的聂建春迅即上前，示警、前扑、下刀、制伏……一连串的动作令人目不暇接，30秒内便控制住局面、消除了隐患。"练功千日，用在一时"，聂建春深谙其中的道理，因而他说，作为一名"红墙卫士"，只有练就过硬本领，才能肩负起神圣使命，履行好"红墙"的忠诚守护人职责。现在，西城公安分局党委已将聂建春所在的岗位命名为"红墙卫士先锋岗"，而像聂建春这样的"红墙卫士"，西城区"双拥办"仅2017年就从驻军和武警部队中评选出了55名。忠诚坚守、默默奉献，是"红墙卫士"永恒的信念，如果不把忠诚两个字刻在心头，这份平凡而又神圣的工作他们是干不好、也干不长久的，而有这样一批忠诚勇武的"红墙卫士"兢兢业业恪尽职守，党中央才会放心，人民群众也同样才会放心。

义务基层治理工作者，最值得一提的是那些身穿红马甲、臂挂红袖标、头戴小红帽的西城大妈们。她们的年龄大多在 58 岁到 65 岁之间，是实名注册的平安志愿者。据统计，目前西城大妈整个群体有近 8 万人，是一支不可小觑的群防群治力量。西城大妈讲政治、爱红墙、热心肠，尤其是她们"全身一片红"的经典穿着，成为整个西城区 50 多平方千米范围内一道独特的风景。"我们离党中央最近"，这是西城大妈们常说的一句话，而在这句话的背后，体现和反映的是她们浓重的"红墙意识"与自觉维护和谐稳定社会局面的责任担当。别看西城大妈们大都年过半百，但都爱岗敬业、尽职尽责——寒风中，她们巡查在街巷；骄阳下，她们忙碌在社区；每逢举办重大活动和召开重要会议，她们都积极行动起来，各就各位，为维护首都安全、社会稳定贡献自己的一份力量。近年区街发生的许多起案件都是由她们发现和协助民警破获，仅 2016 年一年由她们提供的各类违法线索就达上万条。可以说，西城大妈为平安北京建设作出了突出贡献。现如今，曾经习惯于用脚步丈量街巷的西城大妈们与时俱进，搭上了互联网的快车，建立了微信、微博、微视频和客户端这"三微一端"新模式。相信有了这些现代化的工具和手段，如虎添翼的她们一定能够在今后的首都基层治理中发挥更大的作用，把"红墙意识"中的忠诚和担当演奏得更加动人和响亮。

二 "朝阳群众"的见义勇为

无独有偶。在北京中心城区范围内，西有践行"红墙意识"的西城大妈，东有嫉恶如仇、见义勇为的"朝阳群众"。众所周知，近些年来，在地处北京中心城区东部的朝阳区，活跃着一个就人数而言相当庞大的群体，这便是"朝阳群众"。随着一桩桩涉嫌犯罪的"黄、赌、毒"案件，以及其他各种扰乱社会秩序、损害公共利益乃至国家安全的违法犯罪线索的发现、举报和惩处，该区范围内无所不在、神通广大的"朝阳群众"更是声名远播，以致于很多网友不无幽默地将其与美国中央情报局（CIA）、苏联克格勃（KGB）、以色列摩萨德（MOSSAD）和英国军情六处（MI6）相提并论，名之曰"北京朝阳群众"（BJCYQZ），戏称之为"世界第五大王牌情报组织"。那么，"朝阳群众"究竟是由哪些人组成的一个群体？他们有何能量、发挥了怎样的作用，作出了怎样的贡献，以致于令一向挑剔的网友都不得不为之叹服？下面就此简要加以陈述。

1. "朝阳群众"的人员构成

在正面介绍"朝阳群众"的人员构成之前，有必要先把朝阳区的基本情况作一番简要的背景性陈述。朝阳区是全北京市16个行政区和6个中心城区当中的一个。2016年的统计数据显示，该区面积为471平方千米，常住人口为385.6万人，面积和人口均居6个中心城区中的第一位。改革开放40年来，朝阳区的经济社会和各项事业一直以较快的速度向前发展，并保持着良好的成长性和发展态势。目前，这里有全国闻名的CBD，聚集着绝大多数的外国驻华大使馆，还有 1990 年亚运会和2008 年奥运会的主会场，以及北京的夜色中心三里屯。当然，作为首都的一个充满生机与活力的新城区，这里不乏高档住宅区和大型时尚购物广场，因而一直是明星大腕在北京的热门聚居地。此外，诸如中日友好医院、安贞医院等权威医疗机构，中国传媒大学、中央美术学院、对外经贸大学等知名高等学府，国家奥林匹克中心、北京工人体育场、北京工人体育馆等大型体育场馆，均坐落于朝阳区。

朝阳区地域面积大、流动人口多，因而社会综合治理的难度也相应增加。不过，生于斯、长于斯的朝阳人一向具有强烈的主人翁意识和精神，具有为党分忧、为国献力的光荣传统，具有嫉恶如仇、见义勇为的优秀品德。早在 1974 年，朝阳民兵就曾配合公安民警干了件轰动一时的漂亮事——当场抓获苏联间谍。据 1974 年 1 月22 日出版的《人民日报》刊发的题为《苏联间谍落网记》的文章描述，一个星期之前的 15 日晚 9 点多，苏联驻华大使馆一等秘书马尔琴柯夫妇、三等秘书谢苗诺夫夫妇和武官处翻译科洛索夫共 5 个人乔装打扮后驾车来到太阳宫公社的西坝河附近，谢苗诺夫与科洛索夫两人下车后徒步走到桥下，悄然等待。时隔近半个小时，苏联派遣特务李洪枢和他的同伙来到桥上，对过暗号之后便也钻进桥下。正当这 4 个人躲在阴暗角落里进行情报交接的时候，早已埋伏起来的朝阳民兵同公安民警犹如神兵天降，从四面八方齐奔西坝河桥下，把苏联间谍抓了现行，间谍设备和经费以及各种票证、窃取的情报资料等一并缴获。这在当时，是令全世界都为之惊诧的一件事。进入 21 世纪之后，在加强社会综合治理的时代要求和氛围下，嫉恶如仇、见义勇为的朝阳人以主人翁的姿态争先恐后地加入到这一正义事业当中，到 2013 年便汇聚成为一支颇具规模的"朝阳群众"队伍。近几年间，随着"朝阳群众"知名度的不断提升，队伍的成员数量也在持续增加。警方提供的统计数据表明，截至 2017 年底，朝阳区实名注册的"朝阳群众"已达 14 万余人①，相当于每平方千米就有近 300 名实名注册的"朝阳群众"，或者说每 100 名常住人口中就有 3.6 人是实名注册的"朝阳群众"。

这么蔚为壮观的一支"朝阳群众"队伍具体是由哪些人构成呢？大致说来，其成员主要是治安志愿者、党员巡逻队、专职巡逻队、义务巡逻员、治保积极分子这五部分人。当然，这五部分人彼此之间并不是截然分割的，"一身二任"甚至"身兼数职"的情况并不少见。此外，尚未实名注册的那些社区干部、流动人口管理员、实有人口管理员、楼门长、物业收费员、保洁员、抄表员、小卖部老板、电梯工、维修工、房产中介、废品收

---

① 《"朝阳群众"人数去年达 14 万余人》，《新京报》2018 年 1 月 29 日。

购人员、其他志愿者等，事实上不少人也在从事着"朝阳群众"所做的工作，因而也属"朝阳群众"的重要组成部分。如果把这些人计算在内，那么"朝阳群众"的队伍规模就更加庞大了。可见，"朝阳群众"绝对是实施群防群治、落实基层治安综合治理的一支浩浩荡荡且能征善战的生力军、主力军，是充满正能量、铁肩担道义的正义之师。

2."朝阳群众"的工作开展

"朝阳群众"虽然就数量而言是一个庞大的群体，但是他们基本的工作方式却并非仗着"人多势众"搞"大兵团作战"，而通常是化整为零，以小团队乃至单兵作战的形式开展工作，力求对各公共场所和区域实现全覆盖；与此同时，他们也不是大张旗鼓地渲染气氛制造声势，而基本上都是借着休闲娱乐或者公益服务之类的事由或身份，冷静观察周围的情况，随时准备发现可疑目标、跟进锁定对象和向警方报告线索。"朝阳群众"几乎是"幽灵"一般的存在——在小区门口下棋的大爷、在广场上跳舞的大妈、在公园里健身的老师傅、在菜市场买菜的阿姨，以及商场或超市里身穿制服的保安、十字路口戴着袖章维持交通秩序的引导员等，他们看似陶乐于自己的兴趣爱好、专注于自己担负的职责，其实都无时无刻不在用余光"扫描"着视域内过往者的一举一动，只要发现异常，就会追踪、取证、报告，直至协助处理。

"朝阳群众"嫉恶如仇、见义勇为，功绩卓著、威名远扬，并且形成了与朝阳警方的良性互动和密切配合，朝阳警方也为他们更好地开展工作积极提供相应的便利、支持和激励。2017年3月31日，经过两个月的试运行，朝阳警方正式推出"朝阳群众APP"，而提供违法犯罪线索的"掌上"途径、搭建"智慧公安"服务群众的互动平台，可以说是"朝阳群众APP"两个最大的特色和亮点。成功注册之后登录"朝阳群众APP"，根据页面提示，可以将文字、图片或视频等线索，在添加完毕后点击"发送"键，即可实现"一键举报"。毫无疑问，有了"朝阳群众APP"这一利器，"朝阳群众"工作起来干劲会更足、效率会更高，首都的平安从而也就更增加了一重保障。

3."朝阳群众"的突出贡献

近5年来，嫉恶如仇、见义勇为的"朝阳群众"凭借一次次漂亮的出手和诸多手到擒来的战果，已在首都乃至全国造成了极大的影响，形成了极高的知名度。

"朝阳群众"发现涉黄线索及时举报，协助警方抓获了多名卖淫嫖娼人员。比如2013年8月23日，朝阳警方根据群众举报，在安慧北里一小区将进行卖淫嫖娼的薛某（男、60岁）、张某（女、22岁）抓了现行。从此开始，"朝阳群众"的出镜频率与蹿红速度直线飙升。再如2017年5月，71岁的王大妈经过多日的连续观察，发现小区新入住的一个青年男子总也不上班，白天晚上时不时地进进出出，并且一日三餐都是订外卖，而送餐员每次都要送来七八份饭菜。王大妈断定其中必定有问题，遂报告社区民警。警方侦查发现，青年男子租住的房屋实为一个卖淫窝点，他负责从网上招揽"生意"，6名卖淫女则足不出户、接待嫖客。于是警方迅速出击，当场抓获嫌疑人15人，一举捣毁了该卖淫窝点。王大妈因举报有功而受到了表彰和奖励。

　　"朝阳群众"发现的涉毒线索更多，很多吸毒贩毒人员都栽在了他们手里。在这些吸毒人员中，不乏艺术圈中的知名人士，比如2014—2016年，就有李代沫、张元、宁财神、张耀扬、高虎、尹相杰、房祖名、柯震东、毛宁、傅艺伟等多人因吸毒或涉嫌容留他人吸毒而被"朝阳群众"举报，警方将他们一一抓获。2015年1月，"朝阳群众"找到当地警方，举报其一位男性邻居每天昼伏夜出、行动鬼祟，很像吸毒分子。警方接报后立即展开侦查，数日之后确认该男子有涉毒嫌疑，遂采取措施将其控制起来，同时从其家中起获了30多克冰毒。根据该男子的交代，警方随后顺藤摸瓜，抓获了他的两名"上家"，成功破获了一个吸贩冰毒的网络。同年6月，某崔姓女子伙同其李姓男友花10万元购入1公斤毒品进京倒卖，"朝阳群众"得知后立即向警方举报，公安机关迅速出警，在京立足未稳的崔某、李某因涉嫌非法持有毒品而被依法刑事拘留。"朝阳群众"走到哪里，都是一身正气、见义勇为。2016年3月27日，福建省厦门市同安区警方接到一起报案，说是在翔安区马巷镇五星村元威殿夫人宫巷子口有人进行毒品交易。同安警方迅速出动，不久即成功抓获了3名贩毒和吸毒嫌疑人。事后警方在通报案情时表示，举报线索来自北京市朝阳区的一位游客。

"朝阳群众"还发现和举报了多起涉扒、涉枪等案件。2017年11月的一天，李军在北三环附近一家商场购物时，发现3名男子鬼鬼祟祟地站在商场大门外，相互使了个眼色后便朝着一名女子尾随而去。直觉告诉他这3名男子肯定不干好事，随即打开手机把他们的体貌特征拍下来，上传到"朝阳群众APP"。朝阳警方接报后暗中展开侦查，其后不久，这个扒窃团伙就被警方抓了个现行，3名团伙成员均被刑事拘留。我国法律明文规定禁止私人持有枪支，但是仍有人无法无天、触碰法律底线。2015年4月下旬，王某因持有枪支而被"朝阳群众"发现并举报。警方迅速出警，将嫌疑人王某抓获，同时在其住所起获了左轮手枪及子弹。5月中旬，王某因涉嫌非法买卖枪支罪被依法刑事拘留。

2017年的统计数据表明，朝阳警方共接到"朝阳群众"举报的有价值线索8300多条，根据这些线索共破案370多件，拘留250多人，消除各类安全隐患390多起。嫉恶如仇、见义勇为、一身正气、不图名利的"朝阳群众"能量竟是如此之大，难怪长城内外、黄河两岸、大江南北到处都在传扬他们的故事，中央电视台也曾给予特别的关注，提名其为法治人物候选人。

第三章 爱国为民：北京红色文化的内在传统

中华民族五千年的发展历程沉淀了深厚久远的爱国历史，形成了历久弥新的爱国传统。特别是自近代以来，面对国家危难、民族危亡的严峻局面，中华儿女前赴后继，经过百余年艰苦卓绝的伟大斗争，终于在中国共产党的领导下实现了民族独立、人民解放。在开展革命、谋求解放的进程中，北京这座古老的都城，亲眼见证了五四运动、一二·九运动、七七事变、中华人民共和国成立等一系列重大事件的发生，亲身感受了古老神州在中国共产党领导下所焕发的勃勃生机。在积贫积弱的旧中国，身在北京的中华儿女为实现民族独立、人民解放抛头颅、洒热血，作出了巨大的贡献和牺牲；中华人民共和国成立后，北京的优秀儿女又满腔热忱地投入到报效国家、建设首都的光辉岁月中。在党的领导下，北京这座曾经等级森严、宫苑幽深的封建皇都一变而为人民的城市，不仅实现了由人民管理、对人民负责、为人民服务的角色转换，而且作为人民共和国的首都，它在服务人民的实践中获得了新的生命、创造了新的价值。当前，中国特色社会主义已进入新时代，作为人民共和国的首都和人民的城市，北京无疑肩负着更加光荣也更加神圣的使命。对北京来说，要想在新时代取得新发展，就必须在继承弘扬北京光荣传统的同时，更加坚定地以习近平新时代中国特色社会主义思想为指导，进一步树立人民至上的思想观念，努力使以人民为中心的发展理念在京华大地形成生动实践。

第一节 爱国传统的发扬：从五四运动到开国大典

"长梦千年何日醒，睡乡谁遣警钟鸣？腥风血雨难为我，好个江山忍送人！万丈风潮大逼人，腥膻满地血如糜；一腔无限同舟痛，献与同胞侧耳听。"这是爱国志士陈天华所著《警世钟》的开头诗。诗中描绘的场景，正是近代中国真实的国运写照。自 1840 年鸦片战争开始，西方列强用坚船利炮打开了中国的国门并在中华大地上争夺势力范围，从此，中国由一个封建的主权国家逐渐沦落成为半殖民地半封建社会。半殖民地半封建的社会性质决定了近代中国革命的任务必须建立在反对帝国主义的民族革命和反对封建主义的民主革命两个方面。作为清王朝的国都和民国时期的重要城市，北京与近代中国的命运紧密相连，因而北京人民持久深入的反帝爱国斗争也鲜明地体现了反帝反封建的革命诉求。

一　五四运动前北京爱国传统的发扬

爱国救亡是近代中国最鲜明的主题，也是近现代北京发展变化的主线。因其特殊的政治地位，北京见证了各个阶层的爱国人士开展的各种救亡运动，虽然这些爱国救亡运动最终无不以失败告终，但是其"筚路蓝缕，以启山林"的积极意义依然为新民主主义革命的胜利作了正反两方面的经验启示。

1895 年 5 月，当《马关条约》签约的消息传至北京，正在北京参加科举考试的康有为联合同在应试的 18 省 1300 余名举人在松筠庵集会。举人们联名上书光绪皇帝，反对朝廷批准丧权辱国的《马关条约》，公开提出拒和、迁都、变法的主张，这便是有名的"公车上书"。"公车上书"是中国近代史上爆发的第一次集体性学生运动，它的发生反映了中国知识分子群体的觉醒，标志着新式知识分子群体作为中国近现代史上一支重要的政治力量登上了中国政治舞台并产生重要影响。此外，"公车上书"的发生还凸显了"国家"之于国民的意义，它意味着"国家"的概念和现代爱国主义思想已经形成，反映了中国知识分子已开始摒弃"知有天下而不知有国家""知有一己而不知有国家"① 的愚昧认知，认识到世界的发展变化和国与国之间竞争的激烈和残酷。这一切，既推动了"公车上书"的发生，又在"公车上书"的影响下得到了进一步发展。

帝国主义国家的侵略加深了中国的民族危机，1900年，以"扶清灭洋"为号召的义和团运动在中国北方蔓延开来。农历五月初，义和团进入北京，受其影响和感召，北京城内的仆人、车夫等社会下层人士乃至达官贵人纷纷入团。清政府出于操纵、利用义和团的政治私心，对义和团采取了安抚政策，并鼓动义和团攻打外国使领馆和西什库教堂。虽然义和团在诸次战斗中英勇抗敌，但是因其无法认清真正的敌人，最终在中外反动势力的绞杀下归于失败。义和团运动的失败证明了农民阶级无法单独领导中国革命走向胜利，但它的积极意义在于，义和团运动展现了在国家危难、民族危亡之际，社会底层人民爱国意识的觉醒和他们朴素爱国思想的表达，因此，虽然他们的救国道路以失败告终，但北京却见证了包括义和团在内的社会底层人民的觉醒和英勇抗敌的爱国壮举。

在底层民众逐渐觉醒的同时，统治阶级中开明分子的爱国主义情感也在升温。1901年，沙皇俄国企图趁辛

---

① 梁启超：《饮冰室合集》专集第 3 册，中华书局 2015 年版，第5003 页。

丑国难后清王朝国力虚弱、自顾不暇之时侵占东北。消息一经传出，全国上下迅速掀起了声势浩大的拒俄运动。在北京，京师大学堂的学生们面对国家即将被瓜分的危险，纷纷"登台议论，思筹力争善策"，言辞慷慨激愤之时，"全班鼓掌，有太息者，有流涕者"，"各教习、各职事员均在座点头叹息"①。据《大公报》报道，此次会上，京师大学堂的师生拟通过"一、各省在京官绅告电该省督抚电奏力争；二、全班学生电致各省督抚，请各督抚电奏力争；三、全班学生电致各省学堂，由各省学堂禀请该省督抚电奏力争；四、大学堂全班学生上禀管学代奏力争"②共四个方面的举措向清廷施压，表明立场和态度。在师范生谷钟秀执笔起草的《京师大学堂师范、仕学两馆学生上书管学大臣请代奏拒俄书》中，大学堂学生表示："国家之设学也，专以养成忠君爱国之思想为目的。今当危急存亡之秋，间不容发，譬如一家火起，父兄长老皆焦思疲力以求一熄，而少而壮者乃袖手旁观，而以为不与己事，岂尚复有人心也耶！"③而在《苏报》1903 年 5 月 20 日刊登的《京师大学堂学生公致鄂垣各学堂书》中，京师大学堂学生希望湖北武昌

①　杨天石、王学庄编：《拒俄运动 1901—1905》，中国社会科学出版社 1979 年版，第 145 页。

②　同上书，第 145 页。

③　同上书，第 148 页。

各学堂师生奋起抗争，强调指出："某等与诸兄同为中国之人，当事中国之事。明知此举无济大局，与其坐而亡，不如争而亡，庶海外各国见中国尚有士气也！……此事万不可迟，务速联名转请端兼督力阻政府，毋将东三省予俄，是为至要！"①

与全国其他地方的抗议主体主要是新式学生、知识分子和新兴资产阶级不同，作为国都和清王朝的统治中心，北京尚处于封建势力的统治之下。但是我们看到，即便是在封建统治的大本营和统治阶级内部，以京师大学堂师生为代表的社会中上层中的开明人士也逐渐分化出来，加入到了抗争的行列。他们的抗争鲜明地表达了爱国主义的思想情感。京师大学堂师生有感于国家的危亡，力图振奋精神救国救亡。虽然他们在"上达天听"的奏疏中不得不先行表示"夫以皇太后、皇上之明圣，加以政府诸臣之老成，计周虑密，何烦生等喋喋哉"②，但继之则是提请清廷深思"神州陆沉，四海为鱼，我列圣在天之灵，其将何以为情"③，进而强烈要求"各督抚电奏力争"和"各省学堂禀请该省督抚电奏力争"，这

---

① 杨天石、王学庄编：《拒俄运动 1901—1905》，中国社会科学出版社 1979 年版，第 154—155 页。

② 同上书，第 151 页。

③ 同上书，第 152 页。

无疑又表明，面对外敌的入侵，统治阶级内部出现了不同的认识，而以大学堂学生为代表的新生力量无疑更加富有爱国热情。

及至辛亥年间，全国的革命形势进一步高涨。特别是辛亥革命爆发后，革命形势席卷大江南北，清廷在全国的统治迅速土崩瓦解。此时的北京虽然尚处于清王朝的掌控之下，但是革命的因素在迅速增长。在通州，以王治增为代表的一批进步分子因不满清政府对内残暴统治、对外卖国求荣的行径，于是在通州、宁河、丰润一带秘密发展进步力量、广泛联络革命同志，并成立了铁血会，专事准备革命起义，谋求推翻清政府的腐败统治。1912 年初，受河北滦州起义影响，王治增等积极与河北革命同志相联络，并计划于 1912 年 1 月 18 日兵分三路举行起义，目标直指紫禁城。可惜的是，由于起义计划遭到泄露，1 月 15 日，提前获知消息的清政府调遣清军二百余人包围了张家湾，逮捕了王治增、蔡德辰、王丕丞、张雅堂等骨干分子，并迅速将他们处决。潜伏在城内引为接应的革命志士听闻起义失败的消息，决定孤注一掷刺杀袁世凯，但是他们的计划也未能取得成功，受到震惊的袁世凯将革命志士张先培、黄之萌、杨禹昌逮捕并处决，通州起义最终以失败告终。这场起义虽然失败了，但它是在武昌起义爆发的大背景下于北京近郊发生的一场革命起义，起义给清王朝统治阶层造成了巨大的震动。尤为可贵的是，对于革命志士来说，他们明知在清王朝统治的心脏地带举行起义必将面临孤军奋战的不利局面，但是他们并不畏惧，即便在起义失败被捕后依然视死如归，展现出了豪迈的革命英雄主义气概。正因如此，民国成立后不久，1912年9月，正在北京的孙中山亲临参加了通州起义烈士的葬礼，表达了对革命烈士的崇高敬意。

面对"三千年未有之大变局"，近代北京的仁人志士始终秉持爱国主义的思想理念，展开了轰轰烈烈的爱国救亡运动。虽然这些救亡运动无不在一定程度上打击了保守势力、壮大了进步力量，但它们并没能将中国从水深火热的悲惨状态中解救出来。这也意味着，仅有革命的行动而无科学的革命理论作指导，尤其是欠缺了能够将科学的革命理论转化为革命实践的先进阶级的领导，革命是无法取得最终成功的。而这一状况的根本性改变的起点，就是五四运动的爆发。

二 爱国主义与五四运动：对内对外两条斗争路线的形成

1918年11月，第一次世界大战以德、奥同盟的失败告终。英、美、法、日等战胜国商定于1919年1月在巴黎召开和平会议。由于在"一战"期间北洋政府声明对德宣战，因此也获邀以战胜国身份参加和会。基于这一前提，加之时任美国总统威尔逊提出了保护弱小国家的主权独立和领土完整的政治表态，使得国内不少人士幻想通过此次和会收回被割让的领土、恢复国家主权。但是，和会的进程并未像中国知识人士所幻想的那样——事实上，在这次和会上，"中国以战胜国的资格参加会议，得到的是战败国的待遇"①。特别是和会将德国在山东青岛的权利转交给日本的决定更是激起了国人的愤怒，同时也彻底打碎了国人对帝国主义心存的幻想，进而唤醒了蕴藏在人们心中的爱国热情。

图1　五四运动

　　巴黎和会中国外交失败的消息传至北京，最先点燃的是学生的爱国热情。5月3日晚，包括北大、高师、工专、法政等校的学生在北大法科礼堂集会，进步记者

---

　　①　宋柏主编：《北京现代革命史》，中国人民大学出版社1988年版，第15页。

邵飘萍介绍了中国在巴黎和会外交失败的经过，号召爱国学生奋起救国。正是在这次会议上，与会学生作出了包括 5 月 4 日开展游行等一系列抗争的决定。

1919 年 5 月 4 日中午，北大、高师、工专、农专、法政、朝阳大学等学校的 3000 多名学生在天安门集结后，步伐整齐地向东交民巷使馆区进发。在受到北洋政府军警阻拦之后，愤怒的游行队伍派出学生代表前往各国使馆递交信函，大部队则转向时任北洋政府交通总长曹汝霖的住处赵家楼，痛打了正在曹宅的驻日公使章宗祥并火烧了赵家楼。北洋政府闻讯后，出动大批军警逮捕游行学生。面对北洋政府的镇压，5 月 6 日，北京中等以上学校学生联合会宣告成立。联合会组织学生走上街头，公开要求释放爱国学生、惩办卖国汉奸，并采取了总罢课、组织讲演团和义勇队等措施与北洋政府进行斗争。6 月 3 日起，北京 20 多所学校派出近百名学生组织讲演团，展开了大规模的反帝爱国宣传。北洋政府随即出动大批军警，在当天将 170 余名爱国学生拘禁于北大法科之后，又于 6 月 4 日拘禁了 800 余人。一时之间，北大几乎沦为监狱。反动军警的镇压激起了爱国学生和知识阶层的强烈反抗，也唤醒了其他城市的爱国力量，更促成了工人阶级的觉醒。6 月 5 日，上海日资纱厂工人举行罢工，声援北京学生的爱国运动。紧接着，印刷、纺织、面粉、机器等工厂的工人也行动起来，以罢工的方式声援北京爱国学生。工人阶级的觉醒意味着五四运动由一个起初仅由知识分子参加的革命运动发展成为全国各阶级共同参与的反帝爱国斗争。各个阶级的联合特别是工人阶级走上斗争舞台，空前地壮大了爱国进步力量。在汇聚起来的多种爱国力量的强大压力之下，北洋政府不得不退让，罢免了曹汝霖、陆宗舆、章宗祥的职务。与此同时，在巴黎的华工和留学生也有力地影响了中国代表团，迫使他们放弃在巴黎和会上签字。

可见，五四运动所展现的一个鲜明特点，就是对北洋当局展开不妥协的斗争。不论是北京的爱国学生、知识分子，还是上海的工人阶级，乃至其他城市各行各业的爱国者，都以不同的方式向北洋政府施加了强大压力。从这个意义上说，他们的斗争目标都是国内的统治当局，最终目的则是阻止北洋政府在巴黎和约上签字，并寄望于通过拒绝签字收回中国失去的部分主权。

鉴于巴黎和会的国际性质，中国的爱国人士在对内同北洋政府展开斗争的同时，也积极寻求在国际外交舞台上表达正义的声音。前文述及，在五四当天，受阻于东交民巷的游行队伍推举北大学生罗家伦等人为代表求见美、英、法等国公使。在求见未果的情况下，学生代表转而请使馆官员代为收转北京学生关于山东问题的信函。虽然英、法等国使馆予以回绝，但是美国使馆官员接取了信函。在呈交美国公使的信函中，学生们一方面严词拒绝承认日本侵占山东的合法性，坚决要求把山东交还给中国，指出："如不直接交还中国，则东亚和平

与世界和平，终不能得确切之保证"；另一方面则把
"维护公理"的希望寄托于美国，表示"吾国与贵国抱
同一主义而战，故不得不望得到贵国之援助，……于和
平会议予吾中国以同情之援助"①。

在五四期间，北京学生联合会还向日本国民发表了
《北京学生告日本国民书》，该书开篇以"掬诚以告日本
国民"表示说："自贵国军阀以诈力强夺吾山东权利，
吾国民为自卫生存，并谋东亚和平起见，不得已起而反
抗。……中日两国国民地位相同，利害一致，吾国民谓
欲谋东亚真正之和平，中日两国间真正之亲交，首在促
贵国国民之觉醒，共起而反抗侵略主义。"该书自始至
终都以沉稳的语气和入情入理的分析，揭露日本军阀霸
占山东、灭亡中国的险恶用心，指出其已经令日本国家
陷于失道寡助的境地，如果听任他们一意孤行，必将会
对日本的经济、社会造成严重后果。该书最后明确指出：
"贵国之安危，全在贵国国民之自择。……为贵国国民
之名誉之利害之道德计，均莫善于放弃山东问题。"②

除青年学生的爱国举动外，北京的专门性外交团体
也采取了一系列措施，试图挽回败局和获得国际舆论的
同情。比如，巴黎和会期间成立的以研究外交政策、制
衡和反对亲日外交为目的的国民外交协会，在五四运动

---

① 《五四爱国运动资料》，科学出版社 1959 年版，第 42 页。
② 同上书，第 285—291 页。

前后开展了大量工作。1919 年 5 月 1 日，山东问题形势危急的消息传回国内，国民外交协会即致电英、美、法、意四国领导人，明确表示："德国在山东省所攫得之权利，吾等再行要求直接归还中国。中国由历史的神圣之山东省，逐出德人而任日人侵占，中国又何故而加入协约国耶？此次之和平会议，究竟是为公理而来乎，抑为强权而来乎？……吾等恳愿诸公造成大公的和平，勿使大乱发生。和平条约中如许日本在山东省有权利者，吾等绝不承认。若以强力压迫，我国四万万人誓以全力抵抗，并诉诸世界之舆论。"① 两天后，国民外交协会召开全体职员会，作出"向英、美、法、意各使馆申述国民之意见"等数项决议。伴随着五四运动向纵深发展，国民外交协会在开展外交活动方面不断推出新举措。面对不断危急的形势，国民外交协会一再发表严正声明，敦促和会修改严重伤害中国人民利益和感情的各项不公正决定。巴黎和会决定将山东权利交与日本的消息传来之后，国民外交协会又立即发出《致英、法、美各国国会电》，表示："巴黎和会竟将山东交由日本处置，华人全体异常激昂，吾人主张应直接交还中国。"②

　　除国民外交协会外，1918 年成立于北京，以"联合

---

① 《五四爱国运动资料》，科学出版社 1959 年版，第 270 页。
② 《致英、法、美各国国会电》，《申报》1919 年 6 月 12 日。

全国法定团体、促进南北和平统一"① 为宗旨的全国和
平联合会，也于5月上旬致电美、英、法、意四国的总
统、首相或总理，指出山东问题的处理办法不符合国际
法条款——"诚依国际法中敌国条约以宣战消灭而判断
之，则青岛当然直接归还中国，毫无异议"；而"以一
九一五年之协约，及一九一八年之密约为口实，而任其
夺取山东权利者，则是扶助强权，而压迫公理，殊与诸
公和会最初之宗旨背驰。吾人感此痛苦，内则必诉诸全
国人民，外则必诉之万国舆论，有以国敝不能从也"②。

北京各高校的学生除了组织游行、参与有关的联名
对外致电外，还曾以各自组织的名义对外展开外交活动。
如北京学生联合会曾致电巴黎和会各国代表，声言和会
关于山东问题的处理"不特敝国人民万难承认，亦且违
反贵会主旨"，故"竭诚呼吁，惟贵会图之"③。全国学
生联合会致书日本黎明会，指出"持侵略政策者，为日
本军阀派政府，日本人民无与也。……我中日两国人民，
本无深仇宿恨，徒以两国军阀政府之狼狈要结，遂致互
相嫉视。苟一日不解脱此万恶之军阀，则两国人民，永
无亲善之望。各欲解脱其军阀政府，则非互助不可。"
书中还说："欧战以来经济上贵国之所得，不可谓不多，

---

① 张宪文、方庆秋等主编：《中华民国史大辞典》，江苏古籍出版社
2001年版，第731页。

② 《和平联合会致巴黎和会电》，《民国日报》1919年5月9日。

③ 《五四爱国运动资料》，科学出版社1959年版，第272页。

其结果徒长官僚财阀等之骄奢淫逸而已。夷考社会状态，则物价腾贵，米粮缺乏，一般人民之生活，乃愈趋艰窘。……吾侪不敏，窃为贵国人民鸣其不平。贵会诸君，为社会之先觉，尚愿振其道铎，促贵国人民，当机立断，根本铲除此二十世纪不祥产物之武断主义、军阀主义。"①

作为首都，北京具有开展外交活动的天然优势，特别是随着新式知识分子群体的形成和力量的壮大，国民外交在近代外交史上更是发挥了前所未有的重要作用。事实上，在五四运动期间，外交战场的抗争与国内反北洋政府的斗争一道，共同构成了五四爱国运动的完整形态。从这个意义上说，五四爱国运动是由对内斗争和对外斗争两条路线组成的，其中对内斗争是基础和主体，对外抗争是延伸和补充。对于北京来说，作为北洋时期的首都和当时的政治、文化中心，五四运动爆发于北京是必然的。从这个意义上说，北京受五四运动的影响最大、受五四精神的洗礼也最深。基于这一深刻影响，我们才可以理解，为何五四运动后马克思主义能够迅速在北京、在中国传播开来，为何李大钊等革命先贤能够较早地转变成为马克思主义者，以及中国共产党的早期组织为何能迅速在北京发展壮大。因此，如果说五四运动给中国留下了弥足珍贵的精神遗产，那么对于北京来

---

① 《五四爱国运动资料》，科学出版社1959年版，第282—283页。

说，在当时的情况下，它使北京较早地接触到了马克思主义，较早地建立起中国共产党的北方组织，从而真正改变了中国革命的发展进程，也使北京奠定了其在新民主主义革命史上的重要地位。

三　爱国主义与一二·九运动：国共思想战线胜负的显现

如果说 1919 年的五四运动以其伟大的功绩和影响为中国共产党的诞生奠定了思想和组织基础，那么 16 年后即 1935 年北平一二·九运动的爆发则实质上宣告了国共两党在思想领域和意识形态战线的胜败。

类似于五四运动因爱国而起的成因，一二·九运动的爆发同样有着深刻的爱国因素影响。1928 年 12 月，东三省易帜标志着国民党完成了形式上的统一，在迁都于南京的同时，北京也被改名为北平。然而，随着 1931 年九一八事变爆发、东三省沦陷，北平一夜之间沦为国防边塞。更严重的是，日本对东三省的侵占，使不满足于既得利益的日本帝国主义看到了国民党政权的衰弱，在吞并东北之后，日本帝国主义迅速将侵略的触角伸向华北。随着 1933 年《塘沽停战协定》、1935 年《何梅协定》的签订，特别是打着"自治"旗号、企图将华北从中国分割出去的"冀察政务委员会"的出台，华北形势急转直下。在这种情况下，北平民众特别是北平高校师生的爱国热情和救亡意识被迅速点燃，因此，奋起抗争就成为保卫华北、保卫中国的不二选择。

1935年12月8日，为反对和阻止"冀察政务委员会"成立，北平学联决定于12月9日举行请愿游行。12月9日一早，北平城内东北大学、中国大学、北平师大率先组织起来，喊出了中国共产党公开号召的"打倒日本帝国主义""反对华北自治""停止内战、一致对外"等口号。游行队伍从新华门出发，沿西长安街，经西单、西四牌楼、沙滩，一路行进到天安门。在此过程中，北京大学、辅仁大学、中法大学等校学生也加入了游行队伍，人数达到四五千人之多。而在城外，被军警阻挡在西直门外的清华大学、燕京大学等校学生也与军警展开了英勇斗争。面对敌人的高压水枪、皮鞭、棍棒等，北平的学生毫不屈服。12月14日，北平学联闻悉"冀察政务委员会"将于16日成立的消息，决定在16日当天再次举行游行示威。16日上午，北平师大、东北大学、燕京大学、北京大学、汇文中学等校学生分几路开赴天桥，在天桥召开了两万余人参加的学生和市民大会。游行学生愤怒谴责了国民党当局的卖国投降行径，号召全体爱国学生和广大市民奋起救国。虽然游行队伍与赶来镇压的军警发生了激烈冲突，但是爱国学生和广大市民掀起的巨大爱国浪潮还是迫使国民党当局推迟了"冀察政务委员会"的成立。

与此同时，一二·九运动和一二一六运动的外溢效应迅速显现。在上海，宋庆龄积极支持学生开展爱国运

图2　一二·九运动中的游行队伍

动，并汇款给北平学联，作为开展救国工作的经费①；上海文化界救国会的马相伯、沈钧儒、章乃器、陶行知、邹韬奋等300余人在联名发表的《抗日救国运动宣言》中也为北平的学生运动呐喊助威——"目下全国学生的爱国救亡运动的高潮，明显的是全国大众一致奋起救亡图存的先导。这一爱国运动正在开展中，钢铁般的民族阵线将由全国大众自动建立起来，形成不可辱的巨力"②。在海外，创办于巴黎的《救国时报》也表达了对北平学生运动的坚定支持。该报在函电中指出："诸君奋起救国，闻讯奋感。望坚持到底，促进全国工农商学

---

① 《一二九运动史》，北京出版社1980年版，第48页。
② 《一二九运动》，人民出版社1954年版，第156页。

大团结，一致抗日救亡，海外誓为后盾。"①

　　面对爱国学生出于救国救亡目的展开的抗争运动，国民党当局并没有作出令学生和爱国民众满意的举措。一二一六运动后，为消泯学生的爱国举动，南京国民政府首先宣布北平学联为非法组织，同时召集各校校方和学生代表前往南京"聆训"，进而要求北平各校提前放寒假，试图以此分化瓦解学生运动。但是，在中共河北省委、北平市委的领导下，经过游行运动的主要领导者彭涛、黄敬、姚依林、林枫等人商议，决定扩大学生运动的宣传范围，组织"南下扩大宣传团"前往农村唤起农民的爱国意识、宣传抗日救国的道理。1936 年 1 月，由北平学生和天津学生组成的"南下扩大宣传团"正式成立。该团分四路前往河北等地农村展开宣传，第一团有北京大学和东城各大中等院校，第二团有东北大学、北平师大、北平大学和西城、南城各类学校，第三团有清华、燕京、朝阳大学、辅仁大学等，第四团为天津高校的爱国学生。"南下扩大宣传团"的成立和开展活动，为抗日进步青年组织——中华民族解放先锋队（以下简称"民先队"）的成立打下了重要基础。

　　事实上，一二·九运动、南下宣传团、民先队的成立，三者时间相继、逻辑相通，参加南下宣传团的学生

---

　　①　转引自杨树先《"一二·九"运动的历史地位和作用》，《北京党史研究文集》，北京出版社 1989 年版，第 251 页。

皆是饱含爱国意识的进步青年，经过农村的艰苦历练，他们对于社会和国家有了更加清醒的认识，因此才可见得，在民先队建队之初，"全市'民先'共有五个区队、二十六个分队，队员三百余人，全部是参加南下宣传的学生"①。此外，民先队的一个显著特点在于，它坚定地将自己置于中国共产党的领导之下。民先队明确规定："'民先'的各级组织除了接受上级组织领导外，也要接受同级党组织的领导。分队以上干部的选举也是在党支部领导之下进行的。"②

一二·九运动、一二一六运动、南下宣传团以及民先队的成立，标志着北平的青年学生已经成规模、有组织地团结在中国共产党爱国救亡的旗帜之下。自 1935 年底至 1936 年，短短一年的时间，在故都北平爆发的一系列爱国学生运动已在实质上宣告了执政的国民党被"推下了政治的舞台"③，而中国共产党提出的爱国进步主张也因此获得了越来越多的青年学生和广大知识分子的认可和接受。因此，自抗日战争爆发后，包括北平青年在内的全国大批爱国进步青年从各地奔赴延安，又跟随党的脚步从延安走向全国，这一伟大征程的历史起点，就

---

① 孙广：《中华民族解放先锋队始末》，《学习与研究》1985 年第 12 期。

② 同上。

③ 周良书：《学生、政党与国家：近代中国发展的特殊逻辑》，《安徽师范大学学报（人文社会科学版）》2008 年第 4 期。

是 1935 年发生在北平的一二·九运动。

　　其实，一二·九运动爆发的原因并不复杂，爱国思想、救亡意识是其中的根本因素。有学者研究指出："除了极少数学生当时已参加了共产党或者思想左倾外，大多数同学纯粹是为挽救民族危机而参加运动的，……即便是一些后来加入共产党的学生运动领袖，在当时也并不是自觉的马克思主义者。"① 但是，这场运动之所以产生如此巨大的影响，甚至根本动摇了国民党在思想领域的统治基础，其中一个很大的原因与国民党当局未能正确认识青年学生的爱国情感有关。面对学生们并不过分的爱国请求，国民党当局不仅不予理解、体谅和响应，反而武断认定这是受到共产党"蛊惑"而采取的过激行为，因此选择了"扣帽子"和暴力镇压的方式相对待。此举不仅无助于民族危机的解决，反而激起了包括学生在内的北平各界人士甚至全国人民的强烈不满，当时就有人撰文讽刺说："紧急法令的颁布，断丧了救国学生的命运。许多热血的青年，加上个什么'赤'字，便被'传'去了。可是，说也奇怪，传去的学生全是作救亡运动的人！难道这些青年却都是不纯的份子？这真令人不能相信，……现在中国已危亡到这步，某些人不但不以为意，反而要将一班有血性的热血青年杀绝，真不知

---

　　① 欧阳军喜：《一二九运动再研究：一种思想史的考察》，《中共党史研究》2014 年第 2 期。

道他们是什么意思！更不知道中国是不是他们的祖国！"① 而参加了一二·九运动的青年学生内心的愤懑和痛苦就更加难以释怀，有参加一二·九运动的爱国学生曾极度失望地表示说："我想我们的运动完全是由于纯真的民族自觉意识所激起；因为不甘我中华民族的沦亡和坐待国命的摧折，我们才不得已起来作唤醒民众的自救运动。所以我们的运动实是爱国家爱我们同胞的表现。可是我们今天为了这种爱国家爱同胞的热忱而受到流血的压迫了，而此种压迫又正由我们自己的同胞所施予。同胞禁止同胞的爱国运动，古来有过吗？外国见过吗？这真是我中华民族今日特有的羞耻呵！"②

　　总之，以一二·九运动为标志，青年学生开展的爱国运动开始被纳入到中国共产党的领导之下，走上了与工农群众相结合的道路，这一转变是一二·九运动较之此前历次学生运动最为根本的不同之处和先进之处。因此，一二·九运动所产生的作用，对于新民主主义革命的胜利有着非同一般的重要意义。毛泽东就曾高度评价说："'一二·九'运动是伟大的抗日战争的准备，这和五四运动是第一次大革命的准备一样，'一二·九'推动了'七七'抗战，准备了'七七'抗战。'一二·九'是抗战动员的运动，是准备思想和干部的运动，是

---

①　清：《给同学们的一封信》，《大同周刊》1936 年第 3 期。

②　吴山马：《十二月十六日》，《独立评论》1935 年第 183 期。

动员全民族的运动"①。

四　爱国主义与卢沟桥抗战

1937 年夏，日本侵略者完成了对北平的军事包围。北平除了西南方向为中国守军第 29 军驻防外，其余据点皆被日军控制。位于北平西南的卢沟桥是北平的门户和兵家必争之地，因此，日本侵略者为达到占领北平、控制华北的目的，就必须在这一方向加以突破。于是，日本侵略者处心积虑地制造事端、发起挑衅。1937 年 7 月 7 日夜，日本华北驻屯军第三大队第八中队在卢沟桥附近演习，借口一名士兵失踪，向中国军队提出进入宛平县城搜查的无理要求。虽然北平当局保持极大的克制，同意了日本方面的要求，并指派宛平县长会同日军一道展开调查，但是日军以调查之名行挑衅之实，迅速撕下伪装的面具。当晚，日军便向卢沟桥发起了激烈的进攻，中国军队忍无可忍奋起反击，自此七七事变爆发，全民族共同抗战的序幕正式拉开。

守卫卢沟桥的中国军队第 29 军与日本侵略者展开了殊死战斗。虽然 29 军并非国民党嫡系部队，人员、装备较之日本侵略者均无优势，但是其官兵素有爱国精神，特别是由于驻守在抗日战场的最前线，该军对日本侵略者的挑衅"含垢忍辱，已非一天"，因而战斗欲望十分

---

① 《毛泽东同志演词节录》，《新中华报》1939 年 12 月 16 日。

图 3　守卫卢沟桥的中国军队

强烈。29 军第 37 师 219 团团长吉星文在面对记者采访时曾表示说："所谓予打击者以打击，实是一句至理名言！只要长官给我'相机处理'四个字的命令，我立刻率兵把丰台拿下，如果三小时内拿不下来，请杀我头！总之，我们早已抱城亡与亡、城存具存的决心，日军休想花极小的代价，而收极大的收获"①。而 29 军全体将士，在电复上海各团体的电文中也明确表示："本军受国家人民付托之重，保卫国疆，几不容辞。……凡我官兵，慷慨赴义，分所当然。"②

在与日军交火过程中，29 军以劣于对方的人数和装

---

① 《卢沟桥事变和平津抗战资料选编》，中共中央党校科研办公室1986 年版，第 195 页。

② 同上。

备，给予日本侵略者以巨大杀伤。据日军方面统计，南苑一役，日军死伤 400 余人；自 7 月 27 日至 8 月 3 日，日军在平津一带共损失 1230 人，其中军官 89 人。不过，29 军在杀伤敌人的同时也付出了较大代价：28 日，29 军 132 师师长赵登禹将军和佟麟阁将军先后阵亡；南苑一战，29 军后备军 1000 余人在日军飞机、大炮轰炸之下壮烈牺牲。

在 29 军与敌人殊死拼杀的同时，北平民众也给予爱国军队以鼎力支持。在抗战前线，北平民众舍小家、顾大局，以力所能及的方式为 29 军提供支援——"年老的当向导，青壮年抬担架、挖战壕、送子弹；妇女蒸馒头、烙饼、烧开水；七八岁孩子也端着水盆供二十九军战士磨刀，全城形成全民抗战的热潮"①。

日本帝国主义的入侵打破了北平民众原本平静的生活。面对突如其来的国破家亡、生灵涂炭的惨状，北平民众无不在悲愤之余抱定了与日本侵略者决一死战的信念——"人们的情绪是愤怒的，脸上却异常严肃、镇定、无畏"。有卢沟桥抗战的亲历者讲述了当时壮烈且令人感动的一幕："城里有小学生组织起来的募捐队，沿街募捐。农民祁文周身强力壮，积极参加了担架队，在转运伤员时，被一颗炮弹腾空炸起又摔在地上，左腿

---

① 《卢沟桥事变和平津抗战资料选编》，中共中央党校科研办公室 1986 年版，第 525—526 页。

被炸伤，但不叫一声苦，不说一声痛，却鼓励战士奋勇
杀敌。家家户户的妇女也都行动起来，替增援来的战士
做饭。我母亲为战士烙饼，刚烙好一大摞，又去取面，
一颗炮弹飞来，把做饭的棚子炸倒，烙饼也满地都是碎
块。我妈毫不犹疑，抹下脸上的灰尘，又转到邻居家去
烙。上了年纪的王均，提着开水冒着枪林弹雨送到城墙
上给战士喝。长辛店的工人把大批铁轨、枕木、麻袋赶
运到这里来，很快，城门洞、城墙筑起坚固的防御工事。
长辛店一带的农民，捐献粮食、甘草，出柴出工，帮助
挖战壕，修路送饭、抬伤员、运物资，……许多群众不
分白天黑夜，肩子磨肿了，脚掌磨起了泡，还照样
干"①。这就是我们深明大义、爱国爱家的北平民众！

　　与此同时，北平的学生们也积极行动起来。北平学
生救国联合会的成员携带着药品、食品和一万条用于修
筑军事掩体的麻袋来到前线支援抗战；中华民族解放先
锋队等四个团体则选派代表，打着红旗、抬着花圈前往
宛平县政府，为抗战殉国的将士召开追悼会，激励广大
爱国人士坚定抗战的决心。

　　作为文化名城，北平高校众多，在敌寇入侵的情况
下，各校爱国教师也纷纷采取行动。清华大学教师鉴于
时局严峻，遂开会决定："全体先捐所得薪金一日，作一
切救护与慰劳受伤官兵之用。……俟有必要，当继续进

---

① 同上书，第 526 页。

行募捐"，北大、北平师大等校，"昨晚亦均有同样决定"①。

在全国人民特别是北平民众的鼎力支持下，29 军以单薄的力量抵御着日军的疯狂进攻，因而日本侵略者始终未能突破 29 军把守的防线。但是，受国民党当局不抵抗政策的影响，29 军被迫撤离卢沟桥，这一事实令众多爱国官兵难以接受。有位卢沟桥当地民众曾回忆说："住在我家的一个排长，是河北蓟县人，听到撤守命令，痛苦的大哭，说：'我们没败呀！'我爷爷劝他说：'不让打，干脆回家种地去。'他气愤地说：'不行！全不干我带一排人也去拼！'"②

北平的沦陷不仅令国人悲痛，外国报刊也对北平失守抱以遗憾和哀叹，《密勒氏评论报》就载文指出："北平，中华民国的文化都城，辉煌灿烂的旧京，有说不尽的庄严、圣洁和伟大；它有着华贵的殿廷宫室，有着美丽的山林苑囿，还有着千百年积聚下的典章文物，还有着泱泱大国的百万市民。如今啊！让黑暗笼罩着一切。"③

国民党当局的不抵抗政策和片面抗战路线，使北平最终葬送在了日军的铁骑之下，但是在抗战过程中，驻

---

①　《卢沟桥事变和平津抗战资料选编》，中共中央党校科研办公室 1986 年版，第 360 页。

②　同上书，第 527 页。

③　同上书，第 211 页。

守北平的爱国军队和北平民众所表现出的爱国精神与国
民党当局的妥协、投降行径形成了鲜明对照。随着中国
共产党"平津危急！华北危急！中华民族危急！只有全
民族实行抗战，才是我们的出路！"① 的呼吁得到越来越
多人的认可，中国共产党所主张的全面抗战路线成为沦
陷时期北平抗战的主流，并引导着北平的抗战逐渐摆脱
困境、走向光明。

五　开国大典与中华人民共和国的成立

在中国近现代历史上，1949 年是极不平凡的一年。
这一年，中国共产党经过 28 年艰苦卓绝的伟大斗争，终
于迎来了打倒国民党反动派、建立中华人民共和国、取
得新民主主义革命胜利的历史性时刻。这一刻，距离新
民主主义革命的开端——五四运动，已过去了 30 年；距
离 1840 年中国人民开始壮烈的反帝反封建斗争，则已经
过了 109 年。古都北平的和平解放，既是这一切时间节
点的标志性事件，又意味着这座千年古都、文化名城在
中国共产党的领导下获得了新生。因此，1949 年 10 月 1
日的开国大典不仅宣告了中华人民共和国的成立，同时
也宣示着北京这座古老的城市成为了新中国的首都和全
国政治、文化的中心，从此，北京历史开启了新的纪元。

---

① 《卢沟桥事变和平津抗战资料选编》，中共中央党校科研办公室
1986 年版，第 235—236 页。

作为中华人民共和国历史上最为隆重的政治仪式，开国大典有着非同一般的凝聚力和感召力。开国大典以其特殊的政治含义、鲜明的政治立场向全中国人民传递了明确的政治信号，这一政治信号集中表达了"中国人民从此站起来了"的讯息。从政治象征的视角看，开国大典不仅是一次重要的政治事件，它同时还是一种政治象征符号，这一符号的形成及其喻义的确立与包括北京市民在内的全国人民所表现出的思想情感紧密相连，从而展现了特定条件下的特定思想图景。

与中华人民共和国成立后北京的日渐繁荣不同，1949 年之前的北平百业凋敝、民不聊生，可谓是一派凄惨景象，即便是天安门广场，当时竟也是荆棘丛生、垃圾遍地。开国大典举行之前，清除广场上的杂草和垃圾、创造整洁的场地环境是一项十分重大而紧急的任务。当此之时，翻身获得解放、一举成为国家主人的广大首都民众不等动员便立即行动起来，他们不怕脏、不怕累，夜以继日、挥汗如雨，终于在两天的时间内，就把近 30 万立方米、约 20 万吨的垃圾清除出去，其中仅"天安门城楼上的鸽子粪就拉了几大卡车"①。

开国大典前热火朝天的筹备情形，充分展示了北京民众的报国热情和使命担当，而大典当天，首都民众无

---

① 中共北京市委党史研究室：《见证北京 1949—2004》，北京燕山出版社 2004 年版，第 118 页。

不被激动和喜悦的情绪包围着。采访开国大典的人民日报社记者金凤注意到，10月1日这一天，参加典礼的群众无不意气风发、兴致昂扬，"清华大学的同学们，他们3点就从学校出发了。还有很多从石景山赶来的工人，他们坐小火车到西直门，然后从西直门一直走到天安门，基本上一夜都没合眼。可每个人的精神状态都特别好，似乎没有人感觉到疲累"[①]。典礼开始后，人们的情绪更是达到了最高潮。以中大附中学生身份参加开国大典的张书剑回忆道："下午3时，军乐团奏响了《东方红》乐曲，毛泽东主席、朱德总司令等党和国家领导人一同登上天安门城楼，刹那间，整个广场沸腾了，红旗、校旗、门旗和大小彩旗横空涌动，万岁声、口号声、锣鼓声欢声雷动，直冲云端。伴随着国歌，鲜艳的五星红旗在天安门广场冉冉升起，毛主席庄严地向全世界宣告：'中华人民共和国中央人民政府于今日成立了！'一时间，礼炮齐鸣，和平鸽振翅飞向天际。……30万集会的同胞个个都激动万分，相互拥抱，欢呼雀跃。我顾不得擦抹脸上的泪水，面向天安门振臂高呼：毛主席万岁！中国共产党万岁！中华人民共和国万岁！"[②] 东北军政大学学员王乐洲也回忆说："升国旗、奏乐曲、鸣礼炮是同步进行的，我团全体指战员表情严肃，人人举右手行

---

① 金晓吉：《人民日报记者金凤：采访开国大典盛况》，《兰台内外》2012年第1期。

② 张书剑：《难忘开国大典盛况》，《文史月刊》2009年第9期。

军礼，凝望着徐徐升起的国旗。升国旗、奏乐曲、鸣礼炮，同时结束时，袁团长、霍政委行军礼毕（换右手握小型红旗），眼里噙着激动的泪花，我团队列行军礼毕（换右手握小型红旗），人人淌着幸福的热泪，大家陡然沸腾起来，频摇手中红旗，高呼口号。场中其他队列也同时频摇红旗，高呼口号。顿时，全场旗波滚动，声涛雷鸣，共同暴发一串巨响：'中华人民共和国万岁……'"[1]。可以看出，典礼中热烈的情绪感染了在场的每一个人，甚至在天安门城楼下承担执勤任务的民兵俞绍堃看到五星红旗徐徐升起的那一刻，也忍不住高声喊出"毛主席万岁！共产党万岁"[2]。

　　作为一场重大而庄严的政治活动，开国大典在向全世界宣告了新中国诞生的同时，也向全体中国人民宣告了代表人民意志、为人民服务的新政权的建立。人民革命战争的节节胜利、新中国的诞生、新政权的建立，这一系列举世瞩目的伟大成就不断激发着全国人民的爱国热情，振奋着全国人民的信心，使全国人民的心中不禁油然升起作为国家主人的满满的自豪感和幸福感，正如有人所描绘的那样："我们意气风发，满怀豪情，推翻了一个黑暗腐败的旧社会，迎来了红彤彤光

---

① 王乐洲：《忆开国大典盛况》，《党史天地》1999 年第 10 期。
② 李凤素：《那天，我守护在国旗下——专访开国大典亲历者、北京首届民兵代表俞绍堃》，《中国民兵》2009 年第 9 期。

明万丈的新中国！"① 翻天覆地的划时代巨变，是包括北京市民在内的全国人民爱国之情油然而生的最根本因素。

第二节　爱国精神的接续：国家大事中的北京身影

北京有着历史悠久的爱国主义光荣传统。战国后期"慷慨悲壮之士"荆轲等人"图穷匕首见"的刺秦壮举、明英宗正统十四年名将于谦统兵大胜蒙古军队的"北京保卫战"等，是其中的典型例证。时至现代，从五四运动到中华人民共和国成立，爱国主义精神不断发扬光大，爱国主义传统传承接续至今。

与民主革命时期北京人民的爱国精神集中表现为反帝反封建的革命斗争不同，中华人民共和国成立后，北京人民对爱国精神的表达鲜明地体现在对正义的维护、对耻辱的洗雪、对同胞的帮扶以及实现梦想四个方面。这四个方面，虽然具体内容不同、表现形式各异，但爱国主义的精神实质是一致的，爱国主义精神作为一条共同的精神主线贯穿其中，展示了北京人民在中国共产党领导下团结奋进、开拓进取的伟大精神。自中华人民共和国成立直至今天，在北京人民中间涌现出一系列可歌可泣的爱国主义模范人物和典型事迹，在此，我们谨选取洗雪耻辱的香港回归、

---

① 金晓吉：《人民日报记者金凤：采访开国大典盛况》，《兰台内外》2012 年第 1 期。

互帮互助的抗震救灾、奥运梦想的最终实现和成功举办北京奥运会四个较具代表性的事件加以考察。

一 对国耻的洗雪：香港回归

1997 年 7 月 1 日，阔别祖国百余年的香港终于回到了祖国母亲的怀抱。如果从 1840 年鸦片战争后清政府割让香港岛算起，香港离开祖国已经 150 余年。对中国来说，150 年的岁月见证了古老的中国由"日益衰败"到"奋起救国"再由"建立新中国"到"走向富强"的深刻变革，而香港 1997 年的回归无疑为重新站起来的新中国作了最好的注解。

对国人来说，香港回归祖国是自近代以来中国人又一次扬眉吐气的壮举，因此，全国上下无不对香港的回归抱有热切的期待，其中尤以首都北京最具代表性。在香港回归日益临近的时刻，首都北京的党政机关、社会团体和广大市民举行了丰富多样的庆祝和纪念活动，首都的喜庆氛围可以说是全国各地的一个缩影。

围绕庆祝香港回归这一主题，北京市各部门开展了多种形式的庆祝活动。在庆祝的同时，首都党政部门主动将爱国主义的思想内容融入其中，达到了在庆祝回归的同时增进广大人民群众爱国主义情感的目的。比如，中共北京市委联合中宣部、解放军总政治部等单位，面向全市各单位举办了香港问题形势报告会；中共北京市委召开了首都各界人士迎香港回归座谈会和"迎回归，爱祖国"万人演唱会；北京市政府侨务办公室、北京侨资企业协会举行了"海外华侨、华人、港澳同胞在京企业家庆祝香港回归酒会"；等等。1997 年 6 月 7 日，中共北京市委宣传部、北京市政府办公厅、市文化局、中共海淀区委在圆明园遗址公园联合举办了以"迎回归，颂祖国"为主题的"五月的鲜花"群众歌咏活动汇报演出；6 月 8 日，由市委宣传部组织创作的大型音乐舞蹈交响诗《北京祝福你——香港》在北京保利大厦国际剧院举行了首场公演，获得广泛好评；6 月 14 日，北京市文化局举办了"长安街文化之夜"文化活动，并在东起建国门、西至复兴门的沿长安街一线的文化广场上演出了以"迎回归，颂祖国"为主题的文艺节目。

作为首都，北京高校林立、大学生众多，基于这一情况，共青团北京市委、北京市学联主动依托高校，面向青年学生开展了一系列庆祝活动：在香港回归倒计时 50 天之际，举办了"专家学者谈回归"系列讲座；在倒计时 40 天时，开展了"同在国旗下"——《香港特别行政区基本法》的宣传活动；倒计时 30 天时，举办了"邓小平理论与香港回归"主题座谈会；倒计时 20 天时，组织了以"香港，请听我说"为主题的诗歌创作朗诵会；香港回归前 10 天，两部门开展了"学子深情寄香港"——首都万名大学生签名活动。与此同时，中共北京市委教育工委也举办了"首都大学生迎香港回归英语讲演比赛"等各种纪念、庆祝活动，共计有近 30 万高校学生报名参加。

　　北京市所属各新闻单位为了欢庆香港回归，也开足马力推出了一系列节目和活动，营造了热烈、隆重的舆论氛围：从香港回归倒计时 100 天起，首都各新闻单位加大了对香港回归的报道力度，大力宣传"一国两制"的伟大意义，并在各类报道中突出爱国主义的宣传主题。比如，市属各新闻单位在报纸显著位置和电视台新闻节目里增加回归倒计时的标志，开设了"北京喜迎香港回归""瞩目倒计时"等栏目，开辟了"忆百年史、激爱国情、立强国志"大型主题教育活动专版，制作了《方寸国土万千情》《我们拥抱香港》等专题节目。据不完全统计，中共北京市委机关报《北京日报》在倒计时 50 天内刊登各类报道 260 多篇、照片 150 多张；7 月 1 日至 2 日，《北京日报》用 15 个整版的套红版面，全方位报道了香港、北京重大庆典活动的盛况，并在 7 月 1 日出版了彩报，印制了精美的彩色特刊；北京电视台新闻中心在倒计时 100 天里，共播出新闻 950 多条、专集 23 集，7 月 1 日当天播出新闻特写 120 分钟。

　　在倒计时的最后一天，也即 6 月 30 日晚，首都 10 万余名工人、农民、学生、机关干部、各民主党派代表，以及港澳台地区同胞和海外华人华侨的代表齐聚天安门广场，翘首期盼香港回归的激动时刻。解放军艺术学院的学员们表演了舞蹈《金凤回巢》，寓意香港回归祖国后的繁荣发展；东城区宽街小学数十名小学生演唱了

《万里长城永不倒》的歌曲，表演了武术节目《威震中华》，给在场欢庆回归的人们留下了深刻印象。而北大团委副书记彭华彰面对记者的一番发言则道出了全国人民激动、兴奋的思想根源，他说："香港回归让我们心头涌起一股强烈的民族自豪感，一种沛然而来的爱国情结，一种巨大的凝聚力和团结精神。……香港回来了，这是前辈们前赴后继、不屈不挠斗争的结果。为了祖国更强盛，为了香港更繁荣，我们年轻的一代要作出更艰苦的努力。"①

在亿万双眼睛的注视之下，当倒计时的数字最终指向"0"的这一时刻，汇集在天安门广场上的人们同全国各地的人们一道，激动的情绪被即刻点燃，并在瞬间达到了高潮。在绚烂夺目的礼花中，首都10万余名群众通过矗立在广场上的大屏幕电视，收看了中英两国政府香港政权交接仪式。7月1日晚，党和国家领导人与首都各界群众在北京工人体育场隆重集会，热烈庆祝香港回归和中国共产党成立76年，进一步将香港回归的喜庆气氛推向高潮。

包括北京市民在内的全国广大人民群众欢庆香港回归祖国怀抱的由衷喜悦，本质上是对百年国耻终得洗雪的欣慰和爱国主义情怀的释放。对中国来说，香港回归

---

① 方建文、张鸿主编：《百年名人自述：二十世纪中国风云实录》第5册，线装书局2000年版，第261—262页。

的重要意义并不仅仅在于香港这一亚洲乃至世界经济、金融、航运中心回到了祖国的怀抱这一事实本身，它实际上意味着一个旧时代的结束和一个新时代的开启。这个旧时代，是西方资本主义列强为推行其殖民扩张的霸权政策，欺压、霸凌落后国家和民族的时代，对中国来说，这个旧时代就是从香港被迫割让给英国开始的。百余年来，中国一代代志士仁人前赴后继、英勇奋斗，目的就是要打倒骑在自己头上作威作福的帝国主义列强、实现国家的独立和民族的解放。进入20世纪20年代之后，在中国共产党领导下，中国人民经过28年的艰苦卓绝的努力，建立了新中国，其后又实行了社会主义制度、开始了改革开放的伟大历史进程，一个新的时代已经悄然开启。可以说，香港回归为新旧时代的交割画上了圆满的句号。

二　对同胞的帮扶：首都民众对抗震救灾的鼎力支持

中华民族有着深厚的爱国情感，这一情感体现在当民族国家面临危亡时，爱国的中华儿女无不义无反顾地挺身而出；体现在当百年国耻终得洗雪时，爱国的中华儿女无不欣喜异常笑逐颜开；同样，中华民族的爱国情感也体现在当同胞遭受危难时，天南地北的炎黄子孙总是秉持一方有难八方支援的态度，积极伸出援手、携手共渡难关。这种慷慨无私的态度和乐于奉献的精神，生动地体现在应对各种灾害、救助受灾群众的具体行动之中。

2008 年 5 月 12 日下午，汶川发生强烈地震。突如其来的地动山摇在造成了以汶川为中心的方圆数百公里范围内大量建筑物倒塌、道路毁坏和供电供水通信等中断的同时，还造成了居民的巨大伤亡。面对极为严重的灾情，在党中央、国务院的坚强领导下，全国各地立即行动起来，投入到抗震救灾之中。首都人民一向讲政治、顾大局、爱国家、忧天下，汶川强震的消息刚刚传来，他们便迅速行动起来，竭尽所能为灾区人民忙碌起来。震后第一天，即 5 月 13 日，首都人民便将紧急筹措的 30 万件棉衣棉被运往灾区。5 月 14 日至 25 日，短短 11 天的时间当中，北京共向四川灾区开出了 5 趟救灾物资专列：5 月 14 日，北京将第一批价值 2700 万元的捐赠物资发往四川灾区；16 日，包括 5 万多件棉衣被、1 万台配好电池的半导体收音机、2 万箱饮用水、1 万箱食品、1416 箱药品、70 顶帐篷以及 2 万箱灾区所需的各类生活用品（如手电筒、雨伞等），总价值 1070.5 万元的第二批救灾物资，用专列运往四川灾区；20 日，北京人民捐助的第三批救灾物资通过"抢 948 号"专列发往四川灾区，该批物资装满了 46 节车皮，包括 1414 顶帐篷、65098 箱食品、302 箱药品、175433 件棉衣、23248 床棉被、21 个卫生车和移动厕所、75843 箱矿泉水、77400 个口罩及其他物品，总价值 6018.71 万元；21 日，装载有 49 台装载车、吊车、挖掘机等重型机械设备以及帐篷、食品等灾区急需物品的第四批救灾物资起运灾区；25 日，第五批救灾物资专列"抢 10675 号"开赴四川省什邡市灾区，这批物资装满了 42 节车皮，包括 100 套节能屋、88833 箱食品、4325 件药品、4916 箱瓶装水、1626 顶帐篷、502049 件棉衣、12600 床棉被及其他各类生活用品，总价值 6867 万元。

在满载北京人民捐助的各种救灾物资的专列源源不断开往灾区的同时，首都机场也通过空中走廊紧急向灾区运送物资。地震发生当天，首都机场各单位就紧急调拨饼干 58 箱、面包 33 箱、榨菜 2 箱、纯净水 1000 箱等灾民急需的食品即刻运往灾区，与此同时，首都机场广大员工充分发扬"一方有难、八方支援"的人道主义精神，立即行动起来，积极开展募捐工作，截至 5 月 15 日，短短的 3 天时间内，首都机场就向四川地震灾区捐款捐物折合人民币 2859 万元。

汶川地震发生后，灾区的情况也深深牵动着在京高校学子的心。地震发生当天，北京大学、清华大学、北京工业大学、北京理工大学、北京物资学院等高校就纷纷开展了献血和捐款活动。以清华大学为例，随着短消息"紫荆公寓在为地震灾区献血"在清华学子的手机中传播，一拨又一拨学生奔向献血地点，加入到了无偿献血的队伍中。一位急匆匆赶来献血的学生这样说道："我的手机收到了 20 多条献血的短信，都是同学转发过来的。"在献血地点——清华大学紫荆学生公寓学生服

务楼前，上千名从教室、实验室、宿舍、食堂等地赶来
献血的师生排起了蜿蜒数百米的队伍。据清华大学红十
字会学生分会会长陈向介绍，由于地震所引发的献血事
发突然，本来只是安排了献血志愿者在各个食堂门口发
放传单，但没想到的是，不到半小时，采血现场就排起
了长队，又过了一个多小时，排队等候献血的师生竟达
到了上千人！更令人感动的是，面对医护人员关于采血
量的询问，绝大多数师生都毫不犹豫地选择了最高的数
值。由于师生们争先恐后、积极踊跃地参加，使得原定
晚上 7 时结束的采血行动一直持续到了深夜，很多师生
排了两三个小时的队才实现了自己的爱心献血。

除高校外，北京市民也自发前往各个采血点献血。
从地震灾害发生后到 5 月 14 日，短短两天的时间，北京
市民就已有 3300 多人参与到抗震救灾的义务献血行动
中，共采集到了 6230 个单位、总计 100 多万毫升的鲜
血，其中 6000 余袋血液被紧急送往四川汶川灾区。由于
北京市民高度的献血积极性，使得北京的血液储备量迅
速增加并得以源源不断地送往灾区，从而保证了救治灾
区伤者的用血需求。

北京普通群众以自己力所能及的善举表达着对灾区
人民的关心和牵挂。也许北京市民们所做的都只是一些
微不足道的小事情，但是在这些小事情的背后，却无不
体现着真挚的同胞关爱之情，闪耀着人性的光辉。正如
《北京日报》评论员文章中所说的那样："我们要把连心

之痛、手足之情，化作'怀着伟大的爱去做些小事'的实际行动。对于绝大多数人来说，虽然不能直接参与到一线的抗震救灾工作中，但立足岗位、恪尽职守，为实现经济社会又好又快发展贡献一己之力，就是对灾区抢险和重建的一份实实在在的支持。"[1]

2018年，是汶川地震发生后的第十年。十年间，包括北京在内的全国各省市区的援建工作者，与四川各地震灾区的干部群众齐心协力、团结奋斗，结下了深厚的友谊。以北京与四川什邡市的结对帮扶为例，汶川地震发生后，北京尽心竭力对什邡开展对口援建工作，用"首都标准""首都效率"帮助什邡人民战胜灾难、重建家园，由此，跨越1700多公里的北京与什邡从此风雨同舟、紧紧联系在一起。

什邡市距离震中汶川仅28公里，因而在5·12地震中，什邡市遭受的破坏极为严重，全市受灾人数达41万余人，近6000人遇难，11万户农民的房屋严重受损或垮塌。地震造成的直接经济损失达889亿元，间接损失超过2500亿元。抗震救灾结束之后，按照党中央、国务院的统一部署，由首都北京对口援建什邡。从2008年5月到2010年10月，在北京的对口援助下，什邡市全面完成了总投资302亿元的942个重建项目，取得了灾后

---

① 《北京日报创刊60周年纪念文集·评论集》，同心出版社2012年版，第121页。

重建的全面胜利。在基础设施方面，全市完成 51 个交通设施，38 个水利基础设施，25 个能源、通信等重建项目，为什邡今后的经济社会发展提供了有力保障；在公共设施重建方面，全市共完成 67 所学校重建、39 个医卫项目重建和 15 个福利设施项目重建，民生保障能力全面跨越；在生态环境方面，全市完成 20 个生态重建项目，绿化覆盖率恢复到 37.7%，建成区绿化覆盖面积达到 3.3 平方公里，比震前提高了 65%。

面对什邡市的这种变化，《四川日报》评论员深有感触地说道："10 年重建发展，今天的什邡已经焕然一新。可以说，正是无数来自首都的援建者，用辛勤和汗水将一大批优质工程、发展项目留在这里，为什邡经济社会发展打下了坚实基础，用实打实的援建成果为什邡人民托起了美好的明天。"① 而《北京日报》也积极地回应表示："什邡完全可以继续依托北京的智力资源，助力自身经济发展方式向高成长、高附加值、低污染转型。北京人的口头禅是'有事儿您说话'，在深化合作这事儿上，双方都应主动、都别见外。"②

正如网络上流行的一句话所说的那样，"在大灾面前，你的身后是整个祖国。"中国人自古崇尚守望相助。面对天灾，人间大爱在天塌地陷时得到了最充分的诠释。

---

① 《巨灾重建，十年回眸：天府之国见证"北京力量"》，《北京日报》2018 年 5 月 7 日。

② 同上。

中华民族在面对危难时所表现出的万众一心、众志成城、不畏艰险、百折不挠的精神，既是爱国主义的体现，又是爱国主义的升华。在灾难面前，中华民族展现了深层次的价值认同，这一价值认同的呈现，再一次证明了爱国主义是中华民族共同的思想基础，是凝聚民族精神、推动民族复兴的不竭动力。

三　梦想终归实现：北京奥运会的成功申办

自现代奥运会诞生之日起，在中华大地举办奥运会就成为中国人孜孜以求的梦想。但是，民国年间的中国战乱不断、民不聊生，国家的主权、人民的安全尚且得不到保障，举办奥林匹克运动会又从何谈起！对当时的中国人来说，举办奥运会无疑是痴人说梦、天方夜谭。中华人民共和国成立后，党和国家对发展体育运动、增强人民体质高度重视。改革开放以来，随着国家经济社会的快速发展，中国对奥林匹克运动的参加、参与程度越来越高，特别是中国在历届奥运会上的成绩稳步上升并逐渐跃居世界前列，使得在中国举办奥运会成为许多国人心头挥之不去且愈益强烈的梦想。

申办奥运会不仅是体育实力的展现，更是以申办城市之间的竞争作为具体表现形式的国与国之间综合国力的较量，是包含了政治、经济、外交、舆论等工作在内的复杂的系统性工程。对北京来说，其在申奥的过程中历经了各种挑战，其中既有因申奥失败带来的心酸苦楚，同时更有申奥成功所带来的喜悦和欢呼。

1991 年 2 月 26 日，北京正式决定申办 2000 年奥运会。在北京奥申委将申办奥运会的申请书递交给国际奥委会主席萨马兰奇时，萨马兰奇语重心长地说："你们从此开始了一个很艰难的历程。你们面临的对手很多。我祝愿你们的申请走好运。"① 正如萨马兰奇所言，首次申请举办奥运会的北京并没有绝对的优势和实力战胜对手，不仅如此，西方国家为确保自己的城市申奥成功，不惜在国际奥委会投票决定 2000 年奥运会举办城市前的三五天，编造并散布了所谓"北京如果申办成功，将抵制奥运会"的耸人听闻的言论，从而给北京申奥造成了极大的负面影响。1993 年 9 月 23 日，在摩纳哥的蒙特卡洛市，几轮竞争过后，国际奥委会公布了 2000 年奥运会主办城市的最终结果，北京非常遗憾地以两票之差败给了悉尼。

北京的第一次申奥以失败告终。但是，得知结果的北京并没有因为申奥失败就失去风度，更没有像西方媒体所编造的那样抵制奥运会。北京以大度的姿态，对获得 2000 年奥运会举办权的悉尼表示了真诚而热烈的祝贺。北京的这一举动，不仅体现了泱泱大国首都的非凡气度，同时也是对"更高、更快、更强"的奥林匹克精

---

① 《从失利走向胜利——北京两次申办奥运会的片段回忆》，引自龙新民：《感悟党史》，人民出版社 2014 年版，第 245 页。

神的认可和践行。因此，北京在获得了全国人民的充分理解的同时，也得到了国际社会的广泛赞誉和同情。

初战失利并没有影响北京继续申办奥运会的信心和决心，经过近 8 年的"卧薪尝胆"，2001 年 1 月，北京正式向国际奥委会提交了申办 2008 年奥运会的报告。这标志着北京的申奥工作再次出发。

有了第一次申奥的经验教训，此次北京的申奥工作做得更加细致，也更为扎实。随着中国综合国力的持续提升，北京申奥也有了更加强大的经济科技实力作保障。在党和国家对北京申奥工作大力支持之下，全国人民也从思想和行动上积极配合、支持北京的申奥。据有关部门统计，北京市民对申奥的支持率高达 94.9%。事实上，不仅北京市民对申办奥运会给予了鼎力支持，全国人民、港澳台同胞、海外华人华侨，简言之，凡是炎黄子孙都期盼着中国、期盼着北京能够成功申办奥运会，从而让奥运圣火在神州大地上点燃起来并熊熊燃烧。

在不到两年的申奥过程中，翘首期盼奥运的炎黄子孙自发地做出了许多支持北京申奥的感人举动。2000 年 8 月 5 日，一幅由 21.6 万张多米诺骨牌组成的壮观画面在北京育才学校篮球馆成功展出，这些多米诺骨牌是由该校 40 多名小学生花费 10 天时间制作而成的，小学生们纷纷表示，他们制作多米诺骨牌的目的是为北京申奥加油助威。2001 年 5 月 7 日，由"中国集邮在线"和《中国集邮报》联合推出的群众最喜爱的 2000 年邮票评选暨支持北京申办 2008 年奥运会纪念封问世，该封贴有奥运百年邮票及君子兰邮票一枚，盖销北京 2008 年奥运会申办委员会临时邮局的日戳[1]，从而向全国乃至全世界表达了中国集邮爱好者对北京申办奥运会的美好祝愿。

为了奥运会的成功申办，全国各行各业、各个地方都行动起来——中国科学院、工程院的院士们向全国和全世界发出了支持北京申办奥运会的真诚寄语；大陆、台湾、香港的 70 位歌星共同创作了支持北京申奥的歌曲；在湖南，百万人共同签名支持北京申办奥运；在南京，7 万多名市民开展了申奥运长跑活动；在澳门，少年儿童们绘制了巨龙的画像，表达着对祖国和北京申办奥运的祝福。

北京申奥的信心和决心传递给了关心支持北京申奥的每一个人。2001 年 3 月 3 日，中国香港奥委会主席霍震霆在回答香港记者关于北京能否申奥成功的问题时这样说道："北京既是一座有悠久历史的古城，又是现代化大都市，香港同胞都希望北京能申办成功，这是一个难得的机会。如果国际奥委会的成员能来香港，我会向他们介绍这几年北京飞速发展的情况。"霍震霆最后坚定地表示，他相信"北京申奥一定能成功"。霍震霆的态度也感染了采访他的香港记者，香港记者在向内地记

---

① 霍增龙、周大海编著：《魅力北京》，旅游教育出版社 2002 年版，第 8 页。

者传递霍震霆的采访内容时，热切地对内地记者表示说：
"祝愿北京申办奥运成功！"①

　　鉴于首次申奥时国际上一些无良的舆论工具蓄意歪
曲和抹黑，此次申奥过程中，北京奥组委积极开展工作，
主动欢迎、邀请国外媒体界人士来华报道北京的申奥工
作，使其亲身感受中国和北京的发展变化以及中国人民
日益提高的生活水平。北京奥申委的这一举措起到了良
好的效果，在国际奥委会投票决定 2008 年奥运会举办城
市之前，没再出现别有用心地抹黑中国和北京的言论，
从而为北京的成功申奥创造了公正的国际舆论环境。

　　在党中央的坚强领导和全国各族人民的大力支持下，
经过一系列紧张有序的准备和工作，按照申奥程序一步
一个脚印地走下来，终于到了最终揭晓的那一刻——北
京时间 2001 年 7 月 13 日 22 时 15 分，时任国际奥委会
主席萨马兰奇在举行国际奥委会第 112 次全会的位于莫
斯科市中心的国际贸易中心庄重宣布："2008 年夏季奥
运会主办城市是——北京。"会场上顿时响起了一片欢
呼声！在场的中国代表团成员无不欣喜地庆祝了起来。
而在北京，中华世纪坛前彩旗飘扬，绚烂的礼花在空中
绽放出耀眼的花朵，首都民众和全国人民无不在欢快喜
庆中度过了这个难忘的夜晚。

---

　　① 《霍震霆：北京申奥一定能成功》，人民网 2001 年 3 月 4 日，ht-tps：//www. people. com. cn/BIG5/paper39/2830/397470. html.

北京申奥成功，意味着中国人一个世纪的奥运梦想最终成为现实，标志着自1991年即正式开始的申奥之路终于在17年后的2008年结出了最终的硕果。中国人民在申奥过程中所经历的所有艰辛、困难、挑战，以及成功、胜利、喜悦，共同铸就了独一无二的北京奥运精神。北京奥运精神既是对奥林匹克精神的肯认和尊崇，同时也融入了鲜明的中华民族精神，是国际性与民族性的完美融合。它充分体现了中国人民在爱国、为国思想情感的基础上，主动敞开胸怀、张开双臂拥抱世界、奉献世界以及丰富世界的高尚品格。

四 壮丽的华章：北京奥运会的成功举办

100年前的1908年，进步刊物《天津青年》曾提出了三个问题：中国何时能派一位选手参加奥运会？中国何时能派一支队伍参加奥运会？中国何时能举办一届奥运会？没想到，对这第三个问题的解答，足足花费了中国人100年的时间。幸运的是，在100年后的2008年，我们可以告慰先人并骄傲地说：中华民族的百年奥运梦想，终于实现了！

2008年8月8日，北京奥运会在国家体育场"鸟巢"盛大开幕。在为期17天的赛程中，世界各国奥运健儿顽强拼搏，共有24人8队46次打破38项世界纪录。中国代表团更是发挥出色，共夺得了51枚金牌、21枚银牌、28枚铜牌，奖牌总数达到100枚，并在金牌榜上独领风骚。这一优异成绩的取得，得益于中国体育战线广大教练员、运动员的辛苦训练，得益于中国举国体制的保驾护航，也得益于随着我国综合国力的增强广大人民群众对提高身体素质的空前重视和对体育锻炼的积极投入。

在赛场上，奥运健儿为国征战，以汗水和热血抒写着催人奋进的诗篇；在赛场外，作为东道主，中国和北京也为全世界人民准备了丰盛的文化盛宴，让来自五大洲的国际友人有机会零距离地接触博大精深的中华文明。

在北京奥运会期间，目光所及之处皆有中华文化的元素。从北京奥运会的会徽"中国印"，到被誉为"奥运史上最好的体育图标"的"篆书写意"；从体现中国传统价值观念的"金镶玉"奖牌、"祥云"火炬，到开幕式上令世界惊叹的中华文明的恢宏长卷；从奥运比赛门票上的祥云图案，到地铁站里用于装饰的青花瓷、刺绣等中国艺术元素[①]，所有这些无不将中华优秀传统文化的符号与西方审美有机结合起来，用国际化的语言将中国文化的独特魅力完美地展现在世人面前。可以说，五千年中华文明的非凡魅力是五洲宾朋抵达北京后感受最为强烈的元素之一。而这些匠心独运的精巧构思和制作，凝结着广大设计师和工匠的心血。

不论是竞技体育赛场的角逐还是艺术设计、文化传

---

① 李红艳：《中华文化惊艳世界》，《北京日报》2008 年 8 月 28 日。

播层面的雕琢，北京都为奥运会作出了突出的贡献。在这一伟大成绩背后作支撑的，是中国日益强大的综合国力和民族凝聚力。北京奥运会的成功举办、中国体育健儿在奥运赛场上所取得的优异成绩，以及奥运会期间中华文化的广泛传播和深受好评，涵蕴滋养了历久弥新的爱国主义和民族精神，并为爱国主义和民族精神增添了新的色彩。一个明显的现象是，在北京奥运周期内，中国人民的爱国热情和民族自信心、自豪感显著增强。作为世界上最大的发展中国家，北京奥运会令中国在世界舞台上充分展示了自身的大国形象，充分展示了中国人民乐观向上、勤劳善良的优秀品格，也充分展示了改革开放以来中国特色社会主义政治、经济、文化、体育、科技等在各个方面所取得的显著进步。

奥运会的成功举办再次证明了一个颠扑不破的真理，那就是只有社会主义才能救中国，只有中国特色社会主义才能发展中国。回想 1908 年《天津青年》的追问，我们可以看到，在中国近代的历史上，多少仁人志士为了民族的解放、人民的幸福，进行着各种艰辛的探索，奥运会对他们来说，实在是一个极为渴望却显然遥不可及的梦想。因此，变法者饮恨殉难，起义者惨遭镇压，革命者悲壮就义，他们皆把自己为国为民的鲜血溅洒在了这片古老的土地上。唯有中国共产党成立后，在她领导下，中国人民以社会主义为奋斗目标，经过 28 年的浴血奋战，终于实现了国家独立、民族解放。特别是改革开放以来，中国的综合国力逐渐强大，这一因素是中国得以举办奥运会的最根本原因。可以说，将奥运会交给中国、交给北京来举办，既是对中国、对北京、对中国人民所取得的成就的充分认可，亦是对近代以来历代中国人所怀抱的爱国主义和奥运梦想的最好告慰。

第三节 古老帝都的转型：在服务人民中获得新生

中华人民共和国的成立标志着古老的中国走进了人民当家作主的新时代。作为历史上元明清三朝的帝都和解放后新中国的首都，北京这座千年古都的身份转换无疑成为各方关注的焦点。曾经的北京是中国阶级差距最显著的城市，上至天子下至庶民，统治阶级与被统治阶级虽然生活在同一座城市当中，但生活质量与人格尊严却有着天壤之别。中国共产党领导的新民主主义革命胜利后，人民当家做主成为中国共产党人坚定的政治承诺和全国人民的热切期盼，在这种情况下，北京这座古老的都城也开始了她的现代转型。

在开国大典上，毛泽东主席喊出了"同志们万岁！""人民万岁！"的口号，标志着人民群众成为新中国和新北京的主人。从此，人民主体的原则开始体现在党和国家建设的方方面面。在人民大会堂建设之初，该工程尚被称为"万人大礼堂"，完工后，它被正式命名为"人民大会堂"，目的就是为了凸显人民至上的理念。而在建设过程中，面对因空间较大、如果处理不当会让人有渺小和压抑之感的矛盾，周恩来总理提出了"我们是社会主义国家，人民群众是国家的主人，我们的建筑必须'以人为主，物为人用'，使享用它的广大人民群众感到心情舒畅，感到自己就是建筑物的主人"[①] 的建筑原则，在这一原则指导下，建筑过程中的矛盾迎刃而解。

在改造天安门广场的过程中，人民主体的原则也得到了很好的体现。天安门广场原为封闭的"丁"字型结构，明清两代只是供朝廷举办重大庆典和向全国发布政令的场所，代表着皇权的威严。1914 年，北洋政府拆除了天安门前的千步廊等，使原本封闭的宫廷广场变成了可自由穿行和逗留的开放空间，天安门开始成为现代意义上的广场。中华人民共和国成立后，这里被进一步改建成适合人民群众参与活动的开阔广场。此举的目的，就是要把从前体现封建帝都特点的皇城转变成为属于人民的城市[②]。此外，国家博物馆、人民大会堂左右对称的布局，人民英雄纪念碑矗立于广场中央的考量，也是为了突出人民的政治身份和主体地位。

对于北京而言，在北京和平解放之初，北京市人民政府就提出了首都城市建设的"三为"方针，即"为生

[①] 　闻岩主编：《周恩来大事本末》，江苏教育出版社 1998 年版，第 390 页。

[②] 　参见北京市方志馆编：《方志北京·京华讲坛文集（2013—2014）》，中国书店 2015 年版，第 41 页。

产服务（变消费城市为生产城市）、为劳动人民服务
（首先解决劳动人民聚集地区的问题）、为中央机关服务
（为党中央和中央人民政府提供方便的工作、生活条
件）"①。1954 年 9 月 16 日，中共北京市委在向党中央上
报北京市总体规划草案时，对这一方针作了进一步的阐
述："我们首都建设的总方针是，为生产服务，为中央
服务，归根到底是为劳动人民服务，从城市建设各方面
促进和保证首都劳动人民劳动生产效率和工作效率的提
高，根据生产力发展的水平，用最大努力为工厂、机关、
学校和居民提供生产、工作、学习、生活、休息的良好
条件，以逐步满足首都劳动人民不断增长的物质和文化
需要。"② 基于这一指导思想，新中国成立之初的北京主
要从以下两方面着手，在为人民做好事、谋幸福的事业
中实现这座古都的转型发展。

**一　通过根治城市积弊，消除影响人民的制约性因
素，改善和提高民众生活水平**

虽然北京这座古老的城市是以和平解放的方式回到
了人民的怀抱，但是民国期间政局的持续动荡和经久不
息的战乱，仍然使得解放之初的北京百废待兴。中华人

---

① 《社会主义时期中共北京党史纪事》第 1 辑，人民出版社 1994 年
版，第 211 页。

② 北京市城市规划设计研究院：《京华待思录——陈干文集》，编者
自刊，1996 年版，第 101 页。

民共和国成立后，针对人民群众最急迫、对群众日常生活影响最大的积弊，党和政府花费了巨大力气，从以下几个方面加以解决：

1. 在全市范围内开展了清洁大扫除运动

解放前的北平，城市环境破败、卫生事业落后，城区内垃圾成堆，人畜粪便无法及时运出城外，日积月累导致城内处处臭气弥漫。在全市范围内，较大的垃圾堆积处就有和平门顺城街、台基厂头条东口、皇城根乃兹府、太平仓、二龙天安门城楼、骑河楼等31处之多，甚至连故宫内也垃圾遍地，有些地方垃圾堆的高度近乎与紫禁城的城墙齐平，而天安门前的垃圾堆更是足足有三层楼高。这一窘况使得素有"文化城"之称的北平又戴上了"垃圾城"的帽子。

北平解放后，为了保障人民健康，在党和政府的领导下，1949年3月，北平市人民政府在全市范围内开展了以清除垃圾为中心任务的清洁大扫除运动。时任北平市长的叶剑英在清洁大扫除运动动员会上指出："清运工作，即为人民服务，人民政府除了使人民的生活有保障，并且有机会普遍受到教育外，还要保障减少人民的死亡率。"① 在这次清洁大扫除运动中，全市共出动7万余人，出动汽车800多辆、兽力车3万余辆、人力手推

① 《社会主义时期中共北京党史纪事》第1辑，人民出版社1994年版，第89页。

车 3000 多辆，清除垃圾 20 余万吨。1949 年 11 月和
1951 年 3 月，又组织了两次清洁大扫除。至此，北京市
基本上将自明清以来就积压的 60 余万吨垃圾全部清除干
净，古都北京的面貌终于焕然一新。通过几次清洁大扫
除，不仅使城市垃圾遍地的脏乱差局面不复存在，而且
人民群众的生活环境也得到改善，人民的健康从而也有
了可靠的保障。北平的人民群众切身感受到了党和政府
送去的温暖。

2. 大力开展道路建设，方便群众出行

在解放之初，北京城区的道路总长仅为 215 公里，
道路面积 140 万平方米，道路宽度一般不超过 10 米，最
宽的也不过 20 米，而且道路质量较差，一遇刮风下雨等
恶劣天气便难以出行。当时北平的老百姓比喻他们居住
和行走的地方为"无风三尺土，遇雨一街泥"。解放后，
为了贯彻北京市委提出的"为劳动人民服务"的方针，
1949 年至 1951 年，北京市建设局对原有的城市基础设
施进行有计划、有重点的恢复、整修和新建，同时，本
着少花钱、多办事、照顾人民群众迫切要求的原则，对
劳动群众聚居地区的土路进行了整理。1950 年 6 月，为
迎接中华人民共和国一周年，便于群众游行和改善交通，
北京市修建了长安街林荫大道。另外，从 1949 年到
1956 年，还改建了宣武门大街、崇文门外大街、广安门
外大街等，打通了朝阜干线，拓宽了西单到府右街、地
安门东西线，新建了北河沿大街和陶然亭路等十几条马

路，并对若干胡同土路进行了铺设沥青的处理，郊区则修建了东九路、朝阳路等。用沥青铺装的高级路面也日益增加，人民群众行路难的问题得到了初步缓解。

3. 对龙须沟等臭水沟进行根治

1949 年以前，北平城区有合计总长不过 755 公里的街巷道路，其中有下水道的仅 314 公里，且大部分年久失修、坍塌淤塞，能使用的仅有 22.2 公里，一到雨季街道就污水漫浸，变成一条条臭水沟。北平解放之初，城内竟然有 100 多条较大的臭水沟，这些臭水沟大部分分布在劳动群众聚居的地方，严重危害他们的身体健康和生命财产安全，龙须沟便是其中最大的一条。

龙须沟位于天坛以北，是外城自西向东的一条主要排水明沟。来自城区外宣外大街以东、崇外大街以西、琉璃厂鲜鱼口兴隆街以南、先农坛天坛以北共 350 公顷范围内的雨水污水全部汇集到这条沟内，故而在 1949 年之前，龙须沟常年都是臭气熏天、蚊蝇丛生，成为旧北平流行性传染病的发源地。而且每逢大雨，沟水四溢，房屋倒塌、溺死儿童的现象时有发生，严重威胁着当地居民的生命财产安全，加之聚居在龙须沟附近的都是贫苦的劳动群众，他们的住处没有电灯，没有自来水，生活十分艰苦。

面对这样一条对人民群众的安全和健康危害极大的臭水沟，1950 年 2 月，北京市第二届第二次各界人民代表会议审议并通过决定，对龙须沟进行彻底治理。治理

龙须沟的工程分两期进行。第一期工程于 1950 年 5 月
16 日开工，7 月 31 日竣工，修建了永内大街东便道、东
晓市大街、金鱼池大街和天坛北坛根 4 条主要的下水干
道管道。第二期工程于同年 10 月 12 日开工，11 月 22
日竣工，修建了红桥至南护城河全长 2433 米的下水干道
管道，并将龙须沟原有的沟身予以填平，改从前的明沟
为暗沟。除此之外，北京市政府还为龙须沟附近的居民
修建了马路，安装了电灯，开通了电车，装上了自来水
系统，从而使龙须沟发生了翻天覆地的变化，得到了广
大人民群众的广泛称赞。受这一工程所展现出的伟大精
神的感染和启发，著名作家老舍以此为题材创作了话剧
《龙须沟》，从而将这一惠民、为民工程，用艺术的方式
展现在全国人民面前。

　　4. 全力改善门头沟矿区群众的饮水条件

　　1949 年之前，门头沟矿区的劳动人民常年吃煤矿井
下排出的废水，导致居住人口中有近三分之一的人常年
患有腹泻，身体健康受到极大威胁。这里的居民要想吃
上比较洁净的水，则需要到几十里地以外去驮水。中华
人民共和国成立后，党和政府下决心彻底改变矿区人民
吃水差、吃水难的问题，尽早让他们吃上清洁的自来水。
1950 年 7 月，在财力还相当紧张的情况下，北京市政府
毅然决定投资建设门头沟地区的供水工程。经过前期四
个月的施工，抢建了梁桥、鳄鱼沟两条露天截留渠，以
及两座砂滤池、消毒设施及存储、重力排水等工程，部

分解决了门头沟地区群众的吃水问题。在此基础上，为从根本上解决门头沟居民一年四季特别是冬季的吃水问题，北京市政府决定筹建城子水厂。经过建设者们的辛勤劳动，该工程以最快的速度完成了所有设计项目的建设，并在 1954 年 7 月正式投产供水。该厂以勘探出来的矿眼水和矿水为水源，从而彻底解决了门头沟地区群众的吃水问题。

二　打击黑恶势力、维护人民权益，保障人民当家作主地位的实现

某些行业中带有封建性质的黑恶势力，是中华人民共和国成立后严重破坏社会秩序、妨碍社会公平、影响人民群众正常生产生活的社会"毒瘤"。这一"毒瘤"多集中于手工业的劳动密集型行业，因此，铲除这些影响社会秩序和行业发展的障碍，是党和政府实现社会正常运转、赢得民心的必然选择。在北京，针对行为的恶劣和严重程度，党和政府布置开展了搬运行业的"反把"斗争、建筑行业的"反把"斗争和反粪霸斗争等。

1. 搬运行业的"反把"斗争

搬运行业的"反把"斗争是解放后最早开展的工人群众反对封建把持势力的运动。1950 年上半年，北京搬运工人在党的领导下，开展了轰轰烈烈的"反把"斗争。解放前，北京搬运行业中的封建把持势力有三种，分别是"搂包"、"锣车"和"猴车"。"搂包"是指国

民党统治时期，来往旅客为避免国民党当局对所携带行李货物的审查，专门托人力车夫代为搬运、办理检查手续，然而时间一久，车站的搬运业务就逐渐被一些强势的"搂包"头子控制起来，搬运工人也被强势"搂包"纳入其门下，成为"搂包"剥削和敲诈的对象。所谓"锣车"，是指在社会上敲诈、拐骗旅客的一种恶势力，而"猴车"则是专门敲诈嫖客妓女的流氓，这些人专为帝国主义分子凌辱中国妇女搭桥引路。

解放后，虽然一些罪大恶极的"搂包"分子仓皇逃跑，但是还有一些"搂包"假装进步分子钻入工会，从而继续控制工人，有的甚至把持一方、挑动工人互斗，以及造谣中伤、辱骂共产党等。"锣车"在解放后也继续作恶，他们盘踞在车站出口、旅馆外，与"搂包"相互勾结。"猴车"则仍然集中在东单、王府井、米市大街一带，他们成群结伙、霸占地段，为暗娼嫖客搭桥引路。据调查，当时全市共有"搂包""锣车""猴车"三四百人，他们压迫剥削搬运工人、坑害旅客、败坏社会风气，造成了极坏的社会影响。

1950年2月6日，中华全国总工会搬运工会第一届全国代表大会通过了《关于设立搬运公司废除各地搬运事业中封建把持制度向中央人民政府的建议》。参加此次会议的北京代表传达了大会精神后，北京广大搬运工人纷纷要求同北京搬运事业中的封建把持势力展开斗争。经中共北京市委批准，成立了搬运工人"反把"领导小组。从 2 月份开始，"反把"领导小组在搬运工人中分批举办工人训练班，揭露"搂包"分子的恶劣罪行，提高工人的思想觉悟。通过举办工人培训班、召开搬运工人控诉会等措施，仅三四个月的时间，就摧垮了搬运行业中的封建把持制度，逮捕了罪大恶极的"搂包"分子43 人，并视其情节轻重对这些"搂包"分子处以死刑至劳动改造不等的刑罚。北京搬运行业在取得"反把"斗争胜利的基础上，由下而上逐级建立三轮车工会、排子车工会，装卸工会等。从此，北京搬运工人在党的领导下，在搬运工会和日后成立的搬运公司的组织下，成为首都建设大军中的一支重要力量。

2. 建筑行业的"反把"斗争

1951 年，随着生产的恢复和发展，北京市的建筑任务量大幅增加。根据同年 6 月的统计，北京市的建筑工人有近 8 万人，建筑公司达到几十个。但是，除个别建筑公司外，绝大多数建筑公司的生产管理权仍然控制在旧社会人员和封建把头的手中，这一情况导致建筑工程质量低劣、工人屡受盘剥，因而工人的反抗呼声十分强烈。面对这种情况，党和政府高度重视。1951 年 6 月下旬至 7 月初，中共北京市委连续召开会议，根据市委书记彭真"把头制度应立即粉碎"的指示，北京市在市总工会设立了建筑业反把斗争指挥部。在充分发动群众、建立工地工会组织等一系列措施的基础上，11 月 1 日，市总工会在劳动人民文化宫召开了有万余名建筑工人和工程技术人员参加的群众大会，控诉、斗争建筑业中罪恶昭彰的把头，将建筑行业的"反把"斗争推向了高潮。从 11 月 2 日至 14 日，全市共揭发建筑行业的封建把头 218 个。根据党的政策，除少数罪大恶极的把头被送到司法机关依法严惩外，对中小把头主要是采取团结教育的方针，让他们当众认罪，请求工人予以宽大处理。为了巩固"反把"斗争的胜利成果，党和工会组织还加强了对建筑企业的领导，在生产管理制度上进行了民主改革。这些措施共同推动了建筑行业的"反把"斗争，并将其引向了最终的胜利。

3. 反粪霸斗争

解放前，北平的淘粪行业实行的是封建占有制度。粪道主占有粪道、厕所，自行买卖、租赁、转让、雇工经营。他们在城区到处私设粪坑、粪场、晾晒粪干，严重污染环境，妨害公共卫生。在农业施肥用粪的季节，粪道主便抬高粪价、牟取暴利，甚至粪干掺假、坑害农民。还有些粪霸、粪阀，他们盘踞在粪便管理部门，把持着行业公会的领导权，一般粪商和粪业中的独立劳动者不得不从粪霸、粪阀手中租赁粪道，而掏出来的粪也不得不以低价卖给粪霸、粪阀，因而受尽了他们的盘剥。

中华人民共和国成立后，北平市政府对城区内三五百处大小粪场进行了初步整顿，规定未经批准一律不得在城内堆积和晾晒粪便，以维护城市道路和环境的清洁卫生。1950 年初，北京市成立卫生工程局，设置了专门管理粪便的粪污管理所，开始对粪霸和封建的粪道私人占有制度进行治理。同年 10 月 18 日，北京市政府颁布了《取缔城区存放粪便办法》及其他相关法规和政策。这些政府法规和政策的颁布触动了粪霸们的利益，因而遭到了他们的抵制。粪霸们滋事扰乱，企图阻挠相关法规政策的执行，极少数气焰嚣张的粪霸更是蓄意煽动不明真相的粪工聚众反对政府收回和改建公厕，甚至扬言组织万人游行罢市。

粪霸们的行径引起了广大人民群众的强烈愤慨和反对，他们纷纷要求政府严惩闹事粪霸。北京市政府顺应民意，经过调查研究，于 1951 年 11 月 3 日由市公安局、市卫生工程局联合发布了《关于改革粪道制度的布告》，明确提出废除封建的粪道制度、依法惩办有血债或有重大罪行的粪霸、粪阀。在该布告公布当天，北京市公安局立即逮捕了有血债和有重大罪行的粪霸、粪阀共 23 人，其中的 4 人被依法判处死刑。粪道制度改革取得了彻底胜利。随后，北京市政府在全市范围内新建公共厕所 240 座，新建污水池 740 个，从而使整个城市的环境和市容市貌得到了极大的改善。

在打击黑恶势力、维护人民权益的同时，党和政府还尽可能地为劳动群众创造发展的条件，从而使劳动人民的主人翁地位得到真正的实现。比如，解放初期，在党的领导下，人民群众被普遍组织起来，开展扫盲运动。以搬运工人为例，根据工人们的工作时间和特点，授课单位采取了流动教学与分散教学相结合的授课形式，工人们被分成两个班次，不参加扫盲的先派活、参加扫盲的后派活，两部分人每天轮换，这样就达到了既保证学习又兼顾生产的目的。在扫盲的过程中，搬运工人们的学习积极性空前高涨。扫盲班规定的是每天早晨 6 点开始上课，然而很多工人 5 点多就来到了教室。他们点着煤油灯，一边吃早点一边看书。白天上班过程中，一有空闲，他们也会坐下来学习，马路、麻袋、树枝等都成为搬运工人们复习功课的工具。

在授课单位和搬运工人的共同努力下，搬运工人的扫盲活动于 1954 年 5 月顺利结束。从此，搬运工人们摘掉了文盲的帽子，实现了文化翻身的愿望。通过扫盲学习，75% 的搬运工人具备了一定的文化知识水平，同时，通过学习，他们也提高了政治思想觉悟，增强了组织纪律观念，后来，在这些工人中培养出了大批干部，部分同志还加入了中国共产党，成为运输战线的骨干。

又比如工资改革。以石景山钢铁厂为例，解放前，石景山钢铁厂旧有的工资制度极端混乱且不合理，工资等级多达 105 级。为此，解放后，石景山钢铁厂于 1951 年 5 月 22 日向北京市劳动局递交了关于进行工资改革的报告，建议实行八级工资制度。5 月 25 日，北京市劳动局批准了这一报告。在此基础上，1951 年 7 月 5 日至 9 月 23 日，石景山钢铁厂进行了解放后第一次工资改革。通过改革，改变了极端混乱的旧工资制度，全面实行了八级工资制，统一了以"工资分"为工资的计算单位，98%的职工增加了工资，全厂工资总额增长了30%。

在工资改革的具体操作过程中，石景山钢铁厂注重加强以阶级教育、爱国主义教育为中心内容的宣传教育工作；注重结合本厂实际，修订技术等级标准，严格按照标准评定等级；注重典型引路，随时总结并在全厂推广经验，为全厂顺利完成评级工作奠定基础。与此同时，该厂还注重做好评级结果公布后的思想工作。由于石景山钢铁厂党政工团的一致努力，此次工资改革充分照顾到了绝大多数工人的权益，就连工资减少的人也表示说："我也心平气和了。"新评定的工资等级、工资分值公布后，《没有共产党就没有新中国》的歌声响彻全厂，许多工人感动得流下了眼泪。工资改革结果公布当天，厂工资调整委员会就收到感谢毛主席、感谢共产党的信件50余封。石景山钢铁厂的此次工资改革，极大地激发了工人们的生产积极性，全厂职工的劳动热情空前高涨，从而有力地促进了生产经营指标的大幅度提升。

综上所述，不论是对黑恶势力的镇压和清除，还是为人民群众提供增长知识、提高物质待遇的机会和措施，根本目的都是为了让人民群众过上更好的生活，成为更加全面发展的人。从这个意义上说，这与我们党全心全意为人民服务的根本宗旨是一致的。可以说，古都北京之所以能够从一个封建帝都转变成为人民的城市，根源就在于中国共产党对人民当家作主地位的真正推动和维护，对人民至上理念的充分尊崇，以及对人民首创精神的高度认可。正是由于中国共产党的领导，服务人民的意识才得以取代帝王将相的封建等级思想，古老的北京也才得以重新焕发青春。

第四节　新时代的新发展：
以人民为中心发展思想的京华实践

历史唯物主义认为，人民是一个历史的、政治的范畴，反映了一定社会的政治关系，指的是推动历史发展的绝大多数社会成员的总和，其主体是从事各种劳动的广大群众。人民是一个整体或集合体，由不同的社会群体构成，与群众、民众、大众等词同义，很多时候又合在一起称人民群众①。

近代以来，在不同历史时期，人民这个概念所包含的对象也各不相同。在今天，人民主要是指社会主义的劳动者、社会主义事业的建设者、拥护社会主义的爱国者、拥护祖国统一和致力于中华民族伟大复兴的爱国者等。作为中国工人阶级的先锋队，作为中国人民和中华民族的先锋队，作为代表最广大人民群众根本利益的中国共产党，在革命战争年代，它依靠人民开展革命，取得了新民主主义

---

① 张太原：《"坚持以人民为中心"是怎样提出的》，《学习时报》2018年1月17日。

革命的胜利；新中国成立后，中国共产党执政的基础和源泉也全部来自人民。

正因为如此，习近平总书记对人民群众高度重视，在十八届中央政治局常委同中外记者见面时的讲话中，习近平总书记就表示说："我们的人民热爱生活，期盼有更好的教育、更稳定的工作、更满意的收入、更可靠的社会保障、更高水平的医疗卫生服务、更舒适的居住条件、更优美的环境，期盼着孩子们能成长得更好、工作得更好、生活得更好。"基于此，他做出了"人民对美好生活的向往，就是我们的奋斗目标"① 的明确表态。在 2016 年 12 月 21 日举行的中央财经领导小组第十四次会议上，习近平总书记围绕全面建成小康社会的奋斗目标，在讲话中生动阐述了如何贯彻落实"以人民为中心"的发展思想。他指出："全面建成小康社会，不是一个'数字游戏'或'速度游戏'，而是一个实实在在的目标。在保持经济增长的同时，更重要的是落实以人民为中心的发展思想，想群众之所想、急群众之所急、解群众之所困，在学有所教、劳有所得、病有所医、老有所养、住有所居上持续取得新进展。"② 他还语重心长

---

① 《习近平在十八届中共中央政治局常委同中外记者见面时强调 人民对美好生活的向往就是我们的奋斗目标》，《人民日报》2012 年 11 月 16 日。

② 《习近平主持召开中央财经领导小组第十四次会议强调 从解决好人民群众普遍关心的突出问题入手推进全面小康社会建设》，《人民日报》2016 年 12 月 22 日。

地说："人民群众关心的问题是什么？是食品安不安全、暖气热不热、雾霾能不能少一点、河湖能不能清一点、垃圾焚烧能不能不有损健康、养老服务顺不顺心、能不能租得起或买得起住房，等等。相对于增长速度高一点还是低一点，这些问题更受人民群众关注。如果只实现了增长目标，而解决好人民群众普遍关心的突出问题没有进展，即使到时候我们宣布全面建成了小康社会，人民群众也不会认同。"

而在党的十九大报告中，习近平总书记提到人民的地方有 203 次之多，其中 4 次提到了"以人民为中心"。尤为值得注意的是，总书记在报告中特别将"坚持以人民为中心"作为中国特色社会主义的一个基本方略进行了系统的阐述，指出："人民是历史的创造者，是决定党和国家前途命运的根本力量。必须坚持人民主体地位，坚持立党为公、执政为民，践行全心全意为人民服务的根本宗旨，把党的群众路线贯彻到治国理政全部活动之中，把人民对美好生活的向往作为奋斗目标，依靠人民创造历史伟业。"①

作为马克思主义执政党，以人民为中心的发展思想也充分体现了我们党对马克思主义理论的学习、消化和吸收。习近平总书记在纪念马克思诞辰 200 周年大会上

---

① 习近平：《决胜全面建成小康社会 夺取新时代中国特色社会主义伟大胜利——在中国共产党第十九次全国代表大会上的报告》，《人民日报》2017 年 10 月 28 日。

的讲话中分析道：马克思、恩格斯设想，在未来社会中，"生产将以所有的人富裕为目的"，"所有人共同享受大家创造出来的福利"。恩格斯结合马克思在《共产党宣言》《哥达纲领批判》《资本论》等著作中提出的一系列主张，阐明在社会主义条件下，社会应该"给所有的人提供健康而有益的工作，给所有的人提供充裕的物质生活和闲暇时间，给所有的人提供真正的充分的自由"①。基于马克思恩格斯两位革命导师的伟大设想并结合中国现阶段的具体实际，习近平总书记将以人民为中心的发展思想概括为在更高水平上实现"幼有所育、学有所教、劳有所得、病有所医、老有所养、住有所居、弱有所扶"②，从而在此基础上促进人的全面发展，朝着实现全体人民共同富裕的最终方向不断前进。

作为首都，北京的责任和使命在于忠诚于党、忠诚于国家、忠诚于人民。因此，树立并贯彻落实以人民为中心的发展思想，是北京在新时代中国特色社会主义的背景下必须落实的一项重要任务。同时，首都的地位和首善的标准也要求北京必须在贯彻落实方面拿出切切实实的举措，取得实实在在的成绩。此外，习近平总书记两次视察北京并发表重要讲话，这两次讲话明确了北京

① 习近平：《在纪念马克思诞辰 200 周年纪念大会上的讲话》，《人民日报》2018 年 5 月 5 日。

② 习近平：《在纪念马克思诞辰 200 周年纪念大会上的讲话》，《人民日报》2018 年 5 月 5 日。

作为全国政治中心、文化中心、国际交往中心、科技创新中心的战略定位，提出了建设国际一流的和谐宜居之都的战略目标，全面部署了京津冀协同发展战略，为北京的发展指明了前进方向。在视察北京的过程中，人民群众的获得感始终是习近平总书记牵挂的重要内容，为贯彻落实习近平总书记视察北京的重要讲话精神，真正实现北京作为人民首都的政治定位，北京市采取了一系列措施保障和改善民生、增进人民福祉。

2017 年 1 月 14 日，时任北京市代市长蔡奇在北京市第十四届人民代表大会第五次会议上所作的《政府工作报告》中，详细列举了一年来北京市在民生领域所取得的重要进展。他指出，一年来，北京市政府"积极回应群众关切，扎实办好重要民生实事。实施提高生活性服务业品质行动计划，建设提升 1000 个便民商业网点，推动规范化、连锁化、品牌化发展。加强高校毕业生、就业困难群体和农村转移劳动力就业帮扶，做好相关企业职工分流安置，实现城镇新增就业 36 万人。全面整合城乡居民基本医疗保险制度。实施精准救助，加大'救急难'力度，保障困难群众基本生活。积极做好困境儿童和留守儿童保障工作。深化残疾人社会保障和公共服务体系建设，加强残疾人融合教育，加快残疾人小康进程。完善社会化养老服务体系，大力发展居家养老，建设 200 家社区养老服务驿站，发展农村互助养老和志愿服务，深入推进医养结合。把握住房的居住属性，以建立购租并举的住房制度为主要方向，以政府为主提供基本保障，以市场为主满足多层次需求，金融、财税、土地、市场监管等多措并举，探索建立符合国情市情、适应市场规律的基础性制度和长效机制，促进房地产市场平稳健康发展。加大中低价位、中小套型普通商品住房供应比例，保障房建设筹集5万套、竣工6万套。棚户区改造3.6万户。完成1.5万套自住型商品住房供地。培育和规范发展住房租赁市场。加快发展装配式建筑。以城六区为重点，继续推进老旧小区综合整治，切实改善群众居住条件。"①

同年6月19日，中共北京市委书记蔡奇在中国共产党北京市第十二次代表大会上的报告中指出，中共北京市委、北京市政府将在保障和改善民生方面进一步采取措施，重点抓好以下几方面工作："坚持政府主导和发挥市场、社会作用相结合，合理引导社会预期，积极构建覆盖城乡、优质均衡的公共服务体系，努力在学有所教、劳有所得、病有所医、老有所养、住有所居上持续取得新进展。实施更加积极的就业政策，加强就业培训和精准帮扶，鼓励以创业带动就业，实现更加充分、更高质量的就业，保持城乡居民收入增长与经济发展同步。努力办好人民满意的教育，增加

---

① 蔡奇：《政府工作报告——2017年1月14日在北京市第十四届人民代表大会第五次会议上》，《北京日报》2017年1月23日。

学前教育资源供给，推动优质义务教育资源均衡发展，深化基础教育综合改革，完善现代职业教育格局。强化高等教育内涵发展，支持世界一流大学和一流学科建设，更好发挥人才培养、科学研究、社会服务、文化传承创新、国际交流合作作用。积极推动健康北京建设，深化医药卫生体制改革，促进公立医院改革和社会办医规范有序发展，完善覆盖城乡的基本医疗卫生制度，大力开展全民体育健身活动，努力提供全生命周期的卫生与健康服务。统筹社会保险和社会救助，完善失业、工伤和生育保险制度，健全医疗和养老保险体系，积极发展扶老、助残、救孤、济困等社会福利和慈善事业。积极应对人口老龄化，完善以居家为基础、社区为依托、机构为补充、医养相结合的养老服务体系，建设街乡养老照料中心、社区养老服务驿站，支持社会力量参与，探索形成专业化运营新模式，满足多样化养老服务需求。坚持住房的居住属性，健全基本住房保障制度和购租并举的住房供应体系，适度提高居住用地及其配套用地比重，完成中心城区棚户区改造，积极发展住房租赁市场，强化需求端管理，促进房地产业平稳健康发展，帮助更多的人实现住有所居。"①

① 蔡奇：《更加紧密团结在以习近平同志为核心的党中央周围　为建设国际一流的和谐宜居之都而努力奋斗——在中国共产党北京市第十二次代表大会上的报告》，《北京日报》2017年6月27日。

不论是在《政府工作报告》中对工作落实情况的总结，还是在中共北京市党代会报告中对接下来工作的安排，两个报告的共同点都在于紧紧扣住了衣、食、住、行、教育、医疗、居住等人民群众最关心、最直接、最现实的利益问题，都在具体细节层面将习近平总书记"幼有所育、学有所教、劳有所得、病有所医、老有所养、住有所居、弱有所扶"的要求转变成为以人民为中心的发展思想在北京的生动实践。

与此同时，坚持以人民为中心的发展思想，就要在发展中保障和改善民生。中国党和政府已经向全国人民和全世界郑重承诺：到2020年，我们将全面建成惠及13亿多中国人的小康社会，实现我国现行标准下农村贫困人口脱贫的目标。这一目标的实现，有赖于党中央的科学决策和精准扶贫政策的出台，也有赖于各个地方真抓实干，以实际行动完成脱贫攻坚的光荣使命。

作为首都，北京的经济发展水平高、科技实力雄厚、人力资源优势明显，因而更应该在脱贫攻坚中发挥重要作用。2018年5月中旬，中共北京市委书记蔡奇在接受《人民日报》采访时也表示说："北京肩负中央部署的对口支援、帮扶、协作任务，涉及全国7省区89个县级地区，其中5省区72个县级地区纳入了中央扶贫协作考核，还有贫困人口134万。我们将真正当作自己分内的事来办，聚焦建档立卡贫困户，助力受援地区如期脱贫，同时确保本市 7.06 万户低收入农户如期实现帮扶目标。"① 为此，2018 年 4 月 8 日至 10 日和 4 月 13 日至 14 日，北京市党政代表团先后前往内蒙古和河北，就扶贫工作与内蒙古和河北进行了沟通对接。

在内蒙古，北京市党政代表团走访、考察了自治区的脱贫扶贫工作，并与内蒙古自治区党委书记李纪恒等同志就扶贫工作进行了沟通对接。在对接时，北京市委书记蔡奇表示："北京作为首都，必须坚持以习近平新时代中国特色社会主义思想为指导，带头深入贯彻习总书记关于打好精准脱贫攻坚战的重要指示精神和党中央部署，坚持从打好三大攻坚战、全面建成小康社会的高度，从建设好边疆、实现国家长治久安的高度，从实现'两个一百年'奋斗目标和中华民族伟大复兴中国梦的高度，充分认识扶贫协作工作的重要性，切实增强思想自觉和行动自觉，把它作为一项重大政治任务，作为北京分内的事来办，以更大决心、更精准举措、更过硬作风，助力内蒙古打好脱贫攻坚战。"② 为此，蔡奇要求，应当把北京派出的挂职干部压到扶贫一线去，发挥首都教育、人才优势，在加强内蒙古当地干部人才培训方面多做工作，帮助打造一支带不走的专业人才队伍。而北

---

①　朱竞若：《奋力开创首都发展更加美好的明天——访北京市委书记蔡奇》，《人民日报》2018 年 5 月 14 日。

②　徐飞鹏、范俊生：《深入贯彻党中央重大决策部署　助力内蒙古打好脱贫攻坚战》，《北京日报》2018 年 4 月 11 日。

京16个区的党政一把手也直接到对口帮扶的旗县开展对接工作，新增结对帮扶旗县的区要抓紧按照签订的"携手奔小康"协议，扎实推进结对帮扶的工作。

在河北期间，北京市委书记蔡奇郑重表示：到2020年全部实现张家口、承德、保定三市"23个县区贫困人口稳定脱贫、贫困县全部摘帽，携手奔小康，是党中央交给北京的光荣政治任务，是北京义不容辞的政治责任，也是北京对河北的反哺与回报"①。他要求北京市在河北的脱贫扶贫工作方面坚持精准施策，更加突出脱贫实效，并将首都优势和当地资源条件紧密结合，推动产业转移和对接帮扶，重点发展建档立卡贫困人口能够受益的产业；同时，注重增强结对帮扶地区的造血功能，建立稳定收入来源和长效帮扶机制，带动贫困群众依靠辛勤劳动脱贫致富，让贫困地区群众真正拔掉穷根。

对于北京来说，树立并贯彻落实以人民为中心的发展思想，是责任也是使命，是目标也是义务。虽然文字层面对这一发展思想的表述并不复杂，但是具体的操作和执行却并不简单。在中国特色社会主义进入新时代的背景下，如何贯彻落实以人民为中心的发展思想，需要明确新目标、进行新的探索。值得欣慰的是，北京在这方面始终扎实推进、久久为功，并取得了初步的成果。

---

① 王皓、武红利：《以首善标准加强扶贫协作　京冀两地携手奔小康》，《北京日报》2018年4月15日。

而对于这项只有进行时、没有完成时的工作来说，如何解决好"人民日益增长的美好生活需要和不平衡不充分的发展之间的矛盾"，如何让人民群众获得实实在在的利益，是评判这项工作做好与否的根本标准。这也有赖于北京在新的时代和新的发展阶段，总结之前工作的经验，在更高的水平上将这项工作持续地推向深入。

第四章　担当奉献:北京红色文化的鲜明特质

近代以来北京的历史,可以说是中国近现代史和当代史的缩影。在中国革命、建设和改革的历史长河中,北京留下了一个个备受瞩目且不可磨灭的印记。这一个个印记,既与北京自近代以来绝大部分时间作为首都的地位密切相关,同时也与北京人民所展现出来的不懈奋斗、不怕牺牲的意志品质和顾全大局、勇于担当、严守纪律、乐于奉献的精神风貌密切相关。这些意志品质和精神风貌,有机地组成了北京红色文化中担当奉献的精神品质。

担当奉献是一种内化于心、外化于行的精神品质,它需要长时间的积淀和凝练,正因如此,它才显得极为可贵。在北京红色文化的谱系中,担当奉献并不是孤立存在的,它与忠诚正义、爱国为民、首善力行互相依存、互为支撑。具体说来,忠诚正义是担当奉献的重要精神源泉,指引着担当奉献的前进方向;爱国为民是担当奉献的内在本质，对于中华民族来说，一切担当和奉献的出发点和最终归宿，都应该是有益于祖国、有益于人民；而首善力行作为独属于北京红色文化的特点，对担当奉献提出了更高的标准和要求，而担当奉献的行为展现，也推动了首善力行这一价值立场的形成和确立。

对于北京来说，有关担当奉献的历史素材不仅题材丰富而且意义深刻，基于此，本章拟从北京的近代、现代和当代历史中，选取最具有典型意义的事件和人物，以揭示北京人民勇于担当、乐于奉献的可贵品质。

第一节　对抗黑暗：长辛店工人的觉醒

长辛店位于北京西南方向、永定河西岸，到天安门的直线距离不过 20 多公里。长辛店的东北方向是在中国近代史上赫赫有名的卢沟桥，南面则是房山良乡镇。在清代，长辛店是北京通往河北、河南等地的重要通道，因而具有"华北咽喉"的称谓。此外，在清代，从广安门出发，经卢沟桥、长辛店向南的道路被视为"九省御路"，其中长辛店还是重要的驿站、哨卡和驻兵之所。

到了近代，随着京汉铁路的修建和铁路机车厂的创办，长辛店的地理位置和战略地位更加重要。义和团事件和八国联军侵华后，先前建立的卢沟桥机车厂受损毁严重，无法继续进行生产，有鉴于此，1901 年，西方国家会同清政府另外选址长辛店三合庄，重建了一座全新的机车厂，定名为邮传部京汉长辛店铁路机厂，主要负责维修京汉铁路上的机车，此后不久又易名为长辛店铁路机厂。在建厂初期，机车厂的工人大多是当地农村的破产农民，也有少部分从外厂调来的技术工人，总数约300人左右。由于京汉铁路的重要地位和民国成立后铁路工业的迅速发展，时至1919年，长辛店铁路机厂已发展到拥有工人3000余人的较大规模，成为当时北京最大的机械制造和产业工人的聚集地。

虽然机车厂工人的人数在持续增加，但是工人们的生活状况却异常凄惨。在机车厂中，工人分为"长牌"和"短牌"，"短牌"也就是临时工。"短牌"工人的工钱少，可以被总管随意开除，而"短牌"要想成为"长牌"，就必须委曲求全，满足工头的一切要求。然而，即使是"长牌"的工人，也要时常给工头送礼，否则不仅无法涨工钱，甚至还会被工头开除。

从工作强度来看，不论是"短牌"工人还是"长牌"工人，每天都必须工作10个小时以上，夏天的时候工作时间甚至要达到11—12小时，且一个月仅能休息两个星期日。在这样高强度的劳动条件下，工人们每天却只能挣两毛到三毛钱，多数人每个月拿到手的不超过八元四毛钱。但是，相较于一般工人这点微薄的收入，工厂的工头每月却能拿到五十到八十元，厂长每月到手的则有四百元，铁路局长甚至能挣到一千元。以铁路局长与基层工人的收入相比较，他们之间的收入差距达到了惊人的 120 余倍。而外国的管办和厂长作为工厂的"太上皇"，其收入比中国管办、厂长还要高不少。

对于工人们来说，即便是这样微薄的收入，一旦身体有恙不得不请病假仍要被扣工钱，更过分的是，"短牌"工人即便是在可以休息的两个星期日休息，也要被扣除工钱。不仅如此，工厂中的统治阶级为了最大化地剥削压迫工人阶级、榨取剩余价值、消泯工人内心潜藏的反抗意识，对工人采取了"愚民"政策。这一措施导致工人们"除了每天工作以外，别的什么也不知道"①。当时在工厂里甚至流传着这样的顺口溜：要闻朝中事，山里问和尚。以此提醒工人不要过问不该过问的事情，以免"惹是生非"。

由上可见，长辛店机车厂的工人在外国帝国主义和本国封建势力的双重压迫下，过着牛马不如的悲惨生活。残酷的压迫必然引起工人的反抗，然而，受"愚民"政策和工人自身受教育程度的影响，工人们无法接触到先进的革命思想。面对来自厂方的残酷压迫，虽然工人们在忍无可忍之时也会作出一些反抗，比如 1917 年，长辛店砖窑厂的厨师就因不堪忍受奥地利厂长恩日尔的残暴压制，愤怒之下将其杀死；或者几个工人一起结拜把兄弟，以同乡的关系形成小团体，例如"定州派""天津

---

① 《北方的红星——长辛店机车车辆工厂六十年》，作家出版社 1960 年版，第 8 页。

派"等，但是这些斗争方式无疑都是落后的，无法从根本上改变工人受苦受难的状况，也无助于真正实现工人阶级的联合，以共同争取合理的经济收入和社会地位。长辛店的工人们迫切需要先进理论的指导。

1917 年，十月革命一声炮响，给中国送来了马克思列宁主义，"中国的革命志士辛辛苦苦多少年，想摸索一条救国的路，这时候开始找着了门"①。伴随着马克思列宁主义的传入，长辛店机车厂工人的情况也出现了新的变化。1918 年 8 月，由毛泽东倡导举办的"留法高等法文专修馆工业科"的学生来到长辛店机车厂，开展半工半读活动。这些学生均是受了十月革命的影响、希望出国寻求真理的先进青年。在学生们半工半读期间，五四运动爆发了。长辛店机车厂的留法预备班学生、长辛店铁路工厂艺员养成所、长辛店车务见习所的学生和实习人员受到鼓舞，纷纷前去参加游行。游行结束后，他们回到厂里，将五四游行的见闻，以及五四运动的前因后果、来龙去脉，向车间工友广泛传达。由于机车厂的工人深受帝国主义、封建主义的压迫，因而学生们的宣讲激发了他们的爱国精神和反抗意志，工人的斗争精神被逐渐调动起来。从此，长辛店的先进工人开始跟随进步学生走上街头，

---

① 《北方的红星——长辛店机车车辆工厂六十年》，作家出版社1960 年版，第 9 页。

抵制日货、开展游行罢工。

1919 年 5 月 6 日，在北京大学成立救国十人团联合会的影响下，长辛店也成立了自己的救国十人团联合会。长辛店救国十人团联合会强烈抗议北洋军阀逮捕爱国学生、镇压五四运动的反动行径，积极响应全国各地的罢工、罢课、罢市斗争，举行了游行示威、集会讲演等活动。5 月 7 日，长辛店铁路机厂铁匠工人史文彬带领 100 多名工人上街游行、组织罢工，开展反帝爱国斗争。随后，史文彬等罢工工人又与长辛店留法勤工俭学预备班、长辛店铁路工厂艺员养成所，以及长辛店车务见习所的学员们一起，包围了曹汝霖的女婿、长辛店机车厂副厂长刘家骥的住宅，质问他阻拦、破坏长辛店工人、学员参加五四爱国运动的动机和意图。这次罢工虽然规模不大，但它是中国工人阶级的第一次政治性罢工，比上海的六三罢工要早了近一个月，因此被视为中国工人阶级登上历史舞台的预演①。

五四运动期间，参加游行示威的爱国学生特别是北大学生与长辛店机车厂的先进工人们相互结识。在李大钊的安排下，以邓中夏、张国焘为代表的部分北大学生成立了北京大学"平民教育讲演团"，讲演团来到长辛店与工人联谊，并为工人们宣讲平民教育、爱国主义、

---

① 张国庆：《长辛店与中国共产党的创建》，《北京党史》2017 年第 5 期。

反对军阀、自由平等思想观点和主张，帮助他们开阔了视野、增长了知识、提高了觉悟。

1920年7月，上海、湖南、北京、湖北、山东等地先后成立了共产主义小组。北京的共产主义小组成立后，就确定以长辛店为活动据点，面向工人开展工作。当年12月，李大钊和北京共产主义小组派邓中夏、张国焘、张太雷、杨人杞等到长辛店举办劳动补习学校。1921年1月1日，劳动补习学校正式开学。

这所以"增进劳动者和劳动者子弟的完全知识，养成劳动者和劳动者子弟高尚人格"[①] 为宗旨的补习学校，是中国第一所向工人阶级系统传播共产主义思想的进步机构。该校授课分日、夜两班，夜班的授课对象是工人，主要讲授国文、法文、社会常识、科学常识、工厂和铁路知识等；日班主要面向工人的子弟，开设与普通国民教育相近似的课程教育。授课教师大多由北大师生担任，李大钊也亲自担任驻校教员。在授课过程中，教员们一边教工人识字，一边传授革命道理，从而将提高工人的文化知识水平和传播革命思想、提升工人的思想觉悟结合起来。在授课过程中，以北大进步师生为主体的教员们以生动具体、通俗易懂的形式面向工人授课，因而授课内容得到了工人们的普遍欢迎和认可。比如，在阐述

---

① 宋柏主编：《北京现代革命史》，中国人民大学出版社1988年版，第36页。

工人阶级的伟大作用时，北大师生不拘泥于从理论上讲授工人阶级登上政治舞台的历史必然性，而是从工人日常工作中的织布、筑路、盖房子等"小事情"讲起，揭示了工人阶级的劳动创造了世界上的一切的道理。在讲授工人阶级团结起来的力量时，教员们以"五人团结一只虎，十人团结一条龙，百人团结成泰山，谁也搬不动"[①] 这一形象的比喻，强化了工人们的思想认识和阶级观念。在讲劳动光荣、做工伟大时，有工人提出了为什么"伟大还受穷"的问题，教员们就从剥削开始讲起，一直讲到马克思主义关于阶级斗争的基本理论，讲到工人阶级组建政党的重要意义。长驻教员吴荣沧还将自己编写的歌曲教给工人们歌唱，歌词写道："如今世界不太平，重重压迫我劳工。一生一世作牛马，思想起来好苦情。北方吹来十月的风，惊醒了我们苦弟兄。无产阶级快起来，拿起铁锤去进攻。红旗一举千里明，铁锤一举山河动。只要我们团结紧啊，冲破乌云满天红！"[②]

就这样，北京的早期共产主义者以劳动补习学校的方式，一方面通过讲授与马克思主义相关的理论知识，启发工人的阶级觉悟，从思想上实现工人阶级的组织和

---

　① 宋柏主编：《北京现代革命史》，中国人民大学出版社 1988 年版，第 36 页。

　② 《北方的红星——长辛店机车车辆工厂六十年》，作家出版社 1960 年版，第 65 页。

联合；另一方面通过与工人阶级的近距离接触，了解他们的思想状况和生活状况，在从思想上、物质上帮助工人的同时，也不断地对自己的主观世界加以改造，从而实现对客观的革命形势的准确把握。

劳动补习学校开办后，长辛店工人的政治觉悟得到迅速提高，特别是李大钊、邓中夏等在工人中进行的启发式教育，使他们深刻认识到了剥削和压迫的根源，认识到了工人阶级所具有的伟大力量，从而坚定地选择了马克思主义。而早期共产主义者通过与工人接触，从中也学习到了中国工人阶级的优秀品格，认识到了中国发展的前途和出路。正如邓中夏在《长辛店旅行一日记》中所说的那样："长辛店的工人见我们到了，十分欢迎。对于我们很亲热，我们也觉得他们很友爱，好比兄弟一般，而他们工人也互相亲爱。一种融和团结的气象，令我见了很喜欢。我常痛恨现在社会上的人群太无感情，互相诈虞倾轧，所以对于长辛店工人那样团结融洽，就生出无限希望。"①

北京的共产主义小组通过组织创办劳动补习学校，不仅教育和启发了工人的阶级觉悟，引导他们学会争取和维护基本的生存权利和政治权益，而且劳动补习学校还将工人与工人、工人与知识分子团结联系在了一起。随着政治意识的日渐觉醒和增强，1921 年 5 月 1 日，长

---

① 《邓中夏文集》，人民出版社 1983 年版，第 5 页。

辛店工人举行了劳动纪念大会，参加纪念大会的除了长辛店工人外，还有从天津、保定专程赶来的工友、国民学校的学生、劳动补习学校的学员等，人数达到一千多人。在这次纪念大会上，正式成立了工会组织[①]，并举行了中国工人历史上第一次"五一"游行，明确喊出了"五一节万岁""八小时工作""八小时休息""一小时教育""劳工万岁"等口号。中国共产党成立后，长辛店机车厂很快便产生了中国第一批工人党员，这些党员成为党在工人运动中的重要骨干。可以说，长辛店是我们党工人运动的重要据点，是北方工人运动的发源地。中国共产党北京党组织一方面继续在长辛店机车厂开展工作，另一方面通过创办刊物《工人周刊》，将长辛店工人运动的做法和经验源源不断地向外传播开来，一时间，在北方的各条铁路、各座矿山的工人中，到处都流传着长辛店的消息，大家都知道长辛店的工人首先喊出了自己的口号、打出了属于工人阶级自己的旗帜。在党组织的影响下，正太、京奉、京绥、陇海、津浦等铁路上的工人组织纷纷派代表前往长辛店参观学习，在参观

[①]　据邓中夏所言，工会成立初期是以"工人俱乐部"的名称而非"工会"来组织活动的。之所以称为"工人俱乐部"，乃是因为当时工人认为工会通常都是由工头发起的，而不是由工人自己组织的，现在工人们独自建立了自己的机构，因此便不应该再称其为"工会"，因而改称作"工人俱乐部"。参见邓中夏：《中国职工运动简史（1919—1926）》，人民出版社1953年版。

中，"大家不觉油然而生羡慕之心，在当时工人们仿佛觉得长辛店是工人的'天国'"；参观之后，各地工人代表自然"模仿长辛店组织起俱乐部了。因此，北方各铁路开始都有了工会组织的萌芽"[①]。

工会组织建立后的一项重要工作，就是通过发动游行、罢工等方式维护工人的合法权益，与统治阶级展开坚决斗争。1922 年 8 月 24 日，在工会的领导下，长辛店工人发动了"八月罢工"。"八月罢工"是北方铁路罢工潮的起点，参加罢工者有三千人之多。在长辛店工人公开发表的《京汉路长辛店工人俱乐部罢工宣言》中，工人们明确提出了以下八点要求：

（一）厂中日后上人革人，均要通过工人俱乐部委员会，厂内司事概不得私而荐人。

（二）长辛店工人，有入厂十余年或七八年未有加过一次工薪者，值此米珠薪桂之际，工人之苦况艰难，前者姑且毋论矣，从今起，如没有增工薪，应立即增加。

（三）短牌工人，凡作工够二年者，均应改为长牌。

（四）司机工人的头等工资，应作工多少年才能得到，请当局明白布告。

（五）此次奉直战争升火，工人开赴前敌者，倍受辛苦，出入枪林弹雨之中，性命几不保，应每人增薪

---

① 邓中夏：《中国职工运动简史（1919—1926）》，人民出版社 1953年版，第 16 页。

一级。

（六）北京、琉璃河、高碑店、保定等处，应由当局盖立官房，以便行车工人休息，以免流离失所之病。

（七）长辛店工人甚多，几无宿地，铁路当局应该盖设官房，以便工人住宿。

（八）凡工人因公受伤者，在患病期间，应该发给工薪。[①]

在宣言中，工人们明确表示说："以上所要求的八条件，都是我们应得之权利，并没有出乎铁路规章之处。乃铁路当局竟吝不与我求，我们迫不得已，只得全体罢工。"[②] 罢工开始后，工人们迅速占领车站，赶走了看守车站的警察，控制了电话通讯，进而拦截住南来北往的火车，向车上旅客宣传罢工的原因，求得旅客的理解。在工人们的统一行动下，长辛店火车站陷于瘫痪。与此同时，在京汉铁路线上，郑州、彰德、新乡等车站工人积极响应长辛店工人的罢工诉求，相继展开了罢工，而京绥、正太、津浦等线路的工人代表相继来到长辛店，以实际行动表示援助和支持。铁路工人的罢工给北洋军阀政府造成了巨大震动，面对团结起来的工人群众，并基于自身利益的考虑，北洋政府最终不得不答应了工人们提出的全部要求，"八月罢工"取得了完全的胜利。

---

① 《二七大罢工资料选编》，工人出版社1983年版，第48页。
② 同上。

超乎预料的是，罢工胜利的积极影响并不仅限于长辛店罢工工人本身，就连未参加罢工的中段和南段的铁路工人，也因为长辛店工人的罢工胜利而增长了工资，"这使全路工人发生休戚相关的深刻印象"①。

"八月罢工"的胜利极大地激发了工人的斗志。在长辛店，之前没有参加工会组织的工人纷纷前来报名参加，《工人周刊》的特刊销售量达到两万份之多，而当时，一般报纸的期销售量通常不过几千份；在京奉、京绥、正太、津浦等其他铁路线上，工人们也相继展开了罢工，并取得了一系列胜利。可以说，长辛店工人的"八月罢工"，标志着中国近代工人运动第一次高潮开始形成。从此，中国工人运动在中国共产党的领导和马克思主义的指导下，进入到迅猛发展的新阶段。

回顾20世纪20年代中国第一次工人运动的高潮，可以说，长辛店工人运动虽然在时间上并非最早，规模也并非最大，但是它所具有的意义，却是同一时段其他工人运动所难以比拟的。究其原因，乃在于"长辛店是中国共产党最初做职工运动的起点"②。可以说，长辛店工人运动从酝酿到爆发，始终围绕着反对帝国主义、反对封建主义的总目标而展开，并且伴随着工人组织的建立，长辛店工人得以将斗争目标与斗争手段有机结合起

---

① 《二七大罢工资料选编》，工人出版社1983年版，第46页。
② 同上书，第23页。

来，将经济领域的斗争与政治领域的斗争有机结合起来，此举不仅将原来一盘散沙的工人群体团结成为坚强的战斗队伍，而且经过北京共产主义小组、中共北京党组织的前期努力，这一组织形式还为实现知识分子与工人阶级的联合打下了初步而又十分重要的基础。此外，在党组织的教育和帮助下，长辛店工人的文化素养、知识水平也明显增长，更为重要的是，长辛店工人对马克思列宁主义思想观点的理解和掌握，对资本主义社会的弊端特别是阶级剥削和阶级压迫本质的观察和认知，整体而言显然超出了其他地方工人阶级的水平，从而体现和表征了长辛店工人运动的先进之处。

　　30 多年过后，1956 年 3 月 6 日，毛泽东主席在听取铁道部部长滕代远汇报铁路工作时指出："中国工人运动还是从长辛店铁路工厂开始的"[1]。他的这一评价是对长辛店工人运动的高度肯定和准确定位。作为中国共产党北方党组织的重要发源地，长辛店不仅对于近代中国工人运动有着划时代的意义，而且对于 20 世纪 20 年代中国共产主义运动的发生和发展，也有着不可忽视的重要意义。

第二节　迎接光明：1949 年各界人士对北平的保护

　　1948 年底，辽沈战役胜利结束，我东北野战军随即

---

　　[1]　北京支部生活杂志社编：《90 年中人与事：党的组织在基层》，北京出版集团公司、人民出版社 2011 年版，第 7 页。

挥师入关，与华北野战军一道发动了平津战役。1949 年 1 月，平津战役的胜利标志着中国人民解放军对北平的解放指日可待。

然而，面对军事上的节节失利、经济上的全面崩溃以及政治统治的摇摇欲坠，国民党反动集团并不甘心将北平的重要矿藏、工厂、物资、人才等资源拱手相让与中共，因此，在败退前夕，国民党北平当局策划了一系列抢物资、抢人才的方案，对于不能搬走的工厂、设备等，则试图予以炸毁避免将其留给中共。面对国民党集团最后的垂死挣扎，中共北平党组织和北平地下党采取了种种措施，力求最大程度地避免国民党反动集团对北平这座城市、北平厂矿企业的破坏和对大中院校师生的掠夺。

在政权交替的特殊时代，厂矿以及机器设备对于工人们来说，无疑是保证其养家糊口和生存发展的基本条件，因此，在北平解放前夕，各大工厂的工人们纷纷组织起来，建立起护厂队伍。对他们来说，保护工厂和机器就是保护工人群众自己。而中国共产党和北平党组织基于保护北平这座文化古都以及后来将北平易名北京并作为首都的考量，也需要各大工厂维持基本的运营，从而保证城市的正常运转和城市市民在思想上和心理上对新政权的接纳。可以说，北平各工厂的职工与中国共产党的初衷是一致的，因而当北平地下党动员工人奋起护厂时，工人们并未有任何的犹豫和迟疑，他们无不响应党组织的号召，积极行动起来。与上述两者的所思所想恰好相反，国民党的目标则是不给共产党留下建设城市、发展经济的任何资产，因而必欲加以破坏和毁灭而后快。但是，国民党实行破坏的决心易下，行动起来却殊为困难，毕竟在当时的舆论环境下，尚未丧失执政地位的国民党若公然对关乎国计民生的重要厂矿和机器设备加以破坏，无论如何于情于理都是说不通的，因而国民党当局在面对这一问题时，不免迟疑彷徨、陷于矛盾之中。就在国民党当局举棋未定之时，破坏势力和保护力量之间的实力对比即发生了转化，从而使保存厂矿成为更加可能的选择。这一情况典型地体现在北平几个重要工厂的爱厂护厂运动中，从中我们也可感受到北平党组织、普通工人的坚定信念和强烈的责任感。

比如在门头沟。中共北平党组织发起了反对国民党炸矿、发动职工保护厂矿的斗争。门头沟地区矿藏丰富，大小煤矿有一百多处。解放前夕，门头沟居民有 3 万多人，其中仅矿工就达数千人之多。由于门头沟地处山区，又一直是老矿区，工人比较集中，因而是我们党开展工作的重点地区。在抗日战争期间，门头沟地区就活跃着平西军区怀来支队、阳坊支队等，因而可以说这里的群众工作基础非常不错。有鉴于此，中共北平市委非常重视在门头沟和矿区开展革命工作，抗日战争胜利后，时任中共北平工委书记张鸿舜就亲自兼任门头沟工委书记，主抓工运工作。因此，解放战争时期，在党的领导下，门头沟人民群众同国民党反动派展开了英勇的护矿斗争。

国民党当局在溃败前，曾向门头沟矿区运来大批炸药，企图炸毁工厂、破坏矿井。中共党组织闻知这一情况后，立即领导广大工人群众开展了爱矿护矿的斗争。在党的宣传教育下，工人们认识到矿厂和机器是工人群众安身立命的根本，对工人维系生活和家庭有着不可替代的重要意义，因此，面对国民党企图炸矿的举动，工人们无不义愤填膺，纷纷表示："矿井是我们用血汗建的，矿区就是我们的家。我们要用生命保护矿区的一切设施，以实际行动迎接北平的解放。"① 就这样，解放前夕，门头沟工人们自发组织了护矿纠察队，日夜守卫在矿井旁，轮流站岗放哨，密切注视国民党军队的一举一动。矿工纠察队在党组织的坚强领导下，团结协作、勇敢斗争，粉碎了国民党当局的罪恶企图，展示了工人群众高度的政治责任感和爱矿精神。

又如在石景山。解放前夕的石景山是北平的重工业区，石景山各类工厂的运转维系着北平城区的日常生产和生活，其中又以石景山发电厂最为重要。该厂担负着向北平城区发电的重要任务。辽沈战役结束后，国民党当局在北平的形势骤然紧张，国民党特务

① 中国人民政治协商会议河北省井陉县委员会文史资料委员会：《井陉文史资料》第 4 辑，井陉印刷有限公司 1996 年版，第 256 页。

机构于是加强了对石景山发电厂的管控。面对这种情况，入党积极分子、石景山发电厂工务课工务员沈根才和中共党员、石景山发电厂电气检修工人王志恒根据城工部"两周之内做好解放北平的准备"的指示，积极行动起来。他们采取秘密与公开相结合的方式，使护厂斗争合法化，就是说，在采用合法的斗争形式取得合法地位的同时，积极壮大进步力量、孤立敌对分子和顽固派。在两人的积极劝说和鼓动下，包含中共党员及地下党员、一般职工以及部分黄色工会成员在内的石景山发电厂护厂委员会正式成立。在成立大会上，沈根才提出了护厂的宗旨：机器是我们工人的饭碗，我们要保护机器不受破坏。工人们并且喊出了"大烟囱不能倒"的口号。

为了使中国共产党和中国人民解放军在解放北平后顺利接管电厂，沈根才对涉及工厂的相关材料作了妥善的保管。他安排王志恒设法搞到了电厂职工中国民党党员的名册，他本人则负责保管电厂的设备图纸，缪克丰负责保管电厂的账目和材料，李强负责保存全厂人员的花名册等。

就在护厂委员会为保护厂矿不被破坏积极开展工作之际，1948 年 12 月 15 日，东北野战军某部一团二营四连的八名指战员，在抢占丰台的急行军中和大部队失去了联系。他们突入国民党守军占领的石景山地区，在指导员王世珍的带领下抢占了发电厂的制高点——煤粉炉五楼。这八位解放军指战员是解放发电厂的尖兵，被后人赞誉为石景山发电厂的"八勇士"。15日上午，由于战事紧张，国民党军频频调动部队。当调动的敌军走至发电厂前时，解放军八勇士凭借地势，居高临下向敌人射击。遭到打击的国民党军立即围攻发电厂，八勇士巧妙地利用地形，击毙了16名敌兵。英勇的解放军战士得到了护厂委员会的大力支持。在八勇士进入厂房抢占制高点的过程中，助理工程师张仁杰主动为他们引路，并为他们送来了擦枪油。沈根才和工人王振守等则把自己的午饭送给了八勇士，还为他们提来了开水。护厂委员会主任于运海让工人韩湘才给八勇士送去了鸡蛋和奶粉。工人梁凤昌看到战士没有擦枪布，便毫不犹豫地把自己的新手帕递了过去。为了不影响八勇士对敌作战时的视线和听觉，沈根才和于运海商量决定，把发电厂用于运输煤炭的输煤皮带也停了下来。……在护厂委员会和发电厂进步职工的帮助下，八位勇士犹如一颗钢钉，牢牢地钉在发电厂的制高点上，一次次打退了国民党守军的进攻，并最终坚持到解放军大部队的到来。石景山发电厂的护厂斗争能够取得最终的成功，这是该厂职工与解放军战士彼此协助、共同战斗的结果。完整地保护工厂以迎接北平的解放，是解放军战士和工厂职工共同的愿望，而这一愿望就将两者紧密地结合在一起。

护厂运动不仅在北平城外的工厂中积极地开展着，在北平城内，甚至是在国民党所办的工厂中，护厂运动也紧张有序地开展起来。在国民党"国防部联合后方勤务总司令部平津被服总厂"（以下简称平津被服总厂），面对人民解放军大兵压境的形势，该厂的国民党军官无不惶恐不安，而国民党上级组织也急忙命令将该工厂的机器设备迁往南方。在这种形势下，能否打破国民党当局的如意算盘，就成为平津被服总厂工人们护厂运动成败的关键。

对于北平党组织来说，国民党当局的这一图谋并不在意料之外。早在1948年11月，辽沈战役刚结束，北平工委负责人张鸿舜、马光斗就向工委系统的地下党组织发出指示说："东北解放后，大军要迅速进关。敌人不论是守是逃都可能运走和破坏机器。因此要想尽办法保护好机器，把工厂完整地交到人民手里。"① 面对敌人企图将机器设备运往南方的举动，该厂党总支根据上级指示精神，在对具体情况作了全面研究之后，决定立即发动群众保护机器、反对南迁。该厂党组织向工人群众提出口号："人不离机器，机器不离人，机器到哪里，人也到哪里。"② 经过宣传动员，平津被服总厂的工人们

---

① 三五〇一厂厂史编写小组：《保机护厂　迎接解放》，《北京党史》1989年第6期。

② 同上。

坚决地表示："机器就是我们的饭碗，谁敢砸我们的饭碗，就和他拼了"①。党组织建立的以护厂为目的的职工联谊会与该厂广大工人群众积极配合，加之人民解放军迅速包围平津，使得北平国民党当局面临的形势急转直下，从而使敌人南迁机器设备的企图没能得逞。

除上述厂矿之外，其他单位、企业也纷纷成立了保委会、护厂队等。比如，1949年5月6日出版的《人民日报》即以"加强工厂保卫工作！北平电信局成立保委会、纠察队 北平电车公司筹备成立护厂队"为题，报道了北平电信局、电车公司的自卫情况。这篇报道中明确表示，这些机构设立的目的是"加强防空，严防特务的破坏活动"②。

在北平党组织和厂矿企业进步职工的共同维护下，北平较为重要的工厂、企业、单位等均得以比较完好地保存，从而为中华人民共和国成立后北京迅速恢复生产、北京市民过上不同于旧社会的崭新生活，奠定了重要的物质基础。

对于中国共产党来说，关乎国计民生的厂矿企业平稳过渡到新中国至关重要，同样至关重要的还有北平众多高校和在校师生的去留问题。民国年间，特别是1928

---

① 三五〇一厂厂史编写小组：《保机护厂 迎接解放》，《北京党史》1989年第6期。

② 《加强工厂保卫工作！北平电信局成立保委会、纠察队北平电车公司筹备成立护厂队》，《人民日报》1949年5月6日。

年国民党定都南京后，北平逐渐成为一座文化城。文化城称谓的获得，除了北平业已失去其曾有的政治功能外，最重要的原因还在于当时的北平高校众多且名校云集。在当时的北平，执国内教育界之牛耳的高校就有北京大学、清华大学、北平师范大学以及燕京大学、辅仁大学等教会大学。众多的高校意味着一大批全国知名的专家学者聚集于此，在国共紧张对峙且国民党败象已十分明显的情况下，与国民党争夺知识分子和专门人才就成为中国共产党和北平各级党组织在教育战线所面临和必须完成的一项重要工作。

面对即将失败的政治和军事形势，国民党政府实际上作出了放弃北方、割据南方的打算，准备将北平的一些重点院校迁往南方的国民党统治区。1948 年 10 月，国民党的这一计划开始实施。他们冠冕堂皇地以"保存文化，免遭蹂躏"为理由，确定把北京大学、清华大学、燕京大学、北平师范大学等院校作为南迁重点。国民党的迁校计划完全是从国民党自身的利益出发，它既不符合各校师生的利益，同时也未征得各校师生的同意，一纸令下，就不由分说地强制各有关高校不折不扣地执行，因而引起各校师生的强烈反对和普遍抵制。

北京大学的地下党组织利用学生主办的进步报刊《北大清华联合报》，介绍解放区大学的崭新气象，揭露东北流亡学生来到北平后的不幸遭遇。该报从正反两个方面加以对比，意在使北大师生和社会人士看到，由于国民党政权的腐朽和衰败，北大即使南迁也决不会有什么前途，相反，留在北平，在新政权的领导下，前景却将会十分光明。北京大学地下党组织还把进步教授反对南迁的声明拿到北平的报纸上公开发表，以制造社会舆论，求得广泛的关注、同情与支持。除此之外，进步学生和地下党员还分别拜访了北大有影响力的教师，以争取他们对反对南迁计划行动的支持。这样，经过爱校师生的共同努力，反对南迁在北大形成了共识。1948 年 11 月 22 日，时任北大校长胡适主持召开校务会议，经过两个小时的争辩，校务会议最终作出了北大不南迁的决定；24 日举行的教授会，正式通过了校务会议作出的不迁校的决议。

在北平师范大学，地下党组织通过进步力量占主导地位的学生自治会，专门就反对南迁问题召开会议，会后，学生自治会公布了会议纪要并提出以下决议：一是不许学校当局南迁；二是不许迁走师生员工；三是不许转移图书、仪器、设备；四是不许破坏学校任何财产。在反对南迁运动期间，学生自治会积极走访学校教师，向他们阐明反对南迁的重要意义，争取和团结广大师生反对南迁。在进步学生的积极劝说下，该校国文、英语、历史、地理、教育、数学等学会联合会共同发表了"反对南迁宣言"，在教授会和讲师助教联合会上，绝大多数教师也旗帜鲜明地反对南迁。

而在清华大学和燕京大学，由于进步势力占优势，因而学校当局和大多数师生都不赞成南迁。虽然国民党政府和美国教会极力鼓动大家赞成将学校迁往南方，但两所学校的校方和绝大多数教职员工不仅不为所动而且坚决抵制，从而使两校的南迁打算也最终落了空。

中共北平党组织和进步分子除了在是否迁校问题上与国民党展开针锋相对的斗争之外，还在另一重要"战场"，即挽留高校教师，特别是其中有一定影响力的知名教师方面与国民党当局进行了激烈的角逐。对于中国共产党来说，教师是一所大学的核心和灵魂，有着不可替代的重要作用。在新旧政权交替之际，广大知识分子能否尽快接纳、认可新政权，从某种程度上将决定我们党能否顺利得到知识人士的认可，党的各项政策能否顺利落地生根、开花结果。因此，在护校斗争中，北平各校党组织根据中共北平城工部的要求，为团结、争取各个学校的知名学者、专家留在北平做了大量工作。

清华大学地下党组织通过多种方式和渠道开展工作，打消了少数人心中的疑虑，争取了广大教职员工安心留校任教。由于形势的迅速发展和中国共产党的积极宣传和争取，北平解放时，清华大学几乎全体教师和员工都安心地留在了新政权下。

北京大学地下党组织根据上级指示，指定一批地下党员亮明党员身份，向广大教师去做深入细致的争取工作。党员们为北大教师分析形势，讲解党对知识分子的政策，以解除他们心中的顾虑，动员和鼓励他们继续留在北平和北大。在北大党员和进步分子的积极劝说、动员之下，北大的重要教职员工同样选择了留下，北平解放前离职南去者，只有校长胡适和当时的图书馆馆长①。

辅仁大学校长陈垣是著名历史学家，在国民党当局的要求下，本已做好南下的准备。中共党组织闻讯后，迅速采取措施争取陈垣留下。党组织选派与陈垣交情较深的中国大学地下党员王祖鉴与其见面，劝其改变主意。陈垣在同王祖鉴以及中共有关人士会面之后，经过再三思考，最后决定留在北平，并拒绝了胡适请其一同南下的打算。

在北平师范大学，该校地下党组织为争取全体教师继续留校任教，组织党员和进步分子分头对自己熟识的教师进行劝说，向他们讲解中国共产党的政策和革命形势，并表达希望老师们继续留在学校的诚意。在该校进步师生的共同努力下，北平师大绝大多数教师都选择了留在学校继续任教。

可见，在政局变革之际，中共党组织、进步分子做了大量卓有成效的工作，付出了巨大努力，最大程度地保护了古都北平的工厂企业，同时实现了高等院校的平稳过渡，为新政权保留了各类专业人才，保证了中华人民共和国成立后北京工业生产和文教事业的发展。

---

① 参见赵晋、王亚春等：《北平和平解放前后》，中国书店 1999 年版，第 48 页。

在保护古都的整个过程中，中国共产党发挥了中流砥柱的重要作用。前已述及，不论是保护厂矿设备还是挽留高校教师，其中都有党组织和地下党员以及先进分子的身影。需要指出的是，当时国共两党毕竟处于战争状态，而且平津战役正在激烈地进行，在这样一种情况之下，北平这座城市依然能够完好无损，根本原因就在于党中央、毛主席对保护古都北平给予了高度重视、周密部署和妥善安排。在人民解放军挺进北平城郊时，1948年12月15日，毛主席鉴于与国民党军队交战时有炮弹落在清华大学附近的情况发生，遂对东北野战军林彪、罗荣桓、刘亚楼等人作出指示："请你们通知部队注意保护清华燕京等学校及名胜古迹等"。17日，毛主席又为中央军委起草了关于必须充分注意保护北平工业设施及重要文化古迹的电报，电报中指出："沙河、清河、海甸（淀）、西山等重要文化古迹区，对一切原来管理人员亦是原封不动，我军只派兵保护，派人联系。尤其注意与清华、燕京等大学教职员学生联系，和他们共同商量如何在作战时减少损失。"① 此外，为避免因战火造成北平城区内重要古建筑和文化古迹的损毁，毛主席特地派人找到著名建筑学家梁思成，请其标注出北平城区内古建筑、文化古迹的位置，以备在和平谈判失败

----

① 《社会主义时期中共北京党史纪事》第1辑，人民出版社1994年版，第6页。

不得不发动攻城战役时避开相关区域，从而避免对文物古迹的破坏。1949年1月16日，在为中央军委起草的关于积极准备攻城部署给平津前线党的总前委负责人聂荣臻等人的电报中，毛主席又强调指出："此次攻城，必须做出精密计划，力求避免破坏故宫、大学及其他著名而有重大价值的文化古迹。你们务必使各纵（队）首长明瞭，并确守这一点。""即便占领北平延长许多时间，也要耐心地这样做"①。

图1　北平和平解放

　　站在今天回首往昔，我们可曾想过，对我们来说甚为熟悉的北京城，在70年前却经历了生存还是毁灭的现实选择。在当时的情况下，北平最终能够得以完整地保

---

① 《社会主义时期中共北京党史纪事》第1辑，人民出版社1994年版，第7页。

存下来，中国共产党所发挥的作用、付出的努力显然无与伦比。言及于此，我们不由得为70年前伟大的中国共产党，以及伟大的北平工人阶级、高校师生、城市民众对北京这座城市乃至整个国家的崇高责任感所深深折服。正是因为他们所具有的崇高精神及其不懈的努力，才使得北京走出了黑暗、迎来了光明，在中国共产党的领导下走向美好的未来。

第三节　爱岗敬业：普通人身边的职业典范

中华人民共和国成立后，广大人民群众摆脱了旧社会的压迫和剥削，在中国共产党的领导下当家做了主人。翻身后的人民群众积极投身到建设国家、报效社会的伟大事业中，主人翁的精神得到了充分发挥。在共和国70年的光辉岁月中，各行各业、各个地方都涌现出一大批爱岗敬业的先锋模范，这些先锋模范人物以其勤奋的劳动、踏实的工作、崇高的品行，赢得了人民的认可和社会的赞誉，推动了社会主义精神文明的丰富发展。

对于北京来说，作为共和国的首都和首善之区，北京向为全国所观瞻。北京人民以其生动的实践诠释了首善之区的价值定位，引领了社会主义先进文化的前进方向，构筑起社会主义精神文明建设的时代高地。这一成绩的取得，是自1949年以来，不同时期、不同行业的劳动者精心耕耘、勤奋工作的结果。从中，一批又一批的劳动者将自己的热血抛洒在北京这片沃土上，滋养着首都的精神文明，在他们的滋养和呵护下，北京的精神文明之花热烈绽放。

与民主革命时期引领时代潮流和中国变革的多是在当时立于潮头、登高望远的精英人物不同，中华人民国国成立后，普通的老百姓也有机会成为人们学习、敬仰的对象。通过对北京爱岗敬业模范人物的梳理，我们发现，众多普通的劳动者之所以能够成为不同工作领域的模范，与他们在工作中细心踏实、任劳任怨，在交往中站在他人的角度考虑问题、为他人着想，以及对待工作一心一意、持之以恒的专注态度密切相关。限于篇幅，本书无法将在北京这片热土上奉献勤劳汗水和聪明才智的各行各业的劳动者一一列出，而只能择取几例较具代表性的人物加以勾述，从这些人物身上自可窥见他们敢担当、重奉献的精神风貌，进而感知和感悟作为北京红色文化重要组成部分的先进文化的存在形态和价值追求。

一　时传祥

时传祥的事迹相信人们都不陌生。对于一个城市而言，环卫工人是十分普通的，但是他们却又无比重要。对于北京这座特大型城市来说，环卫工人的存在是市民正常生活、城市整洁靓丽的重要保证，而北京一代又一代环卫工人也以夜以继日的劳动妆扮着这座共和国的首都，默默地为生活在这里的人们奉献着自己的辛勤汗水。

时传祥就是这样的一位人物。

时传祥出生在山东省齐河县一个贫苦农民家庭。他14岁逃荒流落到北平宣武门的一家私人粪场，受生活所迫当了淘粪工。在旧中国，淘粪工不仅受到社会的歧视，还要受行业内部一些恶势力的压榨和盘剥，时传祥就这样在粪霸手下一干20年，受尽了压迫与欺凌。

解放后，新中国给了他劳动者的尊严，当家做主的阶级地位使他扬眉吐气，他因此对党充满了感激。他用朴实的心记住了一个通俗的道理：淘粪也是社会主义建设事业的一部分。他把淘粪当成光荣的劳动，以身作则、任劳任怨、满腔热情、全心全意地为人民服务着。

20世纪五六十年代，北京城内多是平房、旱厕，加上老四合院众多，且四合院中人口密度大、茅坑浅，粪便常常外溢出来、气味熏人。然而，在这种条件下清除粪便，却只能靠手掏肩扛。就这样，时传祥背着粪桶走千家进万户，哪个居民院子的厕所应该哪天去他记得一清二楚。时传祥在淘粪时，会刻意避开居民会客、团聚和吃饭的时间，把对居民的不方便程度降低到最低。时传祥掏过的茅厕，不仅庭院内外不会留有粪水，而且里里外外都会打扫干净。雨天积水导致粪便溢出，他会前来打扫；冬天粪便结冰，他也会刨开清除干净。可以说，时传祥给人们带来的不是肮脏，而是清洁。他在居民们的心中，已不是一名淘粪工，而是清洁的使者。因此，他"宁愿一人脏，换来万家净"的精神，至今仍是广大首都环卫职工的行动动力。

　　此外，时传祥虽然文化程度较低，但他并不是蛮干、瞎干的"粗人"。北京市政府为方便清洁工人作业，将过去送粪的轱辘车全部换成了汽车。运输工具改善后，时传祥为了更好地做好掏粪工作，动了不少脑筋。他合理计算工时和挖掘潜力，把过去7个人一班的大班改为5个人一班的小班。他带领全班，由过去每人每班背50桶增加到了80桶，而他自己则每班背90桶，最多每班淘粪背粪达5吨重。管区内的居民享受到了清洁优美的环境，而他也赢得了人们的尊敬。时传祥以主人翁的姿态，在淘粪的岗位上默默奉献了一生。党和人民给了他充分的鼓励和褒奖，1959年，他被推选为全国劳动模范，出席了全国群英会，受到国家主席刘少奇的亲切接见；1964年，他当选了全国第三届人大代表。1975年5月19日，时传祥被"四人帮"迫害致死，三年后得到平反昭雪。1999年，为弘扬时传祥"宁愿一人脏，换来万家净"这种毫不利己、专门利人的精神，经中共中央办公厅"中秘文发（1999）84号文"批准，在山东齐河建立"时传祥纪念馆"。

　　二　林巧稚

　　林巧稚是中国妇产科学的主要开拓者、奠基人之一，是中国科学院医学学部第一位女性委员。她终身未婚，却拥有全中国最多的母爱；她没有子女，却亲自接生了

5万多个婴儿，被人们尊称为"万婴之母""生命天使""中国医学圣母"。

20世纪50年代，林巧稚提出并组织了在北京地区进行的大规模宫颈癌普查；60年代，她主刀的手术成功切除了重达56斤多的巨瘤；80年代，她主持编纂了《妇科肿瘤学》这部医学权威著作。林巧稚为我国妇产科学的创建和发展倾注了大量心血，作出了巨大贡献。她一生一共接生了5万多名婴儿，在胎儿宫内呼吸、女性盆腔疾病、妇科肿瘤等方面的研究和治疗中取得了多项突破。在当时，对新生儿溶血症的治疗一直是我国医学领域的一个难题，为了攻克这个难题，林巧稚与相关领域专家经过多次研讨，终于成功摸索出了用脐静脉换血的医疗方法，从而解决了这一难题，填补了国内在这个领域的空白。

在行医过程中，林巧稚根据自己的知识积累和临床从医经验，研究并撰写出了《用造袋术治疗后腹壁囊肿一例》《新生儿自发性肺气肿》《妊娠及非妊娠妇女的阴道酵母样霉菌》《在协和医院生产的畸形头胎儿》《对妊娠母亲试用破伤风类毒素免疫小生儿》等多篇具有重要医学影响的学术文章。这些文章不仅填补了我国妇产医学史上的诸多空白，而且文章所具有的理论意义和实践价值，为我国妇产医学的理论发展和临床诊治提供了重要帮助。

除临床诊治和理论研究外，林巧稚还为我国妇产学科的发展培养了大批人才，从而在整体上提高了我国妇产科的临床诊断和治疗水平。林巧稚经常带领医务人员深入贫苦的农村、城镇，考察、治疗当地妇女和儿童所患的疾病。为了降低我国新生婴儿死亡率和妇女罹患宫颈癌的患病率，她撰写了妇幼卫生科普读物《家庭卫生顾问》等，受到读者的喜爱。可以说，林巧稚凭着她的爱心和高超的医技，赢得了千千万万女性、母亲和儿童的心。

林巧稚曾经说过："我一生最爱听的声音就是婴儿的第一声啼哭。这些哭声让我感受到生命的奇妙，感受到作为医生的自豪，也体会到了作为母亲的快乐。"医者仁心，这就是林巧稚真实的写照。她是第一届至四届全国人大代表。1960年，被评为全国教育和文化卫生方面的社会主义建设先进工作者和全国"三八红旗手"。2009年9月14日，光荣当选100位中华人民共和国成立以来感动中国人物之一。

三　张秉贵

坐落于王府井商业街的北京市百货大楼，是新中国第一个大型百货商店。自营业以来，北京市百货大楼就不仅受到了北京市民的青睐，同时也受到了从全国各地来到北京的人们的光顾。因此，在百货大楼售货的工作人员就成为首都北京对外展示形象的一个重要窗口。几十年来，北京市百货大楼涌现出大批先进人物，其中张秉贵是最为响亮的一个名字。

张秉贵是百货大楼糖果专柜的一名售货员，糖果专柜是百货大楼客流量较大的专柜之一，对工作精益求精的张秉贵发现，自己所在的糖果专柜顾客较多时，常常会出现因前面的顾客挑选糖果而使后续顾客长时间等候的问题。面对这一情况，张秉贵通过分析现象、总结规律，逐渐摸索出一套行之有效的工作方法——"接一问二联系三"。所谓"接一问二联系三"，意思是说，在接待第一位顾客快结束的时候，便开始询问第二位顾客买什么，以让双方先有思想准备，同时跟第三位顾客打招呼，请他做好选购的准备。如此一来，虽然张秉贵本人辛苦了很多，但是在顾客的配合下，售货效率却提高了不少。同时，张秉贵在长期服务顾客的过程中，还练就了售货"一抓准"、算账"一口清"的精湛技艺，被人们誉为"京城第九景"。

张秉贵通过热情地为顾客服务，不断探索服务规律、提高服务质量。20 世纪 50—70 年代，他先后总结、创造了一系列服务方法，积累了可以推广的宝贵经验。80年代，张秉贵在同志们的帮助下，写出了《张秉贵柜台服务艺术》一书，开创了"一团火"的工作精神，这一精神从此也成为北京王府井百货集团的企业精神。张秉贵以其热情的服务、精湛的技艺，赢得了人们的一致称赞。他是中共十一大代表，第五六届全国人大代表。1978 年，他被北京市授予特级售货员称号；1979 年，被国务院授予全国劳动模范称号。1987年，张秉贵同志因病医治无效，次年，他的塑像在王府井百货大楼前落成，陈云同志亲笔题词："一团火"精神光耀神州。

四　许国富

许国富是北京市海淀区颐和园邮电局的一名普通邮递员。进入现代社会后，虽然各种现代化的信息传递手段层出不穷，但是纸质书信、邮件的往来依然是人们维系生活、交流情感不可缺少的重要渠道，许国富就是搭建这一重要渠道的一名普通分子。在从事邮递工作的十几年间，许国富凭借对北京大小地名的深入了解和细致考察，投递出已经被视为"死信"的信件20000多封，同时，为了帮助其他邮递员，让更多的"死信"找到它的主人，许国富历时十载，编纂出了《瞎信词典》一书。该书标有北京市新旧地址的对照表、现今北京市所有地名、各邮局所辖街道和1.6万多个单位的地址及邮政编码等，篇幅达到近百万字。在工作中，许国富逐步总结出了一套独特的带有他个人鲜明特点的投递服务法，即"三心、六诀、九法"。"三心"就是对本职工作注入一份专心、对邮件多一份精心、对用户多一份爱心；"六诀"就是"德、信、勤、钻、新、巧"六字诀；"九法"包括连锁互补法、特户档案法、多口信箱法、瞎信追踪法、真情交流法、留言反馈法、塑袋护邮法、邮路代办法、盲人带徒法。

不仅如此，十几年间，许国富针对下雨天信件易被淋损、大风天信箱易被刮坏以及门牌号不清晰等问题，亲手为用户制作了 3000 多个防雨信袋、400 多个木质信箱和 1000 多个用户门牌，从而保证住户都能方便、放心地收到自家的信函。除此以外，他还为行动不便的用户、烈军属、五保户和工作繁忙的人代为取款 15 万多元、代购邮票 15 万多元、代发信函 50 多万封，让确有困难的群众足不出户就能办好邮政的事情。在许国富身上，凝结着勤勤恳恳、任劳任怨的工作精神，不计得失、方便群众的奉献精神，忠于职守、持之以恒的敬业精神和精益求精、一丝不苟的钻研精神。他在做好本职工作、为人民服务的过程中实现了职业与责任的统一、小我与大我的融合，他的优秀业绩和杰出表现，也为北京的邮政事业增了光、添了彩。

许国富在平凡的邮件投递工作中做出了一系列不平凡的成绩。党和人民也给了他很多的荣誉。20 世纪 90 年代，他先后荣获全国劳动模范、全国邮电劳动模范、北京市优秀共产党员、第四届北京十大杰出青年等称号。在 1999 年中华人民共和国成立 50 周年大庆之际，北京市从新中国 50 年来历次评出的 2000 余名"首都五一奖章"获得者和"全国五一奖章"获得者中选出 50 名佼佼者，授予"首都楷模"称号，许国富光荣入选，并参加了国庆 50 周年大典观光团。

五 谢亮

进入新世纪之后，在北京繁忙、复杂的东直门交通枢纽，每天都有一位年逾古稀的老人举着自制的"义务指路"牌子，专门为人指路。这位老人的名字叫谢亮。谢亮是中共党员，东直门街道十字社区居民、东城区工商局的离休干部。他的看家本领，就是能熟练地背出北京五千多个站点的名字和数百条公交车的路线，因此他被人们亲切地称为"指路王"。

谢亮义务指路的地点在东直门。众所周知，东直门是北京东部的综合交通枢纽，地铁、城铁、公交等各类交通工具在这里交汇，每天在东直门地区换乘的乘客有数十万人之多。基于这种情况，对于不熟悉东直门地区交通路线的人们特别是从外地来京的客人们来说，是非常容易犯迷糊的。面对这种情况，谢亮站了出来，义务地为过往行人指路受询。他每天早上7点就会到达义务指路点，晚上6点才会回家，不管严寒酷暑、风霜雨雪，从未间断。

曾有人给谢亮作过统计，他平均每天要为大约1500人指路，重大节假日日均更是多达三四千人。为了能够给过往的行人指出车站的准确位置和距离，谢亮还要努力"加练"，在非指路时间，他独自在东直门地区考察路线，特别是把人们经常问询的单位和地点牢牢记住并加以细化。东直门地区的每个公交车站他都要走上三四个来回，用脚步计算出到东直门所有车站的距离，以便在给人指路时能够准确地告诉对方距离是多少、应该怎么走，从而给问路者提供最便捷、最高效的行走路线。此外，他还编写了 3 本指路手册，将北京市所有的公交车站、大学、医院等 4700 多个站点分成 3 大类、72 小类加以基本的路线介绍。另外，由于距离东直门外大街不远处就是使馆区，所以经常有外国人问路。基于这种情况，高龄的谢亮还学起了英语。在朝阳区图书馆老师的辅导下，谢亮从音标开始，经过半年的学习，已经能够使用简单的英语为外国友人指路了。

谢亮指路始终坚持两个原则：一是风雨无阻。他认为，天气越是不好，行人越需要人指路。二是节假日无休。谢亮表示："哪怕是春节，自己也不能休息。大年初一虽然街上的人少，但还是有问路的。中国人都图吉利，大年初一谁也不想找不到路，我就是给大家提供一个好心情。"由于谢亮长年站立工作，身体落下了毛病，腿部甚至出现了静脉曲张症状，很难伸直。虽然医生叮嘱他要坐着工作，但是谢亮为了更好地为过往的行人指路，依然以站立为主。

谢亮为过往的行人指路，不索报酬、不求回报，完全是靠自己的真诚和热心帮助需要帮助的路人。也许我们每个人都能做出某些善举，但是像谢亮这样长期坚持，甚至为了给对方提供更好的服务、更确切的信息还要付出额外的精力和体力做功课，这样的人或许就不太多见了，而这一点，也正是谢亮最让人敬佩和感动的地方。

2018 年 2 月 21 日，被人们尊称为"指路大王"的谢亮老人因病去世，享年 87 岁。生前，谢亮先后获得北京市优秀共产党员、首都文明奖章、首都十大公德人物等荣誉称号。

六　李素丽

李素丽是北京 21 路公交车的一名售票员。这趟公交车的行驶区间是北起北京北站、南至北京西站。虽然它的行驶路线并非北京的繁华商圈，但这条线路却串联起了北京的两大进出门户。南来北往的外地客人一下火车，往往就要通过这路公交车来认识北京、感受北京。在这趟总里程 10 公里、共设 14 个车站的公交线路上，售票员李素丽用自己真诚的微笑、热情的话语、周到的服务和细致的关怀，给来往的乘客带来了舒心和体贴。

曾经有操着河北口音的小伙子问："俺到六里桥长途汽车站，怎么走哇？"李素丽一边应声答道："木樨地下车，往前走不远，换 1 路或 4 路汽车，坐到头就是六里桥，然后向前走上立交桥，左拐 200 米就到了。"一边从身后的方便袋里拿出笔和纸，画了一张图交给小伙子。也有背着包的男乘客挤到售票台前问道："请问，月坛南街有个美能达相机维修部，你能告诉我哪站下吗？""您在三里河东口下吧，往回走十几步就是"——李素丽这样回答。这样的问答每天都在这趟公交车上进行着。李素丽对乘客有问必答，且回答得具体准确，乘客们纷纷称赞她是"活地图"。可是，人们并不知道，为了成为乘客们所说的"活地图"，李素丽付出了多少辛勤的努力和汗水！北京西站启用后，李素丽从60路公交车调整到了21路公交车。为了尽快弄清沿线的情况，她起早贪黑，利用班后时间进行调查，几个星期下来，她便摸清了沿线50条大街小巷和近80个单位的情况，编写了几千字的服务用语。

在行车过程中，李素丽处处为乘客着想。她的车上设有方便袋，里面装有应对各种情况的小物件：遇到堵车，她就拿出报纸、杂志，让乘客看一会儿，缓解焦急情绪；遇有不小心碰伤的乘客，她就拿出"创可贴"供其包扎；……李素丽售票台的抽屉里放着一个小棉垫，这是特意为抱孩子的乘客准备的——把小棉垫垫在售票台上，小孩子就可以坐在上面。

车上的乘客多种多样，对售票员来说就要面对不同的需求。李素丽认真分析各类乘客的心理，把他们最需要的服务送到他们身边：老幼病残孕，怕摔怕磕怕碰着，李素丽搀上扶下、重点照顾；"上班族"最急的是按时上班，李素丽将心比心，尽量等他们；外地乘客既怕上错车、又怕坐过站，李素丽百问不烦，到站提醒，让他们坐一趟"安心车"；中小学生天性活泼，李素丽提醒他们维护车上的公共秩序，下车时注意交通安全；遇到初到北京的外地乘客问路，李素丽不说"东西南北"而是讲"前后左右",以便于乘客更容易听明白、记牢靠。李素丽细心的工作、周到的服务,得到了乘客的交口称赞,她被誉为"老人的拐杖,盲人的眼睛,外地人的向导,病人的护士,群众的贴心人"。

李素丽还认真学习英语、哑语,并努力钻研心理学、语言学,潜心研究各种乘客的心理和要求,有针对性地为不同乘客提供满意周到的服务。李素丽全心全意地为广大乘客服务,党和政府也给了她许多的荣誉。她先后荣获首都劳动奖章、五四奖章,以及全国优秀售票员、全国建设系统劳动模范、全国"三八"红旗手、全国职业道德标兵、全国劳动模范等称号,并光荣当选中共十五大和十六大代表。

在首都北京,普通人身边的职业典范还有很多,限于篇幅,我们只能介绍以上6位。他们虽然来自不同的行业和职业,但是从他们的事迹中我们可以看出一个共同的特点,那就是勇于担当、乐于奉献。对于一般人来说,一时一事做到勇于担当、乐于奉献并不难,但是难在积年累月地勇于担当、乐于奉献,即如毛泽东同志所说:"一个人做点好事并不难,难的是一辈子做好事,不做坏事"。上述几位就是这样的难能而能之人。按世俗的眼光来看,他们从事的工作并不"高贵",甚至有些人的工作还颇"卑微",但是他们不仅毫不介意,反而以自己的热情和全身心投入作出了突出的成绩,赢得了人们的广泛称赞。习近平总书记指出:"劳动没有高低贵贱之分，任何一份职业都很光荣。……无论从事什么劳动，都要干一行、爱一行、钻一行。……只要踏实劳动、勤勉劳动，在平凡岗位上也能干出不平凡的业绩。"[1] 包括这几位人物在内的北京千千万万平凡而朴实的劳动者，就是用自己的双手和辛勤的劳动妆扮着这片属于北京也属于全国人民的家园，也正是因为有着他们的存在，我们的社会、我们的家园才会永远美丽多姿。

第四节　无私奉献：为首都建设、发展默默付出的劳动者

一　在建设首都的事业中创造奇迹

中华人民共和国成立后，为尽快改变国家积贫积弱、首都破败不堪的状况，党和国家启动了一批关乎国计民生和首都形象的重大工程项目。在工程建设的过程中，广大劳动者充分发挥社会主义建设者和主人翁的精神，以强烈的责任感、使命感参与到工程项目的建设当中，从而创造了首都建设史上的一个又一个奇迹。而在众多建设奇迹当中，人民大会堂的修建颇具有典型意义。

以今天的建设速度来衡量，人们或许很难相信，人民大会堂这座世界上最大的会堂建筑，从规划、设计到

---

①　习近平：《在知识分子、劳动模范、青年代表座谈会上的讲话》，《人民日报》2016 年 4 月 30 日。

施工完成，一共只花费了 1 年零 15 天的时间。其中，从选址到敲定设计图纸，仅仅用了 50 天的时间。

1958 年 8 月，中共中央在北戴河召开政治局扩大会议。这次会议决定，为迎接中华人民共和国成立十周年，对天安门广场进行改建，同时在北京开建一批新的公共建筑工程，其中包括人民大会堂、革命博物馆、历史博物馆、国家大剧院、军事博物馆、科技馆、艺术展览馆、民族文化宫、农业展览馆，加上原有的工业展览馆（即北京展览馆），共计十大公共建筑，而人民大会堂是这十大建筑工程中的核心。不过，这一决定作出之时，距离 1959 年国庆节只剩下不到 13 个月的时间，更加严峻的是，由于中苏关系恶化，先前参与建筑规划工作的苏联专家已经全部离开。这就意味着，在如此短的时间，修建如此庞大、如此重要的建筑，必须要由中国人自己独立完成。这在当时来说，任务的艰巨性可想而知。然而面对困难，党和人民没有被吓倒。在党中央的领导下，大家充分发挥社会主义集中力量办大事的制度优势，迎难而上、攻坚克难，展开了与时间赛跑的劳动竞赛。

从初稿到定稿，仅是人民大会堂的设计方案就足足进行了七轮论证：围绕方案，北京市副市长万里邀请了来自北京、上海、南京、武汉、天津等省市的建筑师、艺术家，以及音响、灯光等领域的专家展开论证，甚至举行了"百花齐放，百家争鸣"的设计竞赛，在短短 1 个多月的时间里，各方面就提出 84 个平面方案和 189 个立面方案。1958 年 10 月 14 日，周恩来总理审定同意了方案并批准施工，人民大会堂于是在 10 月 28 日开始动工兴建。根据最终确定的设计方案，人民大会堂占地 15 公顷，总建筑面积 17 多万平方米，南北宽 206 米，中央最高部位距地面 46.5 米。万人大礼堂是人民大会堂的心脏，该礼堂设计宽 76 米，纵深 60 米，高 32 米，分为上中下三层，总共可容纳 1 万人。礼堂顶部根据周恩来提出的"水天相连、浑然一体"的设计原则设计而成，样式美丽独特。按照规划安排，人民大会堂北部是宴会厅，可容纳 5000 人；南部是全国人大常委会的办公楼，此外还有会议厅、休息厅、办公室等 300 多个。其中，以各省、市、自治区命名的会议厅别具特色，这些厅的布置也反映了各省、市、自治区的地方特色和民族风貌。

图 2　正在修建的人民大会堂

为保证十大工程之首的人民大会堂顺利完工，数以万计的劳动者以战天斗地的精神，顶烈日、冒严寒，栉风沐雨、连续作战。在建设期间，全国人民给予了首都建设者以巨大支援，先后有 18 个省、市、自治区选派了 7000 多名优秀工人和技术人员来京参加工程的建设；有 23 个省、市、自治区的 500 多家工厂克服各种困难，如期完成了定货，为人民大会堂赶制出 5000 多项建设配件和设备。在施工中，上万名建设人员昼夜苦干，开展了轰轰烈烈的劳动竞赛活动，其中，张百发钢筋工青年突击队的 300 多人奋战 9 昼夜，完成了过去一个半月的工作，工地上出现了"学百发、赶百发"的竞赛活动；李瑞环木工青年突击队负责铺设大会堂宴会厅的地板，他们研究出了新式"推车式"地板刨，使原来需要 45 天才能完成的工作只用了 8 天半的时间就全部完成。此外，还有北京的国家机关干部、部队官兵、学校师生和市民群众共 30 万人参加了义务劳动，从而保证了人民大会堂的顺利完工。

包括人民大会堂在内的十大建筑工程从 1958 年 10 月底破土动工到 1959 年 10 月 1 日前竣工，集中施工的时间不到一年。但是，就是在如此短的时间内，首都工人群众和来自全国各地的劳动者一道，成功克服了施工时间紧、工程任务重、技术要求严、装修标准高等挑战，建设完成了 10 座共 64 万平方米的大型公共建筑，创造了世界城市建筑史上的一个奇迹。人民大会堂竣工后，毛泽东主席亲临视察，高度评价了广大建设者不为名、不图利的共产主义精神。而这一建筑奇迹的创造，也充分体现了广大建设者不畏艰险、顽强拼搏、任劳任怨、勇于担当的奉献精神，展现了新中国主人翁奋发向上的进取精神。

二 为首都的转型发展无悔奉献的劳动者

改革开放以来，中国经济快速发展，在世界经济史上创造了一个又一个奇迹。如果我们将快速发展的中国经济比喻为一辆汽车，那么国有大中型企业可以说就是这辆汽车的引擎。然而进入新世纪后，随着新经济业态的出现和新兴经济模式的崛起，大多耕耘在传统经济领域的国有大中型企业不同程度地出现了转型困难、经济效益下降等问题，加之重工业生产对自然环境造成的影响，一时间，国有大中型企业未来的出路就成为社会各界热议的话题。

对北京而言，首都的地位、2008 年奥运会在北京举办的因素，使得驻京国有大中型企业面临的生存压力更为巨大，转型升级的任务更加迫切。而在首都众多国有大中型企业中，首钢集团则是首当其冲。

在北京钢铁工业的发展历程中，首钢集团功不可没。作为北京经济发展的基础和支柱型产业，首钢的生产规模在全市工业总产值中占 10% 左右，利润、税金等指标能达到 20%；同时，作为北京的大型国有企业，首钢还是吸纳就业的重要渠道，首钢职工人数占到全市工业企业职工总数的 8% 左右。然而，就是这样一家支柱性企业、利税大户、吸纳就业大户，却在新旧世纪之交面临了何去何从的严峻选择。

从 1995 年开始，首钢面临的环境压力便越来越大。改革开放以来，首钢靠自我积累的滚动式发展，产能迅速扩大。虽然首钢为保护环境投入了相当大的财力，采取了许多措施，改善技术、治理环境，但钢铁生产所必然带来的环境污染仍较为严重地存在着。比如，永定河是北京市的第一大河流，是城市西部山水空间的核心要素，但是这条河的河床及两岸由于挖沙和堆放灰渣，河水环境、土壤与植被受到了严重破坏。在城市西部山区，因矿石开采留下的成片破碎山体和灰石场地严重破坏了局部生态环境，一到风沙季节，首钢周边的环境恶劣程度更是变本加厉。此外，长期的重工业生产还给土壤环境、地下水环境造成了污染和侵蚀，既影响了当下人们的生活，也对子孙后代的未来造成了负面影响。随着人们对首都环境质量的重视，一时间首钢被推到了风口浪尖。由于对北京市的环境造成不利影响，首钢的污染问题在政府、学界、新闻媒体和社会公众的舆论中不断发酵，甚至被提到了"要首都还是要首钢"的高度，首钢似乎成了众矢之的。

此外，由于首钢的存在，北京城市西部的石景山、门头沟、丰台等行政区的用地布局也不同程度地受到影响。首钢地处长安街延长线西端，是石景山、门头沟、丰台三区联系的空间节点，区位条件十分重要。首钢围绕钢铁冶炼生产流程形成了有组织有规模的工业用地，厂区内建筑物、道路、铁路、立体管廊的分布错综复杂，成为区域交通联络难以逾越的屏障。因此，北京市区至门头沟、丰台河西地区，只能绕行西北方向的京门公路和西南方向的京石快速路，石景山、门头沟、丰台三区之间的联系不畅，区域内外综合交通系统无法形成，限制了北京城市西部区域经济的一体化发展。

更为不利的是，由于转型决心不坚定、发展战略不清晰，使得首钢的生产发展长时间处于徘徊状态，从而导致盈利逐年减少，在与同类钢铁企业的竞争中，出现了位次后移、竞争力下降的不利态势。种种迹象都表明，首钢已经到了必须要作出决断的时刻了。

经过通盘考虑、慎重考量，党中央、国务院和北京市、首钢集团共同作出了首钢搬迁的重大决定。2005 年 6 月 30 日，首钢的功勋高炉——五号高炉停产拆迁，这标志着具有 80 多年光荣历史的中国最大的钢铁联合企业——首钢，其涉钢系统的压产、搬迁工作正式启动。

五号高炉在首钢的历史上有着非同一般的意义。它是首钢在 1958 年"赶超英美"的时代背景下，在"大包干"的三大工程战役中建立起来的，当时叫三号高炉。在当时的首钢，一号高炉是创办人陆宗舆从美国买来的，二号高炉是日据时期从日本本土拆装而来，只有三号高炉是真正意义上的中国制造，是首钢人亲手养育的"长子"。后来，随着首钢的发展，经过多次大修后，三号高炉改称五号高炉。经过 47 年的风雨历程，五号高炉累计产铁 2967.5 万吨，产量可打造三千座巴黎埃菲尔铁塔或者六万个纽约自由女神像，而它坚强朴实、沐风栉雨、铮铮作响的躯体，也成为首钢人钢铁精神的象征。

面对这个有着辉煌历史、作出过重要贡献的"老朋友"的即将离去，首钢人的心中百感交集。但是，即便心中有再多的不舍，首钢人仍毅然决然地作出了顾全大局的决定。时任首钢集团党委书记、董事长朱继民说："迄今，五号高炉的设备性能和技术经济指标仍然处于国内同级高炉先进行列，具有很强的创效能力和生命力。在这种情况下，为切实贯彻国务院批准的搬迁调整方案，服从服务于首都经济发展的总体要求和举办 2008 年奥运会，首钢人以宽广的胸怀，再次作出了无私奉献和巨大牺牲，坚决按计划实施了五号高炉停产"。炼铁厂厂长王自亭也满怀深情地说："在感情难以割舍的同时，广大职工深知，首钢牺牲企业整体利益，炼铁厂职工失去工作岗位，换来的是北京国际大都市的崭新面貌，换来的是难以估量的社会效益。为了首都经济发展大局，为了首都的天更蓝、水更清，为了 2008 年奥运会，我们甘愿作出奉献和牺牲！"五号高炉第一任炉长、79 岁的刘万元也激动地表示："我与五号高炉结下了深厚的感情，听到要停炉的消息，我心情久久不能平静。为建设北京国际化大都市的需要，为了首都的碧水蓝天，为了办好2008 年奥运会，停五号高炉，算算社会效益账和政治影响账——值得！"①

　　停产仪式结束后的许多天，前来看望五号高炉的首钢人络绎不绝，尤其是那些白发苍苍的老工人，他们或者在儿孙的扶持下，或者自己拄着拐杖、坐着轮椅来了。老人们蹒跚着脚步，登上一级级台阶，颤颤巍巍站到宽阔的炉台上。然而此时的五号高炉，已不再有往日工人忙碌的身影，不再有轰鸣的风机声，整个炉台显得异常安静。"老朋友，别了，为了更美好的明天！我们失去了工作岗位，换来的是北京国际大都市崭新的面貌"；"为了首都的天更蓝、水更清，为了办好 2008 年奥运会，我们甘愿作出奉献"②。在五号高炉停炉留言簿上，许多首钢职工写下了自己真挚的肺腑之言。

　　五号高炉的停产拉开了首钢搬迁的大幕。随着搬迁的启动，首钢人也开始进入各奔东西的状态。对于大部分已经成家立业甚至拖家带口的首钢人来说，改变原本平静有序的生活和工作状态，重新适应新的地方、新的环境，可想而知颇为不易，但是首钢人并没有抱怨，而是以国家、首都和首钢的整体利益为重，主动舍小家、

---

　　① 蒋巍《咱们工人：铁血记忆·首钢九十年》，人民日报出版社 2011 年版，第 350—351 页。

　　② 首钢总公司发展研究院：《浴火重生》，人民出版社 2011 年版，第 6 页。

顾大家，从而在首钢搬迁史上上演了一幕幕感人的画面。比如，炼钢厂青年女工、两岁孩子的妈妈海红就记下了这样的情形：

去年（2008年）10月6日，正是北方深秋的季节。告别家人准备来京唐的那个晚上，是我二十多年人生经历中第一个不眠之夜。

"海红，你再好好想想……"丈夫艳坡一直握着我的手，两眼紧盯着我，目光充满爱惜、依恋。

"艳坡，请你原谅，我在首钢这么久了，习惯了那种环境，习惯了那种生活方式。我可以离开家，离开亲人，但我离不开首钢，真的离不开呀……"

"可辰辰才两岁，孩子离不开妈呀！"

"我会说服他的……"

……

辰辰一手举着玩具，一手举着零食，扑到我怀里："妈妈不走，妈妈不走。辰辰以后听妈妈的话，辰辰把玩具、薯条都给妈妈……"

"辰辰乖，妈妈要去的新钢厂，在大海边儿，有大厂房，有大机械，有天车、吊车，还能看见大轮船，还能挣好多钱。等辰辰想妈妈了，妈妈就坐着首钢京唐的大班车，带着辰辰爱吃的爱玩的东西回来了；等辰辰长大了，妈妈带你去曹妃甸钢厂玩。辰辰最听妈妈话……"

收拾完行李，辰辰被艳坡哄着睡着了，长长的睫毛上挂着泪珠儿。望着相依而睡的父子，我心潮起伏，如烟往事涌上心头⋯⋯

⋯⋯

这天，一家人老早就起床了。连一贯贪睡的辰辰都忙东忙西地帮我拿东西。

艳坡提着大包小包走在前头，爷爷奶奶抱着辰辰跟在身后，一家老小送了一程又一程。

就在我要坐进汽车的时候，辰辰突然哇地大哭起来："要妈妈，要妈妈，我要妈妈⋯⋯"

我不敢回头，我知道，如果一回头，我的心就会融化，再也无法走开了。我"狠心"地关上车门，告诉司机快开车。

⋯⋯

汽车拐上公路，朝着首钢设计院职工集结的地点奔驰。艳坡拢着我的肩膀，我靠在他怀里，任眼泪肆意流淌，滴在我俩的手上身上。我在心里说：亲人呀，谢谢你们。为了心爱的事业，为了我亲爱的人，我选择了远方。有了你们的支持，有了你们的爱，我会战胜一切困难，我们会有美好的明天。①

---

① 蒋巍：《咱们工人：铁血记忆·首钢九十年》，人民日报出版社2011年版，第353—354页。

　　这些文字的作者"海红"只是首钢千万搬迁者中的一员，可以想见，千千万万的首钢人都会面临像"海红"一样的艰难抉择，毕竟，每一位首钢人的身后都有自己的家庭和亲人。事实上，一个人工作地点的变换，牵动的是整个家庭的心。为此，《首钢日报》也专门开辟了"连心桥"栏目，目的就是让职工和家属通过这个平台互道心声、互诉衷肠。

　　在"连心桥"栏目中，一张名为《种在心里的爱》的照片感动了众多的读者。这张照片记录的是首钢自动化信息公司运行事业部维护中心热连轧车间副主任李杰和他的儿子。进入 2006 年后，李杰为了首钢下属的迁安钢铁 2160 热连轧的稳定运行，日夜奋战在生产第一线，几个月难得回家一次。对于刚刚当上父亲的李杰来说，他对儿子的牵挂无以排解，只好把儿子的照片输进电脑做成桌面，每天晚上下班回到宿舍，他都会看着电脑桌面上儿子的照片给家里打个电话，问候年迈的父母、贤惠的妻子，还有乖乖的儿子。他最希望听到的就是家人说"没事，安心工作"这样的话语，这样他才能踏实地看着电脑里的胖儿子，带着从心底里涌出的说不出的滋味进入梦乡。

　　自从首钢搬迁，细心的人士注意到，在北京的首钢职工家属社区中，傍晚散布的独行老人多了，缺少丈夫或妻子的"单亲家庭"多了，牵着宠物遛弯儿的多了。首钢人以牺牲小家的幸福为代价，换来了企业的新生和首都的发展。如今，停产后的北京首钢厂区每到周日，在其东门都会热闹非凡，这是因为，来自各个生活区的首钢人成群结队地聚集到这里，准备奔赴各自的工作地点。他们在妻子或丈夫的陪伴下，提着大包小包，登上早已等候的大巴车，更有夫妻双方登上了开往不同方向的车辆，他们依依惜别前往首秦钢铁、迁安钢铁、京唐公司、曹妃甸，继续着异地拼搏的故事，而他们的妻子或丈夫则承担起照顾一家老小的重任，他们的孩子也在继续着不是单亲、胜似单亲的生活。首钢的一业多地，使职工的家庭生活也变得聚少离多，一家多地成为了许多家庭的"新常态"。

"聚是一团火，散作满天星"。在放眼全世界都十分罕见的特大型钢铁企业搬迁过程中，首钢人没有因为离开熟悉的城市、挚爱的亲人、擅长的领域就心有怨言或者抵触反对，他们将自己的素养、学识和技术带到了需要他们的新舞台，在新舞台上驰骋着建功立业的梦想。虽然在送站时，许多职工和家属都饱含着热泪，但是他们的泪水，寄托的是对家人的深情，表达的是对家人在新的岗位再立新功的热切期盼。

整体搬迁对于任何人来说都是无比艰难的抉择，面对这种情况，首钢人首先想到的是国家、民族和首都的全局利益，而不是自己的小算盘，这充分体现了首钢人可贵的奉献精神和高度的责任感。当前，北京正在以疏解非首都功能来推动京津冀的协同发展和京津冀一体化，这意味着还会有更多的单位和企业要像首钢那样，前往北京以外的地方"筑巢"和发展，同时还会有更多的劳动者像首钢人那样，离开熟悉的北京前往陌生的他乡去工作和生活。可以说，正是因为有了这些劳动者的无私奉献，北京才能顺利完成党中央、国务院对首都的目标要求和功能定位，而中华民族勇于担当、乐于奉献的精神，无疑在这些劳动者身上得到了最为生动的体现。

第五章　首善力行：北京红色文化的独特魅力

　　《史记·儒林列传》有言："教化之行也，建首善自京师始，由内及外"；《金史·礼志八》也称："京师为首善之地，四方之所观仰"。可以说，京师之所以是京师，原因就在于京师的一举一动都会受到全国的关注，而发生在京师的每一个细微的举动，也都会对全国产生重要的影响。在这种影响与被影响的互动中，首都意识得以萌发，首都文化也逐渐形成。在不同的历史时期，首都意识和首都文化的内容各不相同。在封建时代，首都意识和首都文化更多地表现为封建等级制度在思想意识中的反映，体现的是阶级剥削和阶级压迫的内在实质。近代以来，随着外国资本主义与中华民族的矛盾逐渐上升为主要矛盾，首都意识和首都文化被迫转型，其中家国意识、使命担当和对救国救民方略的思索，成为首都意识和首都文化新的底色。在这样的底色下，马克思主义的中国传播首先从北京发轫便是很好的体现。中华人民共和国成立后，作为人民共和国的首都，北京的首善标准更加鲜明，特别是作为政治中心，北京在最新思想理论的引领、在社会主义核心价值观的培育和践行等方面始终走在全国前列。对于北京来说，首善力行既为北京红色文化所特有，同时又赋予了北京红色文化以独特的魅力。

第一节　首擎马克思主义传播的大旗

习近平总书记在纪念马克思诞辰 200 周年大会上的讲话指出："近代以后，争取民族独立、人民解放和实现国家富强、人民幸福就成为中国人民的历史任务。在旧式的农民战争走到尽头，不触动封建根基的自强运动和改良主义屡屡碰壁，资产阶级革命派领导的革命和西方资本主义的其他种种方案纷纷破产的情况下，十月革命一声炮响，为中国送来了马克思列宁主义，给苦苦探寻救亡图存出路的中国人民指明了前进方向、提供了全新选择。"[1]

---

[1]　习近平：《在纪念马克思诞辰 200 周年大会上的讲话》，《人民日报》2018 年 5 月 5 日。

　　在当时的中国，首先听到马克思列宁主义真理"炮声"的就是北京。从这个意义上说，北京首擎起了马克思主义在中国传播的大旗，开启了马克思主义的中国传播与马克思主义中国化的历史进程。马克思列宁主义的讯息之所以首先传到北京，有以下几方面的原因：第一，北京是当时中国的首都，各国在华人员的政治活动一般都在北京举行，因此，各国的消息也得以最先传到北京。第二，北京是新文化运动的发源地。在新文化运动中，封建主义旧思想遭到批判，民主与科学的观念得以确立，思想界处在由旧向新的转折、变革时代，这样的思想环境有利于新思想、新学说的传播和发展。第三，北京地区的工人阶级和工人运动已经开始萌发，尤其是在一些较大的工厂企业中，由于工人受到严重的剥削和压迫，因而他们的反抗斗争时有发生，这一情况就为马克思主义特别是阶级斗争学说的传播提供了现实的土壤。第四，此时的北京，拥有李大钊等一批早期共产主义知识分子，他们以救国救民为己任，始终致力于寻求和探索能够挽救国家、拯救人民的科学思想理论，可以说，这批知识精英在思想层面已经做好了接纳和吸收新思想的充足准备。

　　基于这样的思想环境，五四运动的爆发不啻为马克思主义率先在北京传播扫清了障碍。有学者在观察近代中国的思想世界时曾深刻指出："曾被过分渲染的所谓论争，只是发生在名词层面，实际上的思想则是难得的一致。个中意味更加凸显了近代思想演进的主流：只有

'激进'，而没有'保守'。'保守'只是一种变相'激进'。真正的'保守'并没有市场，即使被指保守者，也往往暗藏激进。维新、激进、革命、左倾、进步和现代化，这些词语几乎成为绝对不可动摇的价值，可谓群趋如潮，无论哪种力量都有意无意地持之在身并追逐不已，这自然推动近代中国发生了翻天覆地的变革"①。此言甚确。如果我们考察近代中国思想界激进思潮的缘起，就会发现，五四运动恰是影响未来中国几十年激进思想的发端。

五四运动后，北洋政府威信扫地，其倒施逆行的尊孔复古思想也一同被民众抛弃，北洋政府在意识形态领域的统治土崩瓦解，新的能够凝聚共识的思想理论亟待建立。面对深重的民族危机、处于空窗期的可以凝聚共识的思想理论以及俄国十月革命后产生的新气象，中国知识分子内心的焦虑和急躁可想而知，在这种情况下，"就近"参照俄国的革命经验，学习指导俄国革命的马克思列宁主义用以指导中国革命，至少成为当时知识分子的一项选择。因此可知，五四运动后，马克思主义在北京得到了更加广泛的传播，而且这种传播有着鲜明的递进、扩展的趋势。这一趋势及其反映的特点，主要表现在以下四个方面：

---

① 张太原：《中国近代史上激进与保守的和同——以全盘西化派与中国本位文化派为例》，《社会科学研究》2017 年第 6 期。

　　第一，宣传马克思主义的阵地不断扩大。五四运动后，北京地区的出版物如雨后春笋般出现。据统计，新创刊的出版物不下三四十种，例如《每周评论》《国民》《新潮》《晨报副刊》《京报》《少年中国》《新生活》《曙光》《新社会》《平民教育》《法政学报》《太平洋》等。在创刊之初，这些刊物的思想倾向大多是民主主义的，在社会改造问题上，它们多主张社会改良而非社会革命。但是，在改良主义内容的基础上，有关社会主义学说的讨论和马克思恩格斯经典著作的译文节选，逐渐在刊物上占据越来越重要的位置。比如，《晨报》原是梁启超、汤化龙等人组建的资产阶级改良派的政团——进步党的机关报，1919 年 2 月，该报改组了它的副刊，邀请李大钊前来参加报纸的编辑工作。1919 年的"五一节"，《晨报》副刊出版了《劳动节纪念》专号，李大钊在这期专号上发表了《"五一节"May Day 杂感》的文章，这是中国报纸上第一次出现纪念五一国际劳动节的专门性文章。又如 1919 年 11 月，瞿秋白、郑振铎等几个青年人在北京创办了《新社会》杂志。该杂志创刊之初以"尽力于社会改造事业"为宗旨，主张"实地去做"，"从小区域做起"，虽然从他们的主张来看，当时的瞿秋白等人还没有跳出资产阶级改良思想的小圈子，但是即便还受着资产阶级改良思想的影响，他们的杂志也逐渐增加了对俄国十月革命和布尔什维主义的介绍和分析。从上述所举例子可以看出，在当时的社会思想背景下，资产阶级改良思想虽然占据重要的位置，但是随着五四运动的爆发和俄国十月革命消息的传入中国，与马克思主义有关的思想内容开始增多，知识人士对马克思主义的关注程度也在显著增加。这一特点鲜明地体现在期刊刊载有关文章的数量上。

第二，对马克思主义的介绍更加系统完整。在五四运动前后，宣传十月革命和马克思主义的书籍、文章数量并不少，但是围绕十月革命爆发的必然性和俄国革命的真谛，以及什么是社会主义等问题，思想界却依然众说纷纭。当时各种派别的社会主义，如基尔特社会主义、空想社会主义，乃至工团主义、无政府主义等，都基于自身的利益对社会主义作着有利于自己派别的阐释，从而混淆了科学社会主义的内涵，造成了人们思想上的混乱。鉴于这种情况，为了消除误读、阐明真相，使马克思主义这个"为世界改造原动的学说，在我们的思辨中，有点正确的解释"①，1919 年 9 月，李大钊在《新青年》第 6 卷第 5、6 号上，发表了著名的《我的马克思主义观》一文。

李大钊的这篇文章，从哲学、政治经济学、科学社会主义三个方面，全面、系统地阐释了马克思主义

① 李大钊：《我的马克思主义观》，《新青年》第 6 卷第 5 号。

图 1　李大钊：《我的马克思主义观》

的基本理论。李大钊指出："这三部分理论，都有不可
分的关系。而阶级竞争说恰如一条金线，把这三大原
理从根本上联络起来。"① 李大钊在该文中还节译了
《哲学的贫苦》《共产党宣言》和《〈政治经济学批判〉
序言》中的若干片段。虽然从现在我们对马克思主义
的认知来看，李大钊的这篇文章还不够精确，但是在

① 李大钊：《我的马克思主义观》，《新青年》第 6 卷第 5 号。

当时的历史条件下，它可以说是对马克思主义所作的最具新意、最为科学的理解和概括。这篇文章的问世，为当时的进步青年学习马克思主义、掌握马克思主义提供了十分必要的理论指导，对于促进马克思主义在中国的传播和促进国人的觉醒，有着划时代的重要意义。

第三，在论战中扩大马克思主义的影响力。事实上，论战的发生这一事实本身即说明了马克思主义在五四运动后逐渐扩大的影响力，缘于马克思主义影响力的扩大，胡适等改良主义者才对马克思主义学说加以关注并发表了不同的意见和看法。1919 年 7 月，胡适在《每周评论》上发表了题为《多研究些问题，少谈些主义》的文章，攻击宣传马克思主义是"阿猫阿狗"，是"鹦鹉和留声机都能做的事情"，他极力反对"外来进口主义"，鼓吹中国只能逐步进行改良。这篇文章引起了李大钊的注意。1919 年 8 月 17 日，李大钊从昌黎五峰山寄给胡适一封题为《再论问题与主义》的公开信，并把该信在《每周评论》第 35 期上发表出来。李大钊认为，问题与主义绝不能割裂开来，"一个社会问题的解决，必须靠着社会上多数人，共同的运动"，"要想使一个社会问题，成了社会上多数人共同的问题，应该使这社会上可以共同解决这个那个社会问题的多数人，先有一个共同趋向的理想，主义，作他们实验自己生活上满意不满意的尺度"①。因此，在李大钊看来，研究实际问题与凝聚共同的理想，二者之间并不是对立的关系，因而并不矛盾。当然，李大钊也指出，当前的各种主义很多，其中不免有滥竽充数的冒牌货，但是我们不能因为主义多就停止宣传正确的主义，"因为有了假冒牌号的人，我们越发应该，一面宣传我们的正义，一面就种种问题研究实用的方法，好去本着主义作实际的运动。免得阿猫，阿狗，鹦鹉，留声机，来混我们骗大家"②。李大钊进而认为，在反动统治大行其道，无产阶级和劳动人民普遍遭受压迫的社会状况下，"必须有一个根本解决，才有把一个一个的具体问题都解决了的希望"，而这个根本解决，李大钊依据唯物史观学说，明确指出"经济问题的解决，是根本解决"③。

问题与主义的论战，是五四时期中国马克思主义者与反马克思主义者之间的第一场论战。这场论战的发生，充分表明了马克思主义影响力的扩大和深入人心。通过这场论战，知识分子充分感受到了马克思主义所具有的先进性、科学性和战斗力。因此，这场论战不仅没有影响马克思主义在中国的传播，反而为马克思主义在知识分子中间的更加深入人心创造了条件、发挥了推动作用。

第四，研究马克思主义的团体开始出现。社团的出

---

① 李大钊：《再论问题与主义》，《每周评论》1919 年第 35 期。
② 李大钊：《再论问题与主义》，《每周评论》1919 年第 35 期。
③ 李大钊：《再论问题与主义》《每周评论》1919 年第 35 期。

现，意味着有志于学习、研究马克思主义的知识分子人数明显增加。北京大学"马克斯学说研究会"是中国最早学习、研究马克思主义的学术团体。该社团成立后，吸引了一批具有初步共产主义思想的知识分子投身到对马克思主义理论的学习、研究和传播过程中。1921 年 11 月 17 日出版的《北京大学日刊》刊登了"发起马克斯学说研究会启事"，宣布了"马克斯学说研究会"的成立。"马克斯学说研究会"成立后，北大校长蔡元培为其拨付了两间校舍作为活动场所，其中一间是办公室，另一间是图书室。研究会的成员为图书室取名为"亢慕义斋"。据罗章龙回忆，"亢慕义"是德文译音，"亢慕义斋"就是"共产主义小室"（Das Kammunistsches Zimmer）①。《北京大学日刊》上登载了研究会拟实行固定分组的研究小组，分别是：唯物史观、阶级斗争、剩余价值、无产阶级专政及马克思预定共产主义完成的三个时期、社会主义史、晚近各种社会主义之比较及其批评、经济史及经济学史、俄国革命及其建设、布尔扎维克党与第三国际共产党之研究、世界资本主义国家在世界各弱小民族掠夺之情况——特别注意于中国②。

"马克斯学说研究会"最值得肯定的工作是对马克思主义理论文献的搜集和整理，这在当时北洋政府统治

---

① 罗章龙：《椿园载记》，三联书店 1984 年版，第 87 页。
② 《北京大学日刊》1922 年 2 月 2 日。

图 2 亢慕义斋藏书及印章

的政治背景下是极其难能可贵的。1922 年 2 月 6 日，"马克斯学说研究会"在《北京大学日刊》上通告它所拥有的英文书籍 40 余种、中文书籍 20 余种，其中包括马克思主义经典作家的若干种经典著作，如马克思、恩格斯的《共产党宣言》《社会主义从空想到科学的发展》《哲学的贫困》《家庭、私有制和国家的起源》《路易·波拿巴的雾月十八日》《法兰西内战》《雇佣劳动与资本》等，列宁的《共产主义运动中的"左"派幼稚病》《无产阶级革命》等。1922 年 4 月，研究会又新添英文书籍 70 余种、德文杂志近 80 种。

"马克斯学说研究会"在广泛搜集马克思主义文献的同时，还组织翻译了一些经典著作。据罗章龙回忆，研究会酝酿成立之前，就已经着手翻译的工作了，他说："十月革命后一两年，我们开始较多地翻译一些马克思主义著作，这中间李先生也亲自参加了，其中包括《共产党宣言》和列宁在狱中写的《帝国主义是资本主义的最高阶段》"。"我们一面翻译，一面研究，慢慢地对马克思主义的认识也提高了，感到很不满足，认为只靠少数人从事这项工作是不行的，要求有更多的人来共同学习和研究马克思主义。这时，我们在李先生指导下，开始想到酝酿组织马克思学说研究会"①。罗章龙还回忆说："《共产党宣言》很难翻译，译出的文字不易传神，所以当时翻译的进度很慢，……我们德文组还译过《资本论》第一卷，这是李大钊先生号召我们翻译的。当时，我们都觉得翻译这本书很难，啃不动，我们便请德文老师给我们讲解，德文老师也说：我认得文字，但不懂意思。最后我们还是把它译出来了。我们把译稿交给了一个教经济学的老师，他参照我们的译稿，再将德文版《资本论》第一卷直接译出来，并将译稿油印了。"②当时，研究会还成立了一个翻译室，专门翻译马克思主义的著作。翻译室下设英文、德文和法文三个翻译组，英文组的成员有高尚德、范鸿劼、李骏、刘伯清等；德文组的成员有李梅羹、王有德、罗章龙、商章孙、宋天放等；法文组的成员有王复生、王茂廷等。

"马克斯学说研究会"自 1920 年 3 月发起，直到 1926 年还在《北京大学日刊》上刊登过启事。在 6 年多

① 罗章龙：《亢斋回忆录——记和守常同志在一起的日子》，《回忆李大钊》，人民出版社 1980 年版，第 31 页。

② 罗章龙：《回忆北京大学马克思学说研究会》，《五四运动回忆录》上册，中国社会科学出版社 1979 年版，第 415 页。

的存在时间内，研究会成员以北大学生为核心，但并不
排斥其他成分的各类成员，比如外地学生、工厂工人等，
特别是北大师生颇为重视的长辛店铁路机车厂的工人群
众。这表明，该研究会自其成立伊始就不是一个单纯的
学术研究团体，而是有着共同的思想取向和理想信念的
进步组织。依托北京大学"马克斯学说研究会"，北京
的早期党团组织不久即酝酿建立，曾于 1916 年至 1925
年在北京大学就读的陈仲瑜回忆说："后来研究会组织
发展，由校内到校外，由京内到京外，人越来越多了。
等到发展成为北京小组，少数重要人物走上了正式革命
工作的道路"[1]。这充分表明，"马克斯学说研究会"的
成立和存在不仅推动了北京大学师生学习、研究、传播、
接受马克思主义，而且为中共早期党组织的成立和发展
也发挥了极其重要的作用。可以说，"马克斯学说研究
会"不仅为中国共产党的成立做好了思想理论上的准
备，而且也为党的成立做好了组织和干部上的准备。

　　在李大钊的关心支持和北京大学"马克斯学说研究
会"所提供平台的帮助下，北京共产主义小组发起成
立。这一小组由李大钊牵头，主要成员包括张申府、张
国焘、罗章龙、刘仁静、邓中夏、高君宇、范鸿劼、李
梅羹、朱务善、何孟雄和陈德荣等人，他们均是北京大

---

　　[1]　陈仲瑜：《北大忆旧——马克思学说研究会和少年中国学会》，《人
民政协报》2003 年 2 月 20 日。

学的师生。所以说，北京的共产主义小组，一定意义上也可以说是北京大学的共产主义小组。它是中国共产党在北京最早的党组织，也是北京大学最早的党组织。有学者曾指出："中国共产党北京支部是北京的第一个党支部，也是北大的第一届党支部"①。北京共产主义小组成立后，因为主要成员均是北大师生，所以小组的活动主要以北大为阵地来展开。据罗章龙回忆，"当时的工作没有严格分工，主要是宣传马克思主义，开展工人运动。大家推守常作为小组领导人，其他人遇到什么工作做什么工作。后来工作渐渐发展，开始有了简单分工：张国焘主持组织、交际；邓中夏主持学生、青年与共青团工作；我负责宣传，主编《工人周刊》，兼管北方工人运动；刘仁静主要搞翻译工作。当时彼此分工界限不明显，可以说是既分工又合作"②。

北京共产主义小组成立后，非常注意对其他地区的马克思主义学习研究与工人运动提供指导和帮助。比如，1921年春天，李大钊就帮助天津的共产主义知识分子建立了社会主义青年团；1921年3月中旬，共产主义小组派邓中夏赴河北保定传播马克思主义、开展革命运动。此外，共产主义小组还派陈为人到济南帮助山东的早期共产主义者王尽美、邓恩铭建立了山东地区的共产主义

---

① 《战斗在北大的共产党人》，北京大学出版社1991年版，第9页。
② 罗章龙：《椿园载记》，三联书店1984年版，第77页。

组织和社会主义青年团。对此，张国焘曾回忆说："北京小组是活动得最积极的一个小组，尤以工人运动做得最有声有色。它除了在北京市区及四郊展开上述那些活动外，还在济南成立了另一个共产党小组和社会主义青年团。"①

以李大钊为代表的早期共产党人，为马克思主义在北京、在北方乃至在全中国的传播，为中国共产党北方党组织的建立和中国共产党的发展壮大，立下了不朽的功勋。此后，中国共产党在马克思主义科学理论的指导下，团结带领全国各族人民，经过 28 年的艰苦奋斗和浴血牺牲，终于推翻了帝国主义、封建主义和官僚资本主义三座大山，实现了新民主主义革命的胜利，建立了新中国，与此同时，北京也重新成了国家的政治中心。从 20 世纪 50 年代初直到 60 年代中，以毛泽东同志为核心的党中央把首都北京作为总指挥部，致力于马克思主义基本原理同中国革命和建设具体实践的紧密结合，围绕在中国这样一个"一穷二白"的大国建立社会主义制度、开展社会主义建设进行了艰辛的探索。虽然其间走过弯路，后来更发生过"文化大革命"这样的严重错误，但是"中国共产党在中华人民共和国成立以后的历史，总的说来，是我们党在马克思列宁主义、毛泽东思

---

① 张国焘：《我的回忆》第 1 册，东方出版社 1994 年版，第 1123 页。

想指导下，领导全国各族人民进行社会主义革命和社会主义建设并取得巨大成就的历史。社会主义制度的建立，是我国历史上最深刻最伟大的社会变革，是我国今后一切进步和发展的基础"①。可以说，社会主义制度的建立和社会主义建设的开展，是李大钊们开启的马克思主义中国传播结下的一个硕果。李大钊们曾经为之奋斗乃至献身的事业已经在今天变成了现实，但即便如此，我们依然应当倍加珍惜来之不易的大好局面，依然应当倍加珍惜历代共产党人带领广大人民群众用生命和鲜血打下的伟大基业，因为我们不论走了多远，都不能够忘记，我们原本是从哪里出发、究竟为了什么出发，即如习近平总书记在十九大报告中所指出的："不忘初心，方得始终。中国共产党人的初心和使命，就是为中国人民谋幸福，为中华民族谋复兴。这个初心和使命是激励中国共产党人不断前进的根本动力。"②

第二节　引领中国马克思主义理论发展创新的起点

作为马克思主义执政党，中国共产党始终坚持解放

---

① 《中国共产党中央委员会关于建国以来党的若干历史问题的决议》，人民出版社 1981 年版，第 7 页。

② 习近平：《决胜全面建成小康社会　夺取新时代中国特色社会主义伟大胜利——在中国共产党第十九次全国代表大会上的报告》，人民出版社 2017 年版，第 1 页。

思想、实事求是、一切从实际出发。在这一基础之上，面对不同时代提出的不同课题，中国共产党将马克思主义的基本原理与中国的具体实际相结合，围绕什么是社会主义、怎样建设社会主义的问题，发展形成了邓小平理论；围绕建设一个什么样的党、怎样建设党，发展形成了"三个代表"重要思想；围绕实现什么样的发展、怎样发展，发展形成了科学发展观。邓小平理论、"三个代表"重要思想和科学发展观共同构成了改革开放以来直到党的十八大中国特色社会主义理论体系的基本架构和主体内容。然而，将马克思主义的基本原理与中国的具体实际相结合这一在今天看来实属理所当然的科学方法论，在40多年前却是另一番遭遇。"文化大革命"结束后，中国并没有迅速走上拨乱反正的正确道路，因而这一科学方法论的重新确立，还是得益于真理标准问题的大讨论、十一届三中全会的召开以及之后改革开放的推行。作为全国的政治中心，北京见证了这些重大事件的发生和发展；作为共和国的首都，北京也率先垂范，成为引领中国马克思主义理论发展创新的起点。

一 真理标准问题的讨论

1976年10月6日，党中央审时度势，一举粉碎"四人帮"，结束了长达十年的"文化大革命"。消息传来，全党全军全国各族人民无不欢欣鼓舞，人们对中国的未来又重新燃起了希望。然而，经过"文化大革命"

的十年浩劫和"四人帮"的兴风作浪，中国接下来应该如何发展、走什么样的道路，人们心中并没有现成的答案。在这种情况下，1977 年 2 月 7 日，《人民日报》《解放军报》和《红旗》杂志这"两报一刊"联合发表社论，公开提出"凡是毛主席作出的决策，我们都坚决维护；凡是毛主席的指示，我们都始终不渝地遵循"的方针，标志着"两个凡是"的正式出台。"两个凡是"的提出，实质上是要原封不动地坚持毛泽东同志晚年的错误，继续执行"左"的错误思想和错误路线，而在当时还普遍存在迷信盛行、思想僵化的背景下，"两个凡是"还颇有生存的土壤。

但是，"两个凡是"的存在，不利于客观公正地评价、区分毛泽东思想以及毛泽东同志晚年所犯的错误，不利于解放思想、开启新的发展阶段。因此，1977 年 4 月 10 日，尚未恢复工作的邓小平以强烈的责任感、使命感和巨大的政治勇气，给党中央写信，提出"我们必须世世代代地用准确的完整的毛泽东思想来指导我们全党、全军和全国人民，把党和社会主义的事业，把国际共产主义运动的事业，胜利地推向前进"①。邓小平这封"经过反复考虑的"②信所针对的对象、所要解决的问题，就是"两个凡是"。之后，邓小平又发表

---

① 《邓小平文选》第 2 卷，人民出版社 1994 年版，第 39 页。
② 同上。

谈话，认为"'两个凡是'不符合马克思主义"①。邓小平同志对"两个凡是"的批评，开启了解放思想的先河。

将解放思想引向深入并最终推动中国走上正确发展轨道的，是由一篇文章引起的关于真理标准问题的讨论。1978 年 5 月 10 日，由胡耀邦提议创办并具体指导的中央党校内部刊物《理论动态》第 60 期，发表了《实践是检验真理的唯一标准》一文。5 月 11日，《光明日报》将此文作为特约评论员文章公开发表，与此同时，新华社也将此文作为《国内新闻》的第一条转发全国。随后，5 月 12 日，《人民日报》和《解放军报》全文转载；5 月 13 日，地方多家报纸也转载了此文。《实践是检验真理的唯一标准》这篇文章从理论上阐明了只有社会实践才是检验真理的标准，指出实践是检验路线正确与否的唯一标准。文章尖锐地指出："躺在马列主义、毛泽东思想的现成条文上，甚至拿现成的公式去限制、宰割、裁剪无限丰富、飞速发展的革命实践，这种态度是错误的。"这篇文章击中了"两个凡是"的要害，说出了大家想说而不敢说的话，因而得到广大人民群众的支持。

但极"左"势力也迅速作出反应。一些极"左"分子气急败坏地跳出来，指责这篇文章在理论上是错

---

① 《邓小平文选》第 2 卷，人民出版社 1994 年版，第 38 页。

误的，在政治上是要砍倒毛泽东思想红旗，给这篇文章扣了很大的帽子。当时，分管宣传工作的党中央副主席和其他一些人坚持"两个凡是"的立场，利用手中掌握的权力，采取种种办法压制这场讨论。

在刚刚拉开帷幕的这场讨论眼看就要被阻止、被扼杀的关键时刻，邓小平同志挺身而出，给予了讨论明确而有力的支持。1978 年 6 月 2 日，邓小平在全军政治工作会议上发表讲话，阐明了"实事求是"是毛泽东思想的出发点和根本点。他严肃批评了一部分人天天把毛泽东思想挂在嘴边，却忘记、抛弃甚至反对毛泽东同志提出的实事求是、一切从实际出发、理论联系实际这样一个马克思主义的根本观点、根本方法。他在引述了马克思主义经典作家的相关精辟论断之后，强调指出：任何思想、理论、政策、计划、办法等是否正确地反映了客观外界的规律，"只有放到社会实践中去，经过实践的考验，才能证明它'究竟是正确的还是错误的，此外再无别的检验真理的办法'"[①]；"如果我们只把过去的一些文件逐字逐句照抄一通，那就不能解决任何问题，更谈不到正确地解决什么问题。那样，即使我们口头上大讲拥护毛泽东思想，实际上也只能是违反毛泽东思想"，而在当前对于我们来说，"肃清林彪、'四人帮'的流毒，拨乱反正，打破精神枷锁，使我们的思想来个大解

---

① 《邓小平文选》第 2 卷，人民出版社 1994 年版，第 117 页。

放，这确实是一个十分严重的任务"①。邓小平的讲话是对于刚刚开始即遇到阻挠的真理标准问题大讨论的有力支持和推动。

与此同时，在中央军委秘书长罗瑞卿的支持和指导下，《解放军报》于 1978 年 6 月 24 日发表了题为《马克思主义的一个最基本的原则》的特约评论员文章，《人民日报》和《光明日报》也于同日转载了此文。此文的发表是对这场讨论的有力推动。在邓小平、罗瑞卿等老一辈无产阶级革命家的支持下，理论界新闻界密切合作，讨论逐步展开和深入。1978 年 8 月 4 日，《人民日报》在头版头条的位置刊登了黑龙江省委常委扩大会议讨论真理标准和民主集中制问题，报道了与会者对真理标准问题讨论重要意义的理解和态度。接着，新疆、福建、广东等省的主要负责人通过新闻媒体公开表态支持这场讨论。到 1978 年 11 月 10 日中央工作会议开幕，全国 29 个省、市、自治区中已有 21 个省级党委主要负责人公开表态支持实践标准问题的讨论，"两个凡是"彻底陷入孤立的境地。

在此基础上，1978 年 11 月 16 日至 12 月 15 日召开了中央工作会议。中央工作会议以实践标准这一武器，热烈地探讨了真理标准问题，严肃地批评了"两个凡是"。在 12 月 13 日的闭幕会议上，邓小平作了《解放

---

① 《邓小平文选》第 2 卷，人民出版社 1994 年版，第 119 页。

思想，实事求是，团结一致向前看》的讲话。在讲话中，邓小平充分肯定了真理标准问题讨论的重要意义，深刻地阐明了"一个党，一个国家，一个民族，如果一切从本本出发，思想僵化，迷信盛行，那它就不能前进，它的生机就停止了，就要亡党亡国"① 的道理。这个讲话是对持续半年多的真理标准问题讨论所作的深刻的科学总结，因而得到了与会者的热烈拥护，并成为十一届三中全会的主题报告。

二 十一届三中全会的召开与改革开放的伟大功绩

1978 年 12 月 18 日到 22 日，深刻改变当代中国命运的十一届三中全会在北京召开。会议确定把党的工作重点转移到社会主义现代化建设上来。全会作出的这项决策，解决了 1957 年以来没有解决好的工作重点转移问题。围绕实现全党工作重点的转移，全会在一系列重大历史和现实问题上作出了重大决策。

全会高度评价了关于真理标准问题的讨论，认为关于实践是检验真理唯一标准问题的讨论，对于促进全党和全国人民解放思想、端正思想路线，具有深远的历史意义。全会指出："只有全党同志和全国人民在马列主义、毛泽东思想的指导下，解放思想，努力研究新情况新事物新问题，坚持实事求是、一切从实际出发、理论

---

① 《邓小平文选》第 2 卷，人民出版社 1994 年版，第 143 页。

图 3　十一届三中全会召开

联系实际的原则，我们党才能顺利地实现工作中心的转变，才能正确解决实现四个现代化的具体道路、方针、方法和措施"①。

在这次会议上，党中央正式提出了改革开放的任务。会议指出，实现四个现代化，要求大幅度地提高生产力，这就必然要求多方面地改变同生产力发展不相适应的生产关系和上层建筑，改变一切不适应的管理方式、活动方式和思想方式，因而是一场广泛、深刻的革命。全会强调，根据新的历史条件和实践经验，采取一系列新的重大的经济措施，对经济管理体制和经营管理方法着手进行认真的改革，在自力更生的基础上积极发展同世界

———————

①　《三中全会以来重要文献选编》（上），中央文献出版社 2011 年版，第 10 页。

各国平等互利的经济合作。由此，中国开始了从"以阶级斗争为纲"到以经济建设为中心、从僵化半僵化到全面改革、从封闭半封闭到对外开放的历史性转变。

自这次会议开始，改革开放的春风从北京吹向神州大地，从而深刻改变了中国的命运。从 1978 年到 2018 年，中国的改革开放走过了 40 年的风雨历程。40 年的改革开放使中国从一个贫穷落后的国家一跃成为世界第二大经济体、第一大工业国、第一大货物贸易国和第一大外汇储备国。40 年来，按照可比价格计算，中国国内生产总值年均增长约 9.5%；以美元计算，中国对外贸易额年均增长 14.5%。中国人民的生活从短缺走向充裕、从贫困走向小康，现行联合国标准下的 7 亿多贫困人口成功脱贫，占同期全球减贫人口总数的 70% 以上。从下列图中，我们可以更加直观地感受到 40 年改革开放带给中国的巨大变化：

从经济发展的规模看，可以说，改革开放 40 年来，中国经济高速发展，经济总量不断扩大。自 2006 年起，中国经济规模先后超越英国、德国和日本，跃升为全球第二大经济体，并且与美国的差距也在不断缩小；从经济发展速度看，1978—2010 年，中国 GDP 的平均增速为 10.0%，远高于其他经济体，虽然自 2011 年起，中国的 GDP 步入个位数增长，但是从全球范围看，仍然属于中高速增长。尤为值得注意的是，中国 GDP 增速的降低有着中国政府主观层面的考量，当前，中国经济已经从粗

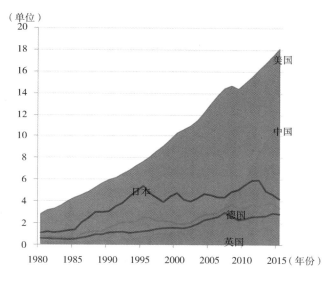

（单位）

图 1　主要国家 GDP 规模的变化

放式发展向集约式发展转变，因此，中国政府更加注重经济增长的质量而不是速度。

改革开放 40 年间，中国的工业生产能力快速提升，工业经济得到了飞速发展。2015 年，中国全部工业增加值达到约 23 万亿元，比 1978 年增加了 142 倍；原油、成品钢材、化学纤维、彩色电视机、汽车等工业生产能力快速提高，中国有约 200 余种工业品的产量位居世界第一，多数工业品在国际市场占有较大份额。到目前为止，中国业已拥有联合国产业分类中所列的全部工业门类，形成了比较齐全的现代工业体系。

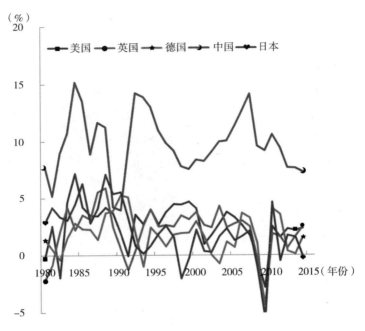

图 2 主要国家 GDP 增速的变化

从交通运输业来说，到 2015 年，中国的高速公路总里程就已跃居世界第一，铁路线路总里程与美国的差距也在逐渐减小。中国高速铁路的总里程则牢牢占据世界头把交椅。

除上述所列举的之外，能够反映改革开放 40 年成果的例证不胜枚举。习近平总书记在博鳌亚洲论坛 2018 年年会的讲话中指出："1978 年，在邓小平先生倡导下，以中共十一届三中全会为标志，中国开启了改革开放历

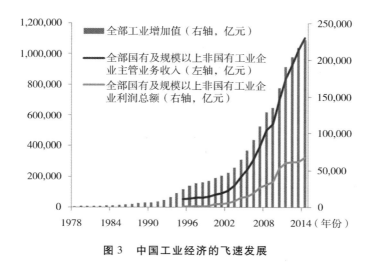

图 3　中国工业经济的飞速发展

史征程。从农村到城市，从试点到推广，从经济体制改革到全面深化改革，40 年众志成城，40 年砥砺奋进，40 年春风化雨，中国人民用双手书写了国家和民族发展的壮丽史诗。"①

　　当我们为改革开放 40 年来所取得的成绩而由衷感到自豪时，我们不应该忘记，改革开放发端于粉碎"四人帮"、结束"以阶级斗争为纲"的政治环境下，没有"文化大革命"的结束和以经济建设为中心的工作重心的转变，改革开放的历史进程就无从谈及；同时，我们也不应该忘记，改革开放出现在破除"两个凡是"的僵

---

　　① 习近平：《开放共创繁荣　创新引领未来——在博鳌亚洲论坛 2018 年年会开幕式上的主旨演讲》，《人民日报》2018 年 4 月 11 日。

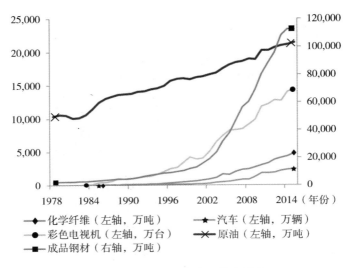

图 4　中国工业生产能力快速提升

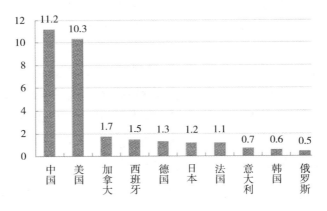

图 5　2014 年底高速公路通车总里程前 10 位经济体

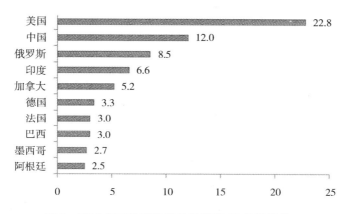

图 6　2014 年底铁路线路总里程前 10 位经济体

化教条思想、树立"实践是检验真理的唯一标准"的思想环境下，而不否定"两个凡是"的错误思想，不进行真理标准问题的讨论，改革开放同样无法持续、顺利地推行。当然，改革开放的进程也不是一帆风顺的，对于在中国这样一个东方的社会主义大国进行改革开放，没有任何可以借鉴的经验，因而中国实行改革开放，不得不在"摸着石头过河"的基础上加强顶层设计，不断研究新情况、解决新问题、总结新经验、进行新探索。此外，在改革开放进程中，还必须直面保守势力的阻挠，旗帜鲜明地回应改革开放进程中出现的不同问题、产生的种种质疑等。

但是，即便面临种种挑战，实践已经充分地证明，改革开放是发展中国特色社会主义、实现中华民族伟大复兴的必由之路，改革开放给全国人民带来的是实实在在的利益。回首改革开放40年的历程，可以说，这40年当中，"中国人民始终上下求索、锐意进取，开辟了中国特色社会主义道路"，"中国人民始终与时俱进、一往无前，充分显示了中国力量"，"中国人民始终敞开胸襟、拥抱世界，积极作出了中国贡献"①。

三　中国特色社会主义理论体系的奠基之作——邓小平理论的提出与学习

1997年召开的党的十五大，将邓小平理论同马克思列宁主义、毛泽东思想一起作为党的指导思想写入了党章。十五大通过的党章修正案明确规定："中国共产党以马克思列宁主义、毛泽东思想、邓小平理论作为自己的行动指南。"这是我们党经过近20年改革开放和社会主义现代化建设的成功实践所作出的历史性决策。这个决策的作出，表明了我们党把邓小平开创的中国特色社会主义事业推向前进的决心，反映了全国人民的共识和心愿。党的十五大报告对邓小平理论的历史地位和指导意义作了深刻的阐述，指出中国共产党是重视理论指导的政党，我们党自诞生之日起，就把马克思列宁主义确立为自己的指导思想，而马克思列宁主义同中国实践相结合形成了两次历史性飞跃，产生了两大理论成果——

①　习近平：《开放共创繁荣　创新引领未来——在博鳌亚洲论坛2018年年会开幕式上的主旨演讲》，《人民日报》2018年4月11日。

第一次飞跃的理论成果是被实践证明了的关于中国革命和建设的正确的理论原则和经验总结，它的主要创立者是毛泽东，我们党把它称为毛泽东思想；第二次飞跃的理论成果是建设有中国特色社会主义理论，它的主要创立者是邓小平，我们党把它称为邓小平理论。这两大理论成果都是党和人民实践经验和集体智慧的结晶。

作为中国特色社会主义理论体系奠基之作的邓小平理论，是在和平与发展成为时代主题的历史条件下，在我国改革开放和现代化建设的实践中，在总结我国社会主义胜利和挫折的历史经验与教训并借鉴其他社会主义国家兴衰成败经验教训的基础上，逐步形成和发展起来的。它第一次比较系统地初步回答了建设有中国特色社会主义的一系列基本问题，指导我们党制定了在社会主义初级阶段的基本路线；它是贯通哲学、政治经济学、科学社会主义等领域，涵盖经济、政治、科技、教育、文化、民族、军事、外交、统一战线、党的建设等方面比较完备的科学体系，又是需要从各方面进一步丰富发展的科学体系①。

邓小平理论最先在北京提出，因而首都各界对邓小平理论的学习也走在了全国的前列。1997 年 9 月，党的十五大正式提出并详细阐释了邓小平理论及其丰富内涵，

① 中共中央党史研究室：《中国共产党的九十年——改革开放和社会主义现代化建设新时期》，中共党史出版社、党建读物出版社 2016 年版，第 814 页。

此后，首都理论界迅速行动起来，掀起了学习、研究邓小平理论的热潮。

　　1997 年 9 月 26 日，中国法学会召开在京常务理事扩大会，邀请首都部分法学家、法律专家学习贯彻党的十五大精神和邓小平理论。参会者围绕邓小平理论展开了热烈讨论，大家一致认为当前尤其要善于运用邓小平观察、分析问题的立场、观点、方法来指导今后的中国法学工作。有参会学者提出了"1. 如何统一全党的认识，增强法制观念，加快观念的转变；2. 如何把坚持党的领导、发扬人民民主与严格依法办事结合起来；3. 如何把完善立法、公正司法、严肃执法、深入普法与民主监督结合起来；4. 如何把依法治国与依法治省、依法治市、依法治县、依法治乡结合起来；5. 如何把民主法制建设与精神文明建设紧密结合、同步推进；6. 如何抓住一个个环节，加快依法治国、建设社会主义法治国家的进程"这六个问题供参会者研讨，以期将对邓小平理论的学习与具体的法学工作紧密结合起来。

　　1998 年 7 月 25 日，北京市法学会也召开会议，邀请首都法学界的几十位专家学者进行座谈，就学习邓小平理论、推进依法治国、建设社会主义法治国家等问题展开讨论。与会者一致认为，党的十一届三中全会以来的 20 年，是古老的中华民族焕发青春、发生历史性巨变的 20 年。在这期间，我们的党和国家之所以能够经受住国际国内各种各样的严峻考验，之所以能够在改革开放和社会主义现代化建设方面取得令世界瞩目的成就，从根本上说就是依靠邓小平理论的指导，依靠全国人民在党的领导下对邓小平理论的学习和实践。一位老教授在发言时深情地说，他从自己多年工作、生活的亲身体验和近年来学习邓小平著作的感受中认识到，邓小平理论是我们党和国家在几十年的革命和建设实践中，历尽艰险、饱经坎坷、付出巨大代价才取得的最可宝贵的财富，因此必须将邓小平理论学习好、贯彻好、运用好。

除了法学界之外，1997 年 10 月，中国商业经济学会、中国商业政策研究会也在北京联合召开了"商经学界学习贯彻十五大精神座谈会"，其中对邓小平理论的学习是此次座谈会的重要内容。与会者认为，邓小平理论之所以成为我们时代的伟大旗帜，是由其历史地位决定的。邓小平理论继承和发展了马克思主义和毛泽东思想，是当代中国的马克思主义。它第一次比较系统地回答了什么是社会主义、在中国怎样建设社会主义、巩固发展社会主义等一系列问题，为中国人民确立了民族振兴的精神支柱，引导人民为国家富强、民族兴旺的理想目标而共同奋斗。与会同志一致认为，十五大的最大贡献就是确立了邓小平理论作为我们党的指导思想。

首都教育界、文艺界、高等院校、党政机关等也纷纷开展了学习邓小平理论的系列活动。首都各界对邓小平理论的学习，有着深刻的理论自觉和使命担当。作为首都和政治中心，北京一直将首善标准和实践导向视为自己的目标，因此始终主动学习、研究党的最新理论成果并将其作为自己日常工作中的思想指引和行动指南。这一独具的优势和特点，不仅体现在首都各界学习、研究、贯彻邓小平理论的整个过程中，也体现在其后学习、研究、贯彻"三个代表"重要思想和科学发展观的整个过程中，以及今天热烈学习习近平新时代中国特色社会主义思想的伟大进程中。

第三节　培育和弘扬社会主义核心价值观的高地

富强、民主、文明、和谐、自由、平等、公正、法治、爱国、敬业、诚信、友善这24字的表述，是社会主义核心价值观的基本内容。社会主义核心价值观体现了社会主义制度在思想和精神层面的规定性，凝结着社会主义先进文化的精髓，是中国特色社会主义道路、理论、制度和文化的价值表达，更是实现中华民族伟大复兴的中国梦的价值引领。十八大以来，党中央高度重视培育和弘扬社会主义核心价值观，习近平总书记多次作出重要论述，提出了明确要求。在十九大报告中，习近平总书记指出："社会主义核心价值观是当代中国精神的集中体现，凝结着全体人民共同的价值追求。要以培养担当民族复兴大任的时代新人为着眼点，强化教育引导、实践养成、制度保障，发挥社会主义核心价值观对国民教育、精神文明创建、精神文化产品创作生产传播的引领作用，把社会主义核心价值观融入社会发展各方面，转化为人们的情感认同和行为习惯。"①

　　作为共和国的首善之区，北京在培育和弘扬社会主义核心价值观、构筑中国精神中国价值中国力量、夯实人们共同奋斗的思想道德基础方面，始终走在前列，发挥着表率和引领作用。自 2012 年至今，从北京市委、市政府到社区基层，从各大高校到中小学，都积极响应习近平总书记的号召和要求，开展社会主义核心价值观的教育宣传活动力度大、数量多、形式新、影响广，既注重学术研讨的深度，又注重群众普及的广度，尤其善于借助影视传媒、文艺会演等广受人民大众接受和喜爱的形式，创新社会主义核心价值观的表现方式，着力推动社会主义核心价值观深入群众生活与社会实际，为全国各地社会主义核心价值观的培育和践行作了很好的示范。

一　北京市委、市政府对弘扬社会主义核心价值观的有力领导

　　北京市委、市政府在培育和弘扬社会主义核心价值观方面起到了非常关键的作用。市委、市政府十分重视社会主义核心价值观在广大北京人民中的普及引导工作，

---

　　①　习近平：《决胜全面建成小康社会　夺取新时代中国特色社会主义伟大胜利——在中国共产党第十九次全国代表大会上的报告》，人民出版社 2017 年版，第 42 页。

着力引领社会风气，创造先进文化。2014 年，在市委、市政府的统一部署下，以社会主义核心价值观为核心内容的主题公园、主题广场在北京纷纷建立。走在北京的街头巷尾，随处可见核心价值观的"身影"，数十处主题街道、主题公园、主题广场和主题社区，成为十分显眼的北京标志。在长安街延长线、二环路、三环路、四环路、平安大街等城市主干道的过街天桥和道路两侧，人们处处可以看到宣传横幅；在复兴门桥、建国门桥、新兴桥、健翔桥和四元桥，还能看见用剪纸、灯笼、折扇、印章等传统文化元素装扮的城市景观。这些宣传横幅和城市景观，让社会主义核心价值观在无形中成为了城市的底色，与市民的日常生活融为一体。

北京市委宣传部、市委教育工委出台了许多具体方案与措施。由市委宣传部主办的《中国梦 365 个故事》、"北京榜样"与"百姓宣讲"可谓是推进社会主义核心价值观建设的三大品牌活动。这三大品牌活动广泛吸引了社会各界人士和市民群众的参与，极大地促进了社会主义核心价值观的通俗化、形象化传播，在北京人民中树立了良好的口碑。

《中国梦 365 个故事》将发生在北京老百姓身边丰富多彩的美好人物和故事录制成 3 分钟的微纪录片，对中国梦的价值理念进行来自民间、具有生命活力和感染力的新鲜阐释；"北京榜样"坚持从基层举荐"崇德向善、奋发向上"的榜样人物，推动形成学习社会主义核心价值观的舆论氛围和文化氛围；"百姓宣讲"强调把话语权交给百姓，把讲台交给百姓，让百姓宣讲员讲真心话、真感情、真感受和真人真事，实现社会主义核心价值观与群众的共建共享。此外，北京市委宣传部还联合北京市文联、曲协等企事业单位开展了丰富的文艺会演、展览等生动通俗的宣传教育活动。2014 年，市委宣传部与市文联主办了"唱美德，颂新风——社会主义核心价值观主题巡演"；2015 年，市文联举办了首都文艺家社会主义核心价值观主题巡演；2016 年，中国文联与书协在北京交通大学举办了"弘道养正——培育和践行社会主义核心价值观书法展"；2017 年，市委宣传部联合市教委、市妇联等开展了"童心筑梦唱响社会主义核心价值观"大型童谣征选活动，将优秀作品录成光碟送给全市各中小学。北京市文联开展的社会主义核心价值观文艺巡演，多次走进中国戏曲学院、北京科技大学、北京市第二中级人民法院等地，演出近百余场，可以说真正走进了基层人民的生活之中。北京推进社会主义核心价值观的普及力度，由此可见一斑。

北京市委教工委则在指导北京高校进行社会主义核心价值观的学习和研讨方面，做了许多理论建设与推动工作。2015 年和 2016 年，北京市教工委接连举办了"落细落小落实"培育践行社会主义核心价值观高校辅导员论坛，以及首都大学生《习近平谈治国理政》读书研讨会暨"读书读经典"系列活动，直接指导北京高校师生对社会主义核心价值观进行深入学习，同时也支持了许多高校的相关研讨会和读书班，开辟了社会主义核心价值体系的理论阵地。值得一提的是，北京市委教工委特别注重发动各高校师生对社会主义核心价值观的自主学习与实践。2015年，北京市教工委先后开展了社会主义核心价值观宣传教育优秀项目和优秀案例评选活动，以及"从我做起，从现在做起，从小事做起，自觉培育和践行社会主义核心价值观"主题征文活动。前者评选出了100余项优秀项目和案例，其组织者既有高校党团委学工部，又有师生个人，类型丰富，质量精良，推动高校形成了良性的竞争与共享氛围；后者则收到千余篇征文，各高校师生不仅从哲学、心理学、社会学、传播学等理论层面进行开掘，而且对社会主义核心价值观如何贯穿到课堂教学与学生工作等具体实践中进行了研讨，涌现出一批有见地、有新意的好文章。2017年，北京市教工委又支持42所高校的45个新媒体传播工作室团队运用新媒体技术，创作一批感染力强、关注度高的弘扬社会主义价值观的优秀作品，打造一批贴近师生、贴近时代的创作团队和创作基地。这些工作，紧紧围绕着习近平总书记提出的培养社会主义核心价值观"从学校抓起"① 的指示，感召师生、引导舆论，着力把社会主义

----

① 《习近平谈治国理政》，人民出版社2014年版，第164页。

核心价值观转化为广大师生的情感认同和行为习惯。

二 北京高校成为社会主义核心价值观建设的重镇

北京高校在社会主义核心价值观建设中扮演了极为重要的角色。习近平总书记多次视察北京大学等北京高校，与师生座谈，使北京高校师生备受鼓舞。他曾把青年时期价值观的形成比喻为人生的第一粒扣子，向青年学子们形象地说明了树立正确价值观的重要性①。2018年五四前夕，习总书记又来到北大，强调高校要坚持不懈培育和弘扬社会主义核心价值观，引导广大师生做社会主义核心价值观的坚定信仰者、积极传播者、模范践行者②。北京高校自觉肩负起了这一光荣的任务，在理论意识、实践意识与创新意识上都走在了时代前列，探索总结出了许多有益经验。

社会主义核心价值观的教育是高校思政课的核心之一，如何讲好思政课，如何让学生接受理解思政教育，是社会主义核心价值观培育能否深入的关键。首先，北京高校在高质量的课堂教学与经典研读下功夫。在课堂教学方面，北京大学的"社会主义核心价值观12讲"较有代表性。北京大学围绕社会主义核心价值观的12个核心关键词，邀请厉以宁、梁柱、楼宇烈等12位知名专

---

① 《习近平谈治国理政》，人民出版社2014年版，第172页。
② 习近平：《在北京大学师生座谈会上的讲话》，《人民日报》2018年5月3日。

家进行深入解读，他们结合各自的学术研究专长、思想理论界的热点与中国社会发展的现实问题，以生动的语言力图将社会主义核心价值观问题讲深讲透，在校内外引起了热烈的反响。在研读经典方面，中国人民大学2013级读史读经典项目取得了不俗的成绩。该项目着力引导同学们回归经典、接近名著，培养"批判—反思—创新"的思维能力，在对中华文明历史的梳理中培育社会主义核心价值观，引领了同类型的读书活动。同时，北京高校还着力于探寻更加生动、多元的课堂传授模式，如清华大学组织了博士生实践服务团，为全校各院师生宣讲社会主义核心价值观。他们从大学生的角度出发，结合各自的专业和经历，献上了一场场真切、朴实、充满正能量的社会主义核心价值观的解读。北京航空航天大学发动同学们进行了"践行社会主义核心价值观100个怎么办"大讨论，全校师生广泛参与，争相发言，以问题带动学习，为疑惑寻找答案，让社会主义核心价值观的内涵、意义通过大讨论深入学子心中。中国青年政治学院则以"团学道、新思享"高校共青团思想沙龙的方式，以期在思想碰撞中宣传核心价值观，取得了很好的效果。此外，北京大学、清华大学、北京师范大学、北京航空航天大学、北京外国语大学、北京林业大学等高校都举办了多场学术研讨会，涉及社会主义核心价值观与当代中国发展、大学建设与大学生成长等主题，进行对社会主义核心价值观的深层次理论研究，对社会主义核心价值观作了多方位的理论探索，并以最新学术成果带动了高校的课堂教学。

习近平总书记指出："广大文艺工作者要高扬社会主义核心价值观的旗帜，把社会主义核心价值观生动活泼、活灵活现地体现在文艺创作之中，用栩栩如生的作品形象告诉人们什么是应该肯定和赞扬的，什么是必须反对和否定的，做到春风化雨、润物无声。要把爱国主义作为文艺创作的主旋律，引导人民树立和坚持正确的历史观、民族观、国家观、文化观，增强做中国人的骨气和底气。"① 北京各高校运用文艺、影视等形式推出了丰富多彩的实践活动，囊括了话剧、微电影、朗诵会、故事会、书画海报展览、剪纸艺术等，让学生在艺术作品的潜移默化中得到感染与教育。例如，清华大学的原创话剧《马兰花开》融合音乐、舞蹈、影视、朗诵等艺术形式和多媒体元素，展现了两弹元勋邓稼先的一生，刻画了以邓稼先为代表的科技人员"崇高伟大的爱国精神、严谨创新的科学精神、默默无私的奉献精神、高尚纯粹的人格魅力"。该剧以人物为中心、以事业和情感为载体、以国家命运为主旨，大处着眼、小处着手，既唱响主旋律、大力弘扬民族精神，又充满戏剧本真的张力和别致的创新，首演便一炮打响，受到校内师生与社

---

① 《习近平主持召开文艺工作座谈会强调　坚持以人民为中心的创作导向　创作更多无愧于时代的优秀作品》，《人民日报》2014 年 10 月 16 日。

会各界的一致好评，可谓社会主义核心价值观艺术化的成功典型。除此而外，优秀的话剧、影视作品还有北京交通大学的原创话剧《茅以升》、北京物资学院的原创多幕话剧《杨洪璋》、中国青年政治学院的道德法制剧，以及中国政法大学的"我秀我的大学梦"主题微电影创作活动。其中，中国政法大学的微电影征集极大地调动了该校学生的积极性，展示了他们的学业梦、公益梦、法治梦和报国梦，引导新生在入学前树立大学目标、培养理想信念，对参与者和观众都无疑是一场别开生面的思政教育课。

除了话剧、微电影等艺术形式，北京高校还进行了充满创意的文化艺术活动。例如，中国传媒大学举办的弘扬朗诵艺术、传承民族精神的"齐越朗诵艺术节暨全国大学生朗诵大会"、北京航空航天大学的"知·航"红色故事会、中央美术学院的"学习社会主义核心价值观"主题海报展、北京建筑大学的"弘扬、融入、传播——高校培育和践行社会主义核心价值观"艺术作品展与"图说我们的价值观"剪纸作品展览，以及北京华文学院举行的"书写大学校训、弘扬社会主义核心价值观"书法征集展览活动等，这些活动努力把社会主义核心价值观融于艺术形式之中，体现了北京高校师生非凡的创造力，极大地调动了学生兴趣，起到了与课堂教学、理论研讨相互配合、相辅相成的效果。

北京高校的社会主义核心价值观建设还有一个非常

重要的内容，就是引导学生扎实践行核心价值观，在实践中做到知行合一、以知促行、以行求知。各高校开展了多领域的援助、志愿、公益行动，从行动上外化核心价值观，以引领形成高校乃至整个社会公正平等、诚信友善的风气。北京工业大学依托专业平台开展了"让盲人触摸建筑"的爱心志愿活动，师生们来到"心目电影院"认识盲人朋友，结合古建筑课程对北京市天坛、天安门、雍和宫等知名的古代建筑进行参观和测绘，制作建筑模型，让盲人朋友边触摸建筑模型，边听同学讲解。这个志愿活动不仅让盲人朋友体会到了关爱，更让学生受益匪浅。他们通过与盲人朋友的接触，使自己得到了一次心灵的洗礼，认识到了自己有责任和义务去引导身边更多的人去关注、关心、关爱困难群体。这样的志愿活动可以说是对社会主义核心价值观中"友善"这一范畴的真切实践。此外，北京邮电大学等众多高校联合开展了"大手牵小手"关爱贫困山区儿童的阅读活动，通过为贫困儿童捐书，建立起贫困儿童阅读基地；北京林业大学师生深入社会基层，结合专业特长，在宣传生态文明的志愿活动中践行社会主义核心价值观；北京城市学院举行了首都环境志愿服务系列活动，为北京市民服务；首都体育学院以赛事志愿服务为载体，参与了多场国际国内体育赛事的志愿服务工作；对外经贸大学开展了关爱"瓷娃娃"的爱心互动，为孩子们带去欢笑和希望。古人云："道虽迩，不行不至；事虽小，不为不成。"只有引导青年将社会主义核心价值观化作实在的行动，才能更加深入地理解这24字的分量，从而通过实践—认识—再实践—再认识这样一种循环往复的模式，不断加深对核心价值观的理解和体悟，最终化为愈益坚定的行为。

综上所述，北京高校在推进社会主义核心价值观建设的思路和方式上，有着鲜明的独到之处。首先，施行寓教于艺的教学思想。他们不单单依靠课堂和研讨会，而是结合运用文艺、影视创作等生动形式，增强实际效果。比如《马兰花开》这样成功的原创青春话剧，就在学生心中播下了真善美的种子。即使是课堂传授与研讨，也注意选取青年学生感兴趣的话题和方式，尽量避免生硬灌输。寓教于艺的思路为社会主义核心价值观的培育奠定了良好的心理接受前提，它与课堂教学互为补充，作用非常显著。其次，注重调动学生广泛参与，提高学生自学的主动性。不仅让学生去听去学，更让学生去讲去做，不管是各高校组织的志愿服务实践，还是各种知识竞赛、榜样评选活动，都引导、激励学生自己营造一个积极向上、互相学习的良好氛围。最后，落脚于实践、回归到实际是其最终指归。实践是认识的基础，更是认识的最终目的。社会主义核心价值观最终要落脚于指导个人的生活实践，成为个人生活的行为准则和习惯。北京高校引导学生积极参与社会建设的种种实践，从而为实现社会主义核心价值观的内化于心、外化于行奠定了坚实的基础。

三 北京市中小学与基层组织的有力配合

与北京各高校如火如荼地开展社会主义核心价值观建设同时，北京市教委出台了《中小学部分学科教学改进意见》，推动各中小学积极将社会主义核心价值观融入课堂与校园。北京市中小学努力突破说教式的文本知识传授模式，将知识、态度与价值观有效融合，以智启德，为此，各区老师建立了交流分享教学经验的机制，从而涌现出了很多生动的课堂教学范例。适应中小学学生的特点，许多中小学采取了生动活泼的教学形式，比如海淀区中学生举行了践行社会主义核心价值观主题辩论赛，各小学学唱弘扬正能量的儿童歌曲，等等。另外，北京市教委还将社会主义核心价值观与中华优秀传统文化正式列为北京市中小学、幼儿园教师公共必修课，并建立了一套完善的动态监测系统，着重培养考察教师立德树人的素养，从而让教师在言传身教中真正体现社会主义核心价值观。

北京基层社区、街道办也是社会主义核心价值观建设的重要力量。北京市基层组织在弘扬社会主义核心价值观方面充分发挥了主动性和创造性，让核心价值观的传承和弘扬更加生活化、生动化。北京市朝阳区建外街道主办的"歌唱家志愿者走进建外街道——用歌声传递社会主义核心价值观"活动，让街道居民跟歌唱家志愿者学唱歌曲，用歌声传递社会主义核心价值观，受到了街道市民的热烈欢迎；海淀区区委宣传部创建了"海淀·故事"微信公众号，向海淀区市民推送身边的好人好事，收到了大量的点赞和留言；东城区在全面创建公共文化服务示范区之际，举办了"善美汇龙潭"文化展演活动，由驻区单位、社区居民、地区企业共同参与，从不同角度、用不同形式诠释了社会主义核心价值观的深刻内涵。此外，东城区朝阳门街道团工委、胡同文化馆·社区青年汇联合举办的"弘扬社会主义核心价值观、传统文化体验之旅"暑期活动，利用两个月的暑假时间，为辖区内6—18岁的青少年送上多种传统文化课程，让他们从小就体会到中华优秀传统文化与社会主义核心价值观的可贵，在家庭教育、家风建设上起到了重要的作用。社区与街道办作为北京市的基层组织，不仅密切配合着市委市政府开展工作，而且发挥了自身单位小、灵活度高的优势，成为北京弘扬社会主义核心价值观的一道靓丽风景线。

作为共和国的首都和政治与文化中心，北京坚持把社会主义核心价值观落实到首都发展和社会治理实践中，融入国民教育和法治建设，取得了令人瞩目的成绩，也积累了许多宝贵的经验。这些成绩和经验的取得，离不开市委市政府的坚强领导，同时也离不开北京各高校、中小学与基层组织的紧密配合与自主创造，是北京这座城市全体人民精神和力量的结晶。社会主义核心价值观的培育践行、传承弘扬，在促进了首都北京各项事业进步发展的同时，也丰富、充实了北京文化和北京精神的内涵。

第四节　学习习近平新时代中国特色社会主义思想的示范

2017 年 10 月 18 日，中国共产党第十九次全国代表大会在北京召开，习近平总书记在向大会所作的报告中首次提出并阐发了"新时代中国特色社会主义思想"。2017 年 10 月 24 日，中国共产党第十九次全国代表大会通过了关于《中国共产党章程（修正案）》的决议，决议将习近平新时代中国特色社会主义思想写入党章，从而与马克思列宁主义、毛泽东思想、邓小平理论、"三个代表"重要思想、科学发展观一道，成为我们党必须长期坚持的重要指导思想。2018 年 3 月 11 日，在第十三届全国人民代表大会第一次会议上，全国人大代表一致同意，将习近平新时代中国特色社会主义思想载入宪法。

习近平新时代中国特色社会主义思想是全党、全军和全国各族人民为实现中华民族伟大复兴的中国梦而不懈奋斗的科学指南和行动纲领。习近平新时代中国特色社会主义思想内涵丰富、思想精深、体系博大，这一科学思想处处闪耀着马克思主义的科学因子，是对马克思

列宁主义、毛泽东思想、邓小平理论、"三个代表"重
要思想、科学发展观的继承和发展，是马克思主义中国
化的最新成果，是党和人民实践经验和集体智慧的结晶，
是中国特色社会主义理论体系的重要组成部分，是全党
全国人民为实现中华民族伟大复兴而奋斗的行动指南，
因而我们必须长期坚持并不断发展。

习近平新时代中国特色社会主义思想可以归纳为八
个明确、十四个坚持。八个明确是指：新时代中国特色
社会主义思想明确坚持和发展中国特色社会主义，总任
务是实现社会主义现代化和中华民族伟大复兴，在全面
建成小康社会的基础上分两步走，在本世纪中叶建成富
强民主文明和谐美丽的社会主义现代化强国；明确新时
代我国社会主要矛盾是人民日益增长的美好生活需要和
不平衡不充分的发展之间的矛盾，必须坚持以人民为中
心的发展思想，不断促进人的全面发展、全体人民共同
富裕；明确中国特色社会主义事业总体布局是"五位一
体"、战略布局是"四个全面"，强调坚定道路自信、理
论自信、制度自信、文化自信；明确全面深化改革总目
标是完善和发展中国特色社会主义制度、推进国家治理
体系和治理能力现代化；明确全面推进依法治国总目标
是建设中国特色社会主义法治体系、建设社会主义法治
国家；明确党在新时代的强军目标是建设一支听党指挥、
能打胜仗、作风优良的人民军队，把人民军队建设成为
世界一流军队；明确中国特色大国外交要推动构建新型

国际关系，推动构建人类命运共同体；明确中国特色社会主义最本质的特征是中国共产党领导，中国特色社会主义制度的最大优势是中国共产党领导，党是最高政治领导力量，提出新时代党的建设总要求，突出政治建设在党的建设中的重要地位。

所谓十四个坚持，归纳起来就是：坚持党对一切工作的领导；坚持以人民为中心；坚持全面深化改革；坚持新发展理念；坚持人民当家做主；坚持全面依法治国；坚持社会主义核心价值体系；坚持在发展中保障和改善民生；坚持人与自然和谐共生；坚持总体国家安全观；坚持党对人民军队的绝对领导；坚持"一国两制"和推进祖国统一；坚持推动构建人类命运共同体；坚持全面从严治党。这十四条，构成了新时代坚持和发展中国特色社会主义的基本方略。

可以说，八个明确、十四个坚持是习近平新时代中国特色社会主义思想内容与逻辑的具体展开，从世界观和方法论的高度全面系统地回答了中国特色社会主义进入新时代后，中国共产党的新目标、新使命，以及将要面临的新矛盾等一系列带有根本性的重大课题。

习近平新时代中国特色社会主义思想酝酿于北京、诞生于北京，又首先从北京传向全国。因此，对于北京来说，学习宣传贯彻党的十九大精神和习近平新时代中国特色社会主义思想，是首要的政治任务。作为首都，北京应当而且必须把全市党员干部群众的思想和行动统一到党的十九大精神上来，把各方面的力量凝聚到落实党的十九大作出的重大决策部署上来。为了更好地学习宣传贯彻党的十九大精神，在党的十九大和十九届一中全会闭幕后的第二天，北京市委就组织召开全市领导干部大会，传达学习贯彻党的十九大和十九届一中全会精神。市委书记蔡奇传达了党的十九大精神，要求全市各级党组织都要坚持首善标准，以强烈的政治责任感、昂扬向上的精神状态和良好的作风，精心组织、周密部署，迅速兴起学习宣传贯彻党的十九大精神的热潮，使党的十九大精神家喻户晓、深入人心①。在这次会议上，蔡奇指出："习近平新时代中国特色社会主义思想浩瀚深邃、博大精深，既是全党智慧的结晶，又集中展现了习近平总书记的巨大理论勇气、超凡政治智慧、远见卓识和独创思想，是当代的马克思主义、行动的马克思主义、发展的马克思主义，开辟了中国特色社会主义理论体系新境界"。因此，他要求广大党员干部"要坚持以习近平新时代中国特色社会主义思想统一思想和行动，增强学习贯彻的自觉性和坚定性，把习近平新时代中国特色社会主义思想贯彻到首都现代化建设全过程、体现到党的建设各方面"②。

2017 年 11 月 6 日至 7 日，中共北京市委召开中国

---

① 《学习十九大精神　北京书记蔡奇划出哪些"必修课"?》，http://www.china.com.cn/19da/2017 – 10/26/content_ 41798149. htm.

② 同上。

共产党北京市第十二届委员会第三次全体会议。此次会议号召将习近平新时代中国特色社会主义思想贯彻落实到首都现代化建设全过程、党的建设各方面、改革发展稳定各环节。会议强调："习近平新时代中国特色社会主义思想是党的十九大的灵魂。必须把学习好、宣传好、贯彻好习近平新时代中国特色社会主义思想作为主线，使之成为推动首都各项事业向前发展的强大思想武器"①。会议要求："要结合北京实际学习宣传贯彻习近平新时代中国特色社会主义思想。习总书记对北京的重要讲话精神，是习近平新时代中国特色社会主义思想的重要组成部分。必须坚持把习总书记对北京的重要讲话精神作为案头卷、工具书、座右铭，推动习近平新时代中国特色社会主义思想在北京落地生根、开花结果，进一步形成生动实践。"②

对于北京来说，以首善标准加强"四个中心"功能建设，做好"四个服务"，是首都发展的全部要义所在。会议认为，进入新时代，履行好首都的职责和使命，必须着力抓好三件大事：一是精心组织实施北京城市总体规划。把总体规划实施的"四梁八柱"立起来，精心组织实施城市体检，确保一张蓝图干到底。二是以疏解北

---

① 徐飞鹏、王皓：《市委十二届三次全会号召 将习近平新时代中国特色社会主义思想贯彻落实到首都现代化建设全过程》，《北京日报》2017年11月8日。

② 同上。

京非首都功能为"牛鼻子"推动京津冀协同发展。坚定不移疏解非首都功能，深入推进疏解整治促提升专项行动，全力支持雄安新区规划建设，高水平建设城市副中心；围绕交通一体化、生态环境保护、产业升级转移三个重点领域率先突破，推动京津冀协同发展不断取得新成效，努力打造以首都为核心的世界级城市群。三是全力筹办好 2022 年北京冬奥会、冬残奥会。坚持绿色、共享、开放、廉洁的办奥理念，确保办成一届精彩、非凡、卓越的奥运盛会①。

　　此外，十九大闭幕后，为深入学习宣传贯彻党的十九大精神，根据《中共中央关于认真学习宣传贯彻党的十九大精神的决定》的要求，中共北京市委印发了《中共北京市委关于认真学习宣传贯彻党的十九大精神的实施意见》。《实施意见》明确提出，要使党的十九大精神尤其是习近平新时代中国特色社会主义思想在北京落地生根，进一步形成生动实践，奋力谱写实现中华民族伟大复兴中国梦的北京篇章。为此，《实施意见》提出，做好党的十九大精神的学习宣传贯彻必须"抓好七个环节"，即层层传达环节、认真学习环节、集中宣讲环节、精心宣传环节、深入调研环节、全面贯彻环节、领导示范环节。具体而言，《实施意见》要求各区、各部门、

---

　　① 徐飞鹏、王皓：《市委十二届三次全会号召　将习近平新时代中国特色社会主义思想贯彻落实到首都现代化建设全过程》，《北京日报》2017年 11 月 8 日。

各单位迅速行动起来，在全面系统的基础上突出重点、抓住关键，把着力点聚焦到习近平新时代中国特色社会主义思想是党必须长期坚持的指导思想上，聚焦到五年来党和国家事业取得历史性成就和发生历史性变革上，聚焦到作出中国特色社会主义进入了新时代、我国社会主要矛盾已经转化为人民日益增长的美好生活需要和不平衡不充分的发展之间的矛盾等重大政治论断的深远影响上，聚焦到贯彻落实党的十九大的重大决策部署上，聚集到以习近平同志为核心的新一届中央领导集体是深受全党全国各族人民拥护和信赖的领导集体上，聚焦到习近平总书记是全党拥护、人民爱戴、当之无愧的党的领袖上①。同时，还要紧密联系首都改革开放和现代化建设的实际情况，把学习贯彻党的十九大精神与抓好各项日常工作有机结合起来，步步深入、务求实效，使党的十九大精神转化为各级党组织、全体党员干部和全市人民的自觉行动。为此，《实施意见》提出了多种方法、多项举措，以确保党的十九大精神的贯彻落实。比如，结合中央开展的"不忘初心、牢记使命"主题教育，将学习贯彻引向深入；成立"北京市学习贯彻党的十九大精神宣讲团"，组织"不忘初心跟党走、圆梦京华谱新篇"百姓宣讲和线上互动活动；开展"学习贯彻十九大

---

①　《市委出台学习宣传贯彻党的十九大精神实施意见》，《北京日报》2017 年 11 月 4 日。

精神　讲文明树新风"公益广告宣传活动；广泛开展座谈会、报告会、知识竞赛、征文比赛、展演展览、诗词歌咏等群众性活动，充分利用全市社区（村）精神文明建设宣传栏，让党的十九大精神处处可见、深入人心。《实施意见》要求，市属党报、党刊、电台、电视台、晚报、都市报都要精心策划，要在重点版面、时段推出"以习近平新时代中国特色社会主义思想为指引、进一步在京华大地形成生动实践、更加奋发有为地推动首都新发展"专栏专题报道，报道各区、各部门、各单位落实党的十九大精神的新思路、新举措、新进展，充分展示全市党员干部群众结合北京实际，学习贯彻党的十九大精神、撸起袖子加油干的具体行动。还要大力开展网上主题宣传教育活动。抓好研究阐释工作，组织首都知名社科专家，推出理论文章，深刻阐述和解析党的十九大报告的深刻内涵、理论精髓和实践意义等。

作为社会主义祖国的首都，作为致力于建设政治中心、文化中心、国际交往中心、科技创新中心和打造国际一流的和谐宜居之都的北京来说，习近平新时代中国特色社会主义思想是指引北京在当下和未来前行路上的一盏明灯，而北京对习近平新时代中国特色社会主义思想积极主动、富有成效的学习宣传和贯彻，也充分证明了北京红色文化底蕴中所内在具有的首善标准和力行品格，充分彰显了北京红色文化所具有的先锋特质和引领导向，同时也充分彰显了其独具的北京气派、京华特色。

结语　新时代　新任务　新作为

在中国共产党第十九次全国代表大会上，习近平总书记代表第十八届中央委员会向大会作了题为《决胜全面建成小康社会　夺取新时代中国特色社会主义伟大胜利》的报告。在报告中，习近平总书记郑重宣布："经过长期努力，中国特色社会主义进入了新时代"。中国特色社会主义进入新时代，这是从党和国家事业发展的全局视野、放眼改革开放以来的 40 年所走过的光辉历程和十八大以来的 5 年所取得的历史性成就和实现的历史性变革而作出的重大判断。

新时代具有不同既往的鲜明特征，归结起来主要有以下五个：其一，这是承前启后、继往开来，在新的历史条件下继续夺取中国特色社会主义伟大胜利的一个时代；其二，这是决胜全面建成小康社会、进而全面建设社会主义现代化强国的一个时代；其三，这是全国各族人民团结奋斗、不断创造美好生活、逐步实现全体人民共同富裕的一个时代；其四，这是全体中华儿女勠力同心、奋力实现中华民族伟大复兴中国梦的一个时代；其五，这是我国日益走近世界舞台中央、不断为人类作出更大贡献的一个时代。

深刻认识中国特色社会主义进入新时代这一重大判断的科学性，对于准确把握当代中国所处的历史方位，正确理解中国共产党人责无旁贷的历史使命，以坚定自信的姿态开启新时代中国特色社会主义建设的新征程，具有重要的意义。习近平总书记描绘了新时代中国特色社会主义建设的宏伟蓝图，这就是：从 2020 年到 2035 年，在全面建成小康社会的基础上再奋斗 15 年，基本实现社会主义现代化；从 2035 年到本世纪中叶，在基本实现现代化的基础上再奋斗 15 年，把我国建成富强民主文明和谐美丽的社会主义现代化强国。他指出："从全面建成小康社会到基本实现现代化，再到全面建成社会主义现代化强国，是新时代中国特色社会主义发展的战略安排。"[①] 而到本世纪中叶全面建成社会主义现代化强国，是全党和全国人民必须齐心协力为之奋斗的新目标和千方百计务求完成的新任务。

新时代提出了新目标，明确了新任务，开启了新征程，呼唤着新作为。我们要把全面建成社会主义现代化强国这一宏伟蓝图变为真切现实，没有捷径可走，只能

① 习近平：《决胜全面建成小康社会 夺取新时代中国特色社会主义伟大胜利——在中国共产党第十九次全国代表大会上的报告》，《人民日报》2017 年 10 月 28 日。

是坚忍不拔、锲而不舍，勇于担当、积极作为。通过前面各章的阐述，我们对北京红色文化的丰富蕴涵可以形成一个基本的印象。北京红色文化作为近百年来在北京大地上产生和涌现出来的红色建筑、红色文物、红色人物、红色活动、红色精神的集合体，它生动地反映和体现了党领导人民矢志不渝、追求理想的坚定信念，生动地反映和体现了党领导人民不怕牺牲、争取胜利的坚强意志，生动地反映和体现了党领导人民冲破黑暗、奔向光明的英勇奋斗，生动地反映和体现了党领导人民与时俱进、改革创新的豪迈气魄。显而易见，对于首都北京而言，通过传承弘扬北京红色文化以凝聚人心、激发斗志、鼓舞士气、汇聚力量，既十分可能，也非常必要，同时还大有可为。

传承弘扬北京红色文化是一项系统工程，必须搞好顶层设计，统筹施策、精准发力。

首先，要把基础性的工作做好做实。这里所说的基础性工作，就是摸清、探实北京红色文化的全部家底，进而分门别类、科学建档，形成翔实、权威的北京红色文化"家谱"。

其次，要把开展全面系统深入的研究提上议事日程。相对于丰富厚重的北京红色文化本身而言，目前相关的研究还远远不够，不仅宏观整体性的成果尚付阙如，即便是专题、断代乃至特定区域性的研究成果也不多见。据悉，北京市已开始以较大投入倾力挖掘和打造域内的西山红色文化，这是令人倍感鼓舞和振奋的。盛世修典，这是中华民族历史上的一大优良传统，建议尽快组织有关专家齐心协力合作攻关，编纂一部学术性通俗性兼备的《北京红色文化史》，为传承弘扬北京红色文化提供基本的遵循。

再次，要把打造内容丰富、形式多样、方便实用的北京红色文化公共传播平台作为当务之急。2013 年 12 月 30 日，习近平总书记在主持中央政治局第十二次集体学习时指出，要系统梳理传统文化资源，让收藏在禁宫里的文物、陈列在广阔大地上的遗产、书写在古籍里的文字都活起来，综合运用大众传播、群体传播、人际传播等多种方式展示中华文化魅力。这一要求对于北京红色文化资源的发掘利用和传承弘扬同样具有重要的指导意义。我们要秉持内容为本、实用至上的原则，充分运用现代技术手段进行公共传播平台的设计和打造，用科技助推北京红色文化的传承弘扬。

最后，要把北京红色文化纳入学校教育，使之进教材、进课堂、进头脑，成为广大青少年树立正确的世界观人生观价值观、做共产主义事业合格接班人的精神食粮和思想滋养。习近平总书记多次指出：革命传统教育要从娃娃抓起，既注重知识灌输，又加强情感培育，使红色基因渗进血液、浸入心扉；要扎实推进红色基因代代传工程，把红色资源利用好、把红色传统发扬好、把红色基因传承好。相信我们只要充分重视、积极作为，在追寻红色记忆、发掘红色人物、梳理红色故事、提炼红色精神的基础上，把北京红色文化最能打动人心、震撼心灵的精彩华章编进教材、拿到课堂，让广大青少年入耳入心、受到教益，那么红色基因就一定能够融入血脉、代代相传，推进中国特色社会主义伟大事业、建成富强民主文明和谐美丽的社会主义现代化强国、实现中华民族伟大复兴的中国梦就一定能够梦想成真。

新时代，传承弘扬北京红色文化大有可为；

新时代，传承弘扬北京红色文化大有作为。

传承弘扬北京红色文化功在当代、利在千秋，不可等闲视之；

传承弘扬北京红色文化时不我待、刻不容缓，必须只争朝夕。